超高齢社会における「老い」のあり方と「介護」の本質

「高齢者のための国連原則」から考える

川西秀徳

著

Aging and Care in Super-Aging Society
based on United National Principles
for Older Persons

ミネルヴァ書房

まえがき

　高齢化の問題に対応するための国際的な取り組みは，1948年の国際連合で提案された人権宣言草案から始まる。そして，高齢者のための国連原則（United National Principles for Older Persons）（1991年12月26日）として18項目に集約して，高齢者のための国連原則（「高齢者の尊厳（dignity）」「高齢者の自立（independence）」「高齢者の自己実現（self-fulfillment）」「高齢者の社会参加（social participation）」「高齢者のケア（care)」）が提唱され，普及促進などのために国際連合により1995年に，この原則はすべての世代のための社会の構築を目指すことになった（Towards a Society for All Ages への実現）。その後，1999年を国際高齢者年（International Year of Older Persons）とする決議が採択され，再び高齢者のための国連原則が全世界に浸透するように取り組みが開始された。同年，WHO（World Health Organization）は Aging and Health Programme を企画して，高齢者に関する打破すべき6つの神話 "Aging, Exploding the Myths"（Aging and Health Programme）を掲げた。それは，次の6つである。

①　ほとんどの高齢者は先進国に住んでいる。
②　高齢者はみな同じである。
③　男性も女性も同じように年をとる。
④　高齢者は虚弱である。
⑤　高齢者は何も貢献できることはない。
⑥　高齢者は社会に対する経済的な負担である。

また「高齢者は社会にとって有用な資源」であり，「年齢による差別をやめる」べきであり，「高齢者に対し適切な医療と健康増進教育を行い，世代間の連帯を強化する」ことなどによって，活力ある高齢社会を実現できるという主張も展開された。

　さて，これからの私たちの時代をどのように生きるのか，私たちの生きがい，

幸せとは何なのであろうか。この日本の超高齢社会で生きる高齢者は，どのように対処したらよいのであろうか。筆者が働く社会福祉法人市原寮（京都市左京区）では，「高齢者ケア」に特化した理念と実践の共通価値観・基本的姿勢の方向性を明確にするために，社会福祉法人市原寮理事長の森京子氏が，社会福祉法人の運営行動規範として，この「高齢者のための国連原則」を採択した。それ以来この原則は，1999年（国際高齢者年）で決議された当初，日本では一時的に知られるようになったが，その後はその包括的な必要性もあまり語られないようになり，現在に至っている。

　この原因は，私たちの国の医療・介護制度，並びに診療・介護報酬の定期的頻回の改定により，少し余裕をもって高齢者のための包括的ケアを実践することをおろそかにしていたことによる，と考えられる。そこで，森京子理事長の熱い希望により，この高齢者のための国連原則を，「老い」と「介護」の基本的理念行動として，当法人福祉・医療国際研究センターで再検討し，これを医療・福祉領域で働く専門職の方々は勿論，一般の高齢者や老いに興味をもつ方々にも参考にして頂くよう，著作を通して世に問うことにした。

　したがって，筆者は，本書の中でこれからの高齢者ケアへの挑戦として，この高齢者のための国連原則を，再びそれに関連した多様な現代社会の問題点とこれから来る新しい時代への「老い」のあり方，介護の本質などに焦点を合わせ，論を展開している。

　第1～3章では，高齢者のための国連原則が，現代社会とこれからの高齢者ケアの基本コンセプトとして，さらに進化していくであろうことを期待して，それに沿った高齢者の生き方と介護の本質，そして高齢者介護施設における包括ケアに関する内容を掲載している。さらに第4章では，第1～3章を踏まえてこれからの日本における高齢者問題と，それに対する対策を要約し，新しい未来へ向けての地域の挑戦としていろいろな関連トピックスを分析した。今，日本の地域包括ケアシステムは，段階的にしかも積極的に地域に浸透しつつあり，一つの国家プロジェクトとして最優先課題である。これからもっと厳しく迎える総人口の減少と高齢者率の増加，すなわち75歳以上の高齢者が急速に増加している中での「2025年問題」という「現実」を見据え，日本社会における

高齢者のための国連原則

1991年12月16日，国連総会決議・採択された「高齢者のための国連原則」は，
1．尊厳（Dignity），2．自立：（independence），3．自己実現（self-fulfillment）
4．参加（participation），5．ケア（care）である。
（各国政府が自国の政策プログラムに組み入れるように要請）

1．高齢者の尊厳（dignity）とは，尊厳及び保障を持って，肉体的，精神的虐待のない生活を送ることができるべきである。年齢，性別，人種，民族的背景，障害等に関わらず公平に扱われ，自己の経済的貢献に関わらず尊重されるべきである。

2．高齢者の自立（independence）とは，収入や家族・共同体の支援及び自助努力を通じて十分な食料，水，住居，衣服，医療へのアクセスを得るべきである。仕事，あるいは他の収入手段を得る機会を有するべきである。退職時期の決定への参加が可能であるべきである。適切な教育や職業訓練に参加する機会が与えられるべきである。安全な環境に住むことができるべきである。

3．高齢者の自己実現（self-fulfillment）とは，自己の可能性を発展させる機会を追求できるべきである。社会の教育的・文化的・精神的・娯楽的資源を利用することができるべきである。

4．高齢者の参加（participation）とは，社会の一員として，自己に直接影響を及ぼすような政策の決定に積極的に参加し，若年世代と自己の経験と知識を分かち合うべきである。自己の趣味と能力に合致したボランティアとして共同体へ奉仕する機会を求めることができるべきである。高齢者の集会や運動を組織することができるべきである。

5．高齢者のケア（care）とは，家族及び共同体の介護と保護を享受できるべきである。発病を防止あるいは延期し，肉体・精神の最適な状態でいられるための医療を受ける機会が与えられるべきである。自主性，保護及び介護を発展させるための社会的及び法律的サービスへのアクセスを得るべきである。思いやりがあり，かつ，安全な環境で，保護，リハビリテーション，そして，社会的関わりが持てる施設を利用することができるべきである。いかなる場所に住み，あるいはいかなる状態であろうとも，自己の尊厳，信念，要求，プライバシー及び，自己の介護と生活の質を決定する権利に対する尊重を含む基本的人権や自由を享受することができるべきである。

出所：国際連合 HP（https://www.ohchr.org/EN/ProfessionalInterest/Pages/OlderPersons.aspx，2020年1月30日アクセス）。

高齢者の位置づけと，高齢者が幸せに，しかも不安なく，安全に一生を私たちの地域で過ごしていくための「老い」と「介護」のあり方を，本書を通して改めて見つめ直して頂ければ幸甚である。

2021年3月

著　者

目　　次

序 章	なぜ介護の基盤となるケアは
	成立したのか
	──生命史・人類史から見たその必然性

1 なぜ人類史を振り返るのか

　「まえがき」に掲載した「高齢者のための国連原則」にもあるように，現在いかなる状態であっても，ケアは生活の質を保証する基本的人権の基盤となるものであり，社会的かかわりの自由とともに保障されている。これらは，これから序章で解説するように，人類（ホモ・サピエンス〔Homo・sapiens〕）の永い歴史の中で人類が協働して獲得してきたものである。したがって，このケアは，私たちの生命史や人類史を振り返ることで，その必然的本質が理解できよう。

　今，地球上に約70億人の人間がいる。人類としての民族，宗教，イデオロギーは様々だが，誰もが共通して持つ「人間らしさ（Humane）」と「絆（Connections）」がある。それらは約20万年という進化の過程で祖先から受け継がれてきた大切なサピエンスの存続の一つの特徴となった。私たちの「遺伝子」は，絶滅すら招きかねない環境変動，立ちはだかる強敵，集団間の対立などを乗り越えていく過程で生まれ，変異修飾され，したたかに順応してきた。その中で刻み込まれた。そして，それは今も私たちの認知，情動，感情や行動を直接的，間接的に支配している。この事実が，本書の主なテーマであるケアの基盤となっている。

2 人類が持つ特徴とその獲得の歴史

　私たちホモ・サピエンスとしての人間の本質，高齢者の生き方基本原理さらにケア（介護を主視点として）の本質を論じるに当たって，この宇宙がどのようにでき，そして生命はどのように誕生し，さらに人間はどのように進化して

きたかを理解する必要がある。それは，私たち人間がこの宇宙の進化の中で誕生し，地球環境の変化とともに複雑な進化を遂げた結果，今の私たちが存在しているからである。すなわち，この進化は遺伝子の自然環境への強かな適応と順応の永い闘争の歴史でもあった。

　現在，素粒子論の急速な進歩により，宇宙の成り立ちが相当わかってきた。私たち人間はこの偶然又は必然的に発生した宇宙の空間・時間・重力・エネルギーの中での命を限定された多種生物の一つである。ビッグバンから宇宙が生まれて約137億年，太陽系並びにその惑星・地球ができて約46億年，生命が発生して約40億年，また上位の哺乳類〜猿人，類人猿，原人，旧人と新人（ホモ種）へ進化して約600〜700万年，最高位のホモ・サピエンス（人間）にいたっては約20万年の歴史しかない。その間に私たち人間は約60兆個（または約37兆個ともいわれている）の真核細胞に約3万（約2万3,000ともいわれている）の細胞核内に遺伝子を持ち，またミトコンドリア内にも数は少ないが遺伝子があることがわかってきた（レーン 2007）。そして生殖機能を保持して，それらの遺伝子が次代から次代へと受け継がれてきたことが進化の原動力となった。

3　地球の誕生・生命の創生からホモ・サピエンスの出現・進化へ

　約46億年前に分子雲から太陽が誕生し，地球をはじめとする太陽系の惑星は，この時に形成される円盤状宇宙物質から誕生した。私たちは，もし地球に生命が誕生し存続すると仮定すると，その条件は液体の H_2O（水）の存在が必要である。惑星の表面には，大気の存在（岩石惑星・適度な気圧）と面の適度な温度が必要になる。それが地球型生命の生存居住可能域（水がある「ハビタブルゾーン」）である。そして，地球型生命の定義とは「自己複製ができる」「自己維持機能をもつ（物質代謝）」「細胞膜のように仕切られた構造を持つ」，さらに「進化する能力を持つ」（丸山，磯崎 1988；清水 1966；丸山 2016）とされる。

　人類のふるさとは，考古学調査でアフリカであることがわかっている。祖先たちが暮らしていたアフリカの草原は常に危機と隣り合わせだった。肉食獣の脅威，食糧不足など，そうした過酷な環境で生き抜くには互いに協力し合い，

「絆」を確認し合うことが不可欠だった。しかし，自然は容赦なく祖先たちを追い詰めた。これは，約7万4,000年前に起きたアフリカの大地溝帯にある火山の大噴火で，食料が激減し，人類は絶滅の淵に追いやられたと考えられる。そして，小さな血縁集団で生きていたはずの祖先たちが，大噴火を境に遠く離れた集団と資源を交換し合うようになった。つまり，この時に未曽有の危機を前に，赤の他人とも協力し合う現代にも通じる「人間らしさ」（絆）が獲得されたのである。即ち，火山により「ともに生きる」という人間集団の基本が確立した契機となったのである。

　その後，約6万年前に始まったアフリカを離れ世界へ広がり始めたホモ・サピエンスの旅――グレートジャーニーと呼ばれる――は，大きな苦難の連続だった。世界は凍りつく氷期の真っただ中であった。熱帯生まれのホモ・サピエンスにはあまりにも過酷な環境だった。しかも行き着いた先にはすでに別の人類たちがいた。その一つがヨーロッパなど北方で進化したネアンデルタール人である。屈強な体を持ち，狩りの名手だったこのライバルと祖先たちは生存競争を強いられる。身体的に圧倒的な不利な状況を優位に導いたのが，人類最古の飛び道具で，離れた位置から獲物を倒す技術が狩猟方法を革新し，ごく一部の交合（ホモ・サピエンス遺伝子の2～3％）があったにしろ，ネアンデルタール人を駆逐していく。その力は現人類の集団のあり方にも影響を与えた。罪を犯した者を罰する道具として使うことで，規律を強化し，そのサイズを数千人の規模にまで拡大させた。集団の拡大は，道具を生み出す能力を飛躍的に向上させる原因となっていく。しかし一方，飛び道具の登場は果てしのない暴力の連鎖も引き起こした。それを克服しようという意志を持つことができたのは，その根幹にあるホモ・サピエンスの本能として備わっている同集団の「仲間を大切に思う心」（思いやり）にあった。

　すなわち，投擲具という道具を軸に，規律性の進化と攻撃性の制御という現代にまで続く宿命を持ち維持することができた。これは，ホモ・サピエンスがサバイバルの智恵を学習していった証拠でもある。しかし，祖先は，世界中に狩猟・採集しつつ移動していったが，当時はまだ基本的には「協力する仲間」と「避け合う他人」との住み分けしかなかった。ここに農耕の始まりとともに

「隣人」というコンセプトの共存ということから，段々と共通の共有できる価値観を持つ協調集団ができあがった。この集団こそが，ホモ・サピエンスの生存の維持と繁栄を可能にする農耕を急速に拡大させた。

　そして高度のコミュニケーション技術，記憶・判断・思考（英智）・計画・注意力・計算・言語・遂行などの高次脳機能を獲得した。そして，暴力・攻撃性の本能を備えつつも，共生（共存），すなわち共に生き，人間らしさを私たちは失わなかった。さらに初期集団生活維持に必須の食物の共配（平等），子供の共育（互助）から文明・文化（哲学，宗教，科学，芸術などの創生）を創出していった。前述したように，初期人類誕生が600〜700万年前，そして日本では狩猟採集の生活の縄文時代の草創期が約1万5,000年前，その晩期（約2,800〜3,300年前）から農耕生活が導入され，そして弥生時代は約2,300年前〜2,500年前から始まっている。

4　ケアの誕生

　どうして私たちは比較的短い間に，多種生物の中で最も進化し生存し続けることができたのであろうか。これは人間の特徴を知らなければならない。前述した直立二足歩行が可能となったことに起因する高次脳機能の進化は人間が生存し続けるには必須であったが，もっと大切なのは，高度に進化したコミュニケーションスキルや集団生活で共生，協働，互助の行動が行われるようになったことである。相手への思いやりが必然と芽生えてきた。すなわち，ケアの誕生ということになる。そしてこの結果，人間としての規律が作り上げられ，一般的には一夫多妻制などが共通の家族の核となって絆が強く維持される仕組みが構築された（図表序-1参照）。このような特徴が，人間の尊厳というコンセプトの理解を可能にし，尊厳の尊重が人間社会の最も基本と位置づけるための基盤になってきた。この進化のプロセスが，人間の尊厳と自立・自律，ノーマライゼーション，そして人間のために人間を理解し，人間の尊厳の意味を人権の基本として理解するようになった。

　さて，ここまでを要約すると私たちは地球で生まれ，そして生命誕生から多

図表 序 - 1　「人間としての規律」の形成過程

約400万年前	直立二足歩行
約300万年以上前	手を自由に扱う―道具を作る
約170万年～約20万年前 （広い範囲；前期旧石器時代）	火を使用する
約200万年前以降頃から	高次脳機能の進化 ―思考力，判断力，合理性力，注意集中力， 　計算力，創造力，想像力，遂行力， 　哲学/宗教，文化，文明，思想（自由，平等， 　博愛）
約300万年前～約160万年前（ホモ・ハビリス）， 180万年前～40万年前（ホモ・エレトウス）	コミュニケーションの進化
少なくとも約200万年前より キャンプ様の集団生活	集団生活で共生，協働，互助の行為―相手への 思いやり―ケア
約1万年前～約9,000年前以上	社会秩序，人間としての規律
日本では弥生時代； 約2,300年前～約1,700年前	一夫一妻制など

出所：丸山（2016）；オッペンハイマー（2007）を基に筆者作成。

様化した種の中で地球のいろいろな天然の災害の中で生き延び進化してきた最も高次脳機能をもった哺乳類で，生殖機能をもち子孫を残して年をとって，死んでいくというライフサイクル［生（未）・老（熟）・病（苦）・死（楽）］の中で子孫から子孫へと遺伝子を伝達しつつ現代にまで存続した。まさに生命界の中で最も高度に進化してきた生物ということになる。69歳で「がん」になり亡くなったある地域診療医の死が，筆者にとって印象的であった。彼は次のような詩を遺して，亡くなった。

　　　「我，人の子として生まれ，天地に遣る。ひと，さかのぼれば，天地に
　　　生る，天地に生き，天地に遣る，それ，人として欣ぶべきかな。」

この遺詩は，私たちがまさに宇宙の中で生まれ，非常に高度の文明，文化をもって現代まで生き延び，そして死後帰るところは地球であり宇宙である事を端的に語っているといえる。私たちは，すべてこの宇宙天地の中で生きて生を

全うし，また現代まで多くの子孫に遺伝子を伝え増やした。また，私たちは，他の生命体と同じく宇宙の構成物質，無機質から有機体への化学反応により誕生している。そして，多様性と個別性をもって，また生殖という機能を進化で獲得して次の世代へ遺伝子を伝え，一生のサイクル（生老病死）を経て，また元の宇宙の構成物質へと消滅していく。ここに生命の連続と進化のプロセスがある。

このイベントの中で，私たちの前述の如く，集団生活を通して共生，協働，互助を学び，人間の尊厳のコンセプトを習得して社会秩序を作り上げた。しかし，その過程で一人ひとりのお互いを思いやる，共生・互助の行動，さらにケアを必然的に経験し学び取った。このことが介護の基盤となるケアの根源であると考えるのが妥当であろう。次章では，私たちが地球上に出現後，生き残っていくのに重大な役割を果たした「ケア」の本質について述べる。

<table>
<tr><td>第1章</td><td>介護の基盤となるケア
——人間の本能に基づく根本的な営み</td></tr>
</table>

　人類が，この地球に誕生し，これまで変化してきた地球環境に適応し，進化して高度の文明・文化を築き，社会秩序，規律，相互互助集団を作り上げ，そして基本原理に気づき，それを実践してきた。最初に具現化したものが人間にとって根源的なケアと考える。したがって，人類がサバイバルの中で獲得してきたこのケアが，さらに介護・看護・医療といった領域へ専門的に分化していった。まず，原始時代の「ケア」から始めよう。

1　ケアの原始的行為——「グルーミング」と「毛づくろい」

　医学の歴史をひもとくと，まず，医学の始まりは人間の慰めと癒しの技術であり，極めて古く人間とともにあった。その根源となった「ケア」の由来をたどっていくと，小動物（鳥も含めて）馬や猿が互いにやっていた「毛づくろい」にまで遡ることが可能である。

　さて，私たちの祖先は今から約2億年前に恒温動物（鳥類や哺乳類）になって，未熟であるが知恵と力（エネルギー）で自分を維持するだけではなく，他の個体にまで向けることができるようになった。ゆっくりと少しずつ自らとともに他者への支えの原型も備わってきたと考えられる。

　したがって，ケアの始まりは生物の原始的行動といえる。まずは，皮膚との接触（タッチ），特に手の治癒力効果というものであろう。人の温もりを手に感じて，お互いを認め合い，人との絆を作る。そして癒す力を，手は与える。人類は勿論，霊長類，昆虫類，魚類，鳥類，有蹄類など，その多くは，現代も「グルーミング」という「毛づくろい」の習性を持っている。撫でる，掻く，マッサージ，ハッグ，キッシングなども，この類に属すると考えて良い。これ

らは，動物の体の衛生・機能維持などを目的として行う本能的行動と考えられることではあるが，だんだんとそれが生物の進化，特に人類の進化とともに信頼と協調，そして絆の確認をし合うことになる。人間同志の関係を構築する手段としても十分に利用されたと考えられる。和解方法や紛争解決の手段にもなりえた。自分が自分をケアするのは「セルフグルーミング」だが，他者をケアすることは「社会的グルーミング」（ソーシャルグルーミング）である。

　したがって，ケアは人類の歴史が始まる頃には既にあったに違いないと思われる。当時は看護も介護も区別はなく，弱い者，傷ついた者へのいたわりの心がすべての行為の根底にあり，快癒すれば共に喜び合う。ここにこそ，最も単純ではあるがケアの基本形がみられると，筆者は考えている。よく語られることだが，穴居家族の母親が小川の水で病気の子どもの頭を冷やしたり，あるいは戦争で置き去りにされた負傷者の脇に一握りの食べ物を置いたことなどのエピソードも，ケアの基本形の一つであろう。これらのエピソードからも，「ケア」という行為は，地縁，特にその家族間でのやり取りを発端とし，「ボランタリズム」に基づく「世話」をすることから発達してきたとも考えられる（中嶌 2011）。

　いずれにしろ，苦しんでいる人に対して，人類の誕生とともに行われたのは，おそらく治療行為ではなく，自然に関わり合う原始的行為であったと想像するのが自然であろう。その行為は身近にいる人，特に母親が行った子供への本能的愛情と経験に基づいて行われたものといえ，まさしく「毛づくろい」「グルーミング」の行為を十分に彷彿させるものである。したがって，ケアは人類が集団生活を得た歴史とともに存在した。また，賢く学ぶ能力を有していた私たちの祖先は，人間の行為として，家族や社会集団生活するようになった人類の歴史の始まり以来継続的に，ケアを行ってきたともいえるだろう。

　ケアの語源は，ラテン語の cura に由来し，心配，苦労，不安の意味と，思いやり，献身の２つの意味で使われていた。この cura には，重荷としてのケアと気遣いとしてのケアという対立する意味があったことが指摘されている（森村 2004）。一方，cura の語源「curus」は，価値あるもの，愛するものという意味である。ケアの語源から，ケアという言葉が持つ意味は単なる世話とい

う意味だけではなく，人間として持ち備えている資質や人間としての基本的な欲求である（森村 2004；上野 2011）。これらのことから，ケアの提供によって，人は「生きがい」を感じ，共に生きる喜びを見出していった。またケアは，人間にとってお互い健康に，幸せに生きていくためにも大切な要素で，人間を特徴づける行動と考えられる。

2　歴史におけるケアの展開

　本節では，古代に繁栄した文明，インドの仏教の開祖の言動，さらに私たちの日本の古代，中世歴史の中での私たち先人がどのようにケアに介入し，第1節のケアの原始的行為から第3節の介護と看護の分離に展開して橋渡しとなったことを述べる。

（1）古代文明におけるケア

　古代，特に古代エジプト医学，メソポタミアの医学，さらにインドのゴータマ・ブッダ（釈尊）の言動にみる「ケア」，そしてギリシャのヒポクラテスの医術などが注目に値する。

　まず古代エジプト医学を取り上げる。これは，紀元前33世紀頃からアケメネス朝の侵略（B.C.523年）に至るまでの古代エジプトで広く行われていた医学の事を指す。この医学は極めて発展しており，単純な外科手術・接骨が実施されたり，広範な薬剤が使用されていただけでなく，薬局と似た機能を持つ場所も設けられていたのである。古代エジプトの治療法は現代文化の中では呪いや判らない成分などでイメージされることも多いが，生物学的研究によってかなりの治療法は効果的であり，また既知の処方のうち，67％が1973年のイギリスの薬局法に適応していることが確認されている（ヘロドトス 1971；梶田 2003；梶原 2006）。さらに，古代エジプトの医学書には，診察，診断，予後，処置のそれぞれについての理性的で適切な記述もよく見受けられる（ヘロドトス 1971；梶田 2003；梶原 2006）。

　次に，メソポタミア文明における医学を取り上げる。メソポタミア文明の中

心であった古代バビロニアにはシュメール人がおり，紀元前3,000年頃，農業がすでに行われ，多くの野菜や果物が収穫されていた。ギリシャの歴史家ヘロドトス（B.C.485～B.C.420年）は，「バビロニアには医者がいないので，病人が出ると家に置かずに広場へ連れて行く。通行人は病人に症状を尋ね，もし自分や知り合いに同じような病気の症状があると，その治療法を教える。誰でも病人にどのような症状があり，どういう病気か尋ねず，知らぬ顔して通り過ぎてはいけないことになっていた」（ヘロドトス 1971）と述べている。

　このような行為が蓄積され知識が体系化されることにより知恵者が生まれ，かつての「グルーミング」「毛づくろい」に代表される「原初的な」ケアは，いつの間にか整容的，例えば散髪や化粧といった人間の身だしなみを整える行為へと発展していった。また，これらの古代文明で行われていた医療行為の兆しが，介護者や看護者，医師を含めたその他の医療従事者などの仕事の原型と捉えられるだろう。

　またインドでは B.C. 5世紀，ブッダ（仏陀）により，病人をケアすることの重要性が説かれており，以下のようなエピソードが残されている。

　　「ある病気の修行僧が苦しみながら，ただ一人で佇んでいた。ブッダは病気の修行僧を見て，その僧に『汝はどうして苦しんでいるのか。汝はどうして一人でいるのか』と尋ねたといわれている。すると，その病気の修行僧は，『私は生まれつき怠け者で，他人を看病するに耐えられませんでした。それで今，病気にかかっても誰も看病してくれる人がありません』と答えた。仏陀はそのことを聞き，哀れに思って病気の僧を『手で摩る』と病気の苦しみはすっかりと癒えて治ってしまった。」（中村 2010）
　　「またブッダはその僧侶を戸外に連れ出し，敷布団を取替え，仏陀自らその僧の体を洗ってやり，新しい衣服に着替えさせた。すると，ブッダはその修行僧に『自ら勤めに励みなさい』と告げた。この教えをその修行僧が聞いて恩に感じ，心も身も喜びに溢れた。」（中村 2010）
　　「また，ある修行僧が胃腸の病気を患い，仲間から捨てられたまま，大小便の中に埋もれて臥していた。それを見たブッダは別の者に水を持って

こさせ，その病気の僧を入浴させて，身体を洗ってやった。そして，『私（ブッダ）に仕えようと思う者は病者をケアせよ』と説かれた。またブッダは，『今より以後まさに病人を看るべし。我を供養せんと欲せば，まず病人を供養すべし』とも言った。」(中村 2010)

「ブッダが優波離という信者に，病人には3種類ある。その1つは病状に適した薬物および食物をとらないが，よい介護・看病を受けても死ぬ病人がある。2つは病状に適した薬物および食物をとらないが，よい看病を受けたためになおる病人がある。3つは病状に適した薬物および食物をとり，よい看病を受けるとその病人は必ずなおるが，よい看病を受けないとその病人は死ぬ。この3種類である。」(水野 2009)

1つ目の事例は，基本ケアである「手で摩る」という行為を取り上げたものであり，この行為は現代にも通ずるものである。また，これらの事例から，「病人に対しては，よい介護・看病を行わなければならない」「病人をできるかぎり安心させるには，自分の命を投げ出す気持ちで介護・看病しなくてはいけない」と説いていると考えられる。

以上のブッダの言動（修行），たとえ人の助けとなる修行僧であっても，目の前で病気のため苦しんでいる者を本能的に自ら救いの手を差し伸べ必要なケアと施す行動は，むしろ当時では，介抱としての初期の自然に言動する介護・看病であったと考えられる。

（2）日本の歴史・文学作品に見るケア

前述してきたように，ケアは自然発生的な人間の行為として家族や社会集団で生活するようになった人類の歴史の始まり以来行われていたと考えられ，当然日本も例外ではない。たとえば，北海道の入江貝塚（縄文時代後期）からは，小児マヒに罹った後も周囲の「ケア」により一定期間生存していたと考えられる人骨が発見されている（鈴木ほか 1984）。その後，古代・中世においても，『万葉集』『古事記』『日本書紀』『源氏物語』『今昔物語』などの書物に，親は

子に扶養され，子が病めば親が介抱し，親が病めば子が介抱した記述や，老いたる親や病人による苦悩の歌の中に，現在の介護行為が存在していた文章が多く残っている。

　この事から，古代・中世には，当然「ケア」という言葉は存在していなかったが，実際はそれに価する行為が施されていたことが推測できる。現代の私たちからいえば，このような行為は，介護（または看護）といえる行為である。

　看護が，いつの時代から始まったかは明確ではない。人類が誕生した頃から，その原型は存在したと前述したが，「看」とは，「手の下に目を置いた状態で，よく見ること，見守ること」を指す（白川 2012）。また「護」とは「守るとも読み，かばい守るという意味」がある（白川 2012）。いずれにしろ，介護もほぼ同じ意味を持つ。「看護」とは，「人はその人の手と目を使いよく見つつ，言葉をかけながら傷ついた人や病人，幼児，弱者をかばい，護る行為」を指す（川嶋 2012）。ゆえに，介護も看護も同じような行動原理を有しているといえる。

　また，わが国最古の看護ケアに関する書物として，『看病用心抄』がある。著者は然阿良忠人上人で，1240年頃書かれたといわれている。第1条から第19条まであり，以下は各条で書かれている内容である（藤本 2001）。

　　第1条　病室のしつらえ。
　　第2条　病人の取り巻く環境。
　　第3条　病人に近づく人。
　　第4条　看病人の役割（2～3人が良いといわれている）。
　　第5条　祈祷と治療（ここには「治療などはなさらない方が良い」「延命与薬もできるだけ避ける方が良い」という記述がある）。
　　第6条　死を覚悟するということ（死生観をみる）。
　　第7条　病人の食事（殺生はよくないとして，肉とか魚の摂取は禁止すべき旨が記載されている）。
　　第8条　遺言。
　　第9条・第10条　大小便（すなわち排泄）。

第11条　病人の心の持ち方を導く。

第12条　病人が見た夢の対処。

第13条・第14条　聞法と説法（これは，仏の教えを聞くことと，仏の教えを説くことをいう）。

第15条　病人の臨終の心得。

第16条・第17条　臨終の苦痛の対処。

第18条　命終〈みょうじゅう〉の看取り。

第19条　命終時と命終後の作法。

　したがって，この『看病用心抄』は日本最古の「看護ガイドライン」であり，1860年に発表されたナイチンゲール（Nightingale, F., 1820〜1910年）の『看護覚え書』（*Notes on Nursing*, 15頁参照）よりも，約600年前に書かれている点は特筆すべき点である。清潔や安静の観察の仕方，看護技術に関するものは示唆に富むものがあり，「看病人は病人を我が子と思い慈悲の心で接し，病人は看病人を仏と思うべし」とも書かれている。このことは，まさに病める人を看病する本質的に求められるものであり，現在も看取りの医療・介護ケアの基本原理である。

　なおターミナルケアについては，当時の中国の多くの関連書物を日本流に編纂して985年に日本で最も詳しく「看取りの作法」を記載した源信（942〜1017年）の『往生要集』がある。現存する日本最古のターミナルケア（看取り）を記載した著書として有名である。

3　介護と看護の分離

（1）老年期の出現

　近世の介護の特徴は，「老親介護」の普遍化と「老年期」の出現にある。江戸時代には，平均寿命の伸張により，「現役から引退して第二の人生を過ごす」という，すなわち「老年期」が出現した（進士 1981；杉浦 2005；増田 2013）。これにより，自然の流れに逆らわずに人も自然も衰え枯れていくという「中世

的な老人観」から積極的な生き方を理想とする「近世以降の老人観」（柳谷2011a, 2011b）が現れるようになった。一部の富裕な階層に「楽隠居」が登場したのも特徴的である。

　医療・看護・介護に携わる日本人として，忘れてならないのが，江戸時代の家庭医学・看護書『病家須知』（8巻8冊）であり，これは，江戸薬研堀（現・東京都中央区日本橋2丁目）で開業した平野重誠（1790〜1867年）の著者である。

　この書は，1832〜1834年の間に重誠42歳の時から書かれて，この「病家須知」とは「病人を抱えた家の者がよく知っておかなければならないこと」という意味である。当時の一般庶民に向けて書かれた家庭医学・看護書と最後の7-8巻は「坐婆必研」，別名「ことぶき草」という産婆（現・助産師）向けに書かれた専門書である。以下は，各巻の概要である（平野・小曽戸ほか 2006）。

　　『病家須知』
　　　第1巻　養生の心得。
　　　第2巻　食物の摂り方・病状別の食物の適否・接種法。
　　　第3巻　小児養育の心得。
　　　第4巻　婦人病。
　　　第5巻　梅毒・肥前瘡・陰癬・傷寒・時疫・痾病・脚気と伝染病。
　　　第6巻　食中毒・毒物・中毒・昏睡・卒中・眩暈・癲癇などの発作・鼻
　　　　　　　血・吐血・火傷・咬傷・金瘡打撲・捻挫脱臼など急症の処置・処
　　　　　　　方。
　　　第7・8巻　産科。

　特に産科は近世医学の中でも水準が高く，重誠も胎児を鈎で引き出すことの危険性の指摘や，産婦の精神的・肉体的負担の大きい産椅子の廃止の主張など，医療の看護資料としても価値が高い。くわえて，きめ細かな看護と介護の技，日々の養生法と健康づくりの方法などの予防学，子どもの育ち方と生き方も書かれており当時の家庭医学，看護・介護のルーツを伝えている。

　この『病家須知』は，これまでの看護法の集大成した日本で最初の書籍であ

る。この本には，江戸人の病気の予防や生活の知恵が書かれてあり，高齢者介護・看護・診療にあたる者にも興味が持てる内容である。

（2）西洋における看護の発展

　ナイチンゲールが活躍し，看護教育の基礎が作られたのは，19世紀後半である。ナイチンゲールは，看護は独立した機関で教育されるべきだと考え，看護学校を創立，また看護師は病院だけで働くものではなく，家庭を訪問し，患者や家族に健康教育をすることも重要な業務であると考え，訪問看護活動についての教育も行った。このことは現代の看護・介護教育にも通ずるものである。なお，彼女の有名な言葉に「看護はひとつの芸術である」がある。またオスラー（Osler, W., 1849～1919年）も，医学に関して「それを芸術たらしめるには，画家や彫刻家の仕事と同じように，他を顧みない専心と厳しい準備とが必要である」と，同じような言葉を残している。要約すると，「（医学は）決して生半可なものではない」ということである。

　ナイチンゲールは，前述した『看護覚え書』では，看護とは，新鮮な空気，陽光，暖かさ，清潔さ，静けさを適切に保ち，食事を適切に選択し管理すること，つまり患者の生活全般を適切に管理し，患者の生命力の消耗を最小にするように整えることである，と定義している（図表1-1参照）。

　ただ，この定義に鑑みると，この定義は介護にも当てはまり，その判別は難しいものになる。また彼女は『看護覚え書』刊行直後に執筆した『病院覚え書』には，「病院が備えるべき第一の必要条件は，病院は病人に害を与えないことである。…（中略）…というのは病院，それも特に人口の密集している都市の病院の中での死亡率が，病院以外の場所での手当を受けている患者について予想できる同種の病気よりも，はるかに高い」と書かれてあり，この点を踏まえ，同書で病院病を発生させる原因として，①一つ屋根の下に多数の病人が密集していること，②ベッド一つ当りの空間の不足，③換気の不足，④太陽光線の不足，の4点を挙げている。

　現在，これを見ても病院・施設のあり方を的確に捉えた指摘といえ，この指摘は，看護ケアとしての病院，また介護ケアとしての施設にとっても全く同様

図表 1-1 『看護覚え書』目次

はじめに	
要旨（細目次）	
序章	
1．換気と保温	看護の第一の原則：空気を清潔に温かく保つこと
2．住居の健康	きれいな空気と水，下水溝の整備や室内への採光
3．小管理	患者さんのそばに看護者がいなくても，安全で安心なこと
4．物音	騒音や内緒話で患者さんを不快にさせない
5．変化	よい環境の変化が気分転換となり体調回復へ
6．食事	体調に合わせて，食べられるときに食べられるものを食べたくなるように
7．食物の選択	栄養バランスよく，食べやすく
8．ベッドと寝具類	シーツの肌触りやベッドの高さなど患者さんにあった寝具を
9．陽光	陽光は健康維持にも回復にも大切なもの
10．部屋と壁の清潔	そうじ，風通し，窓の位置（採光）
11．からだの清潔	体を拭くと患者さんへ開放感や安らぎ，元気をあたえられる
12．おせっかいな励 ましと忠告	よけいな話をして，逆に不安をあたえてはいけない
13．病人の観察	表情や顔色，排泄物などを観察して体調を知る
おわりに	

出所：ナイチンゲール（2011）。

図表 1-2 『看護の基本となるもの』

1．正常に呼吸する
2．適切に飲食する
3．あらゆる排泄経路から排泄する
4．身体の位置を動かし，またよい姿勢を保持する（歩く，すわる，寝る，これらのうちのあるものを他のものへ換える）
5．睡眠し休息をとる
6．適切な衣服を選び，着脱する
7．衣服の調整と環境の調整により，体温を生理的範囲内に維持する
8．身体を清潔に保ち，身だしなみを整え，皮膚を保護する
9．環境のさまざまな危険因子を避け，また他者を傷害しないようにする
10．自分の感情，欲求，恐怖あるいは"気分"を表現して他者とコミュニケーションを持つ
11．自分の信仰に従って礼拝する
12．達成感をもたらすような仕事をする
13．遊び，あるいはさまざまな種類のレクリエーションに参加する
14．"正常"な発達および健康を導くような学習をし，発見をし，あるいは好奇心を満足させる

出所：ヘンダーソン（2016）。

であるといわざるを得ない。また前記のごとく，まだその看護・介護判別が不十分という時代の指摘と考えざるを得ない。

その後，アメリカでヘンダーソン（Henderson, V., 1897〜1996年）が『看護の基本となるもの』の中で，14の基本的ニード，人の基本的欲求と基本的看護の構成要素と呼ばれるものを提唱し，実践されるようになった（ヘンダーソン2016）（図表1-2参照）。この看護ケアは勿論，介護ケアの基本的なものとなっている。

4　介護と看護との相違

（1）現代のケアの成り立ち

この両者の相違について，ここで述べておく必要がある。当初は前述の如く，ケアとして両者は漠然として考えられたが，時代とともにそれぞれ分離していき，近代になってその役割の違いに焦点が合わせられるようになってきた。ここに，参考のため現代の介護，看護，ケアの用語（概念）を整理しておこう。

本来，医療行為をしない日常生活の介護でも看護と重なる領域がある。2011（平成23）年に成立した「社会福祉士及び介護福祉士法の一部を改正する法律」によって，介護福祉士も，一部の医療的行為（喀痰吸引・経管栄養・服薬支援）と，理学療法士が行っている生活リハビリもできるようになったからである。さらに通常の介護では，生活機能が低下したり不全となった場合に，家族の助けを得ながら自立した生活ができるようにするための支援も含まれ，社会福祉士と重なる領域となる。つまり，介護福祉士は，要介護者の日常生活をさまざまな形で支援していくことを主な業務とする福祉専門職であり，介護を必要とする人に直接生活を支えることを主目的としつつ，自立と生活の質の向上のための支援を提供する専門職である。

一方，看護師は介護福祉士と同様に療養上の支援を行うが，患者の療養する上での世話や診察をする補助とした医療職であり，生命力の消耗を最小限にするような対象のあらゆる生活過程を整え健康の維持増進をはかることが，主な目的である（ナイチンゲール 2011）。

したがって，介護と看護職の業務の区別は不明瞭であると言わざるを得ない。双方とも，日常生活行動への援助は求められているからである。ただ間違いなくいえるのは，この２領域の連携と協働によって，質の高い専門的ケアの提供が可能となるという事である（日本介護学会辞典編集委員会編 2014；森口ほか2002）。

　前述したようにケアは，一般的に「世話，養育，配慮，関心，気遣い，心配り，注意，管理，見守，気を配る，思いやる，かまう，世話する，看護する，介護する，面倒をみる，てをかける」などといろいろな言葉で表現されてきた（新村編 2018；松村編 2019）が，一方で，現在では，ケアは，医療（診療と看護も含めて）・介護を意味し，そのケアといえる行為は広い。

（2）介　　護

　まず，専門職としての介護福祉士の提供する介護について述べる。「介護」は，「食事，排便，寝起きなど，起居動作の手助けを『介助』といい，疾病や障害などで日常生活に支障がある場合，介助や身の回りの世話（炊事，買い物，洗濯，掃除などを含む）をすること」（仲村編 1974）と定義されるのが一般的である。

　また，日本社会事業学校連盟・全国社会福祉協議会・施設協議会連合会・社会福祉実習のありかた研究会などは，1988（昭和63）年に「老齢者や身心の障害による，日常生活を営む上で困難な状態にある個人を対象とする。専門的な対人援助を基盤に，身体的，精神的，社会的に健康な生活の確保と成長，発達をめざし，利用者が満足できる生活の自立をはかることを目的とする」と，「介護」を定義している。この定義には，社会の弱者に対しての専門的な毎日の生活支援の個別的対応と包括的な全ての視点での健康な生活の保障を目指して自立と成長を支援する役割が明記されている。この定義を見ると，介護には「プロフェッショナリズム」が必須（または必須であるべき）という考えが，見て取れる。

　介護福祉士は，社会福祉士及び介護福祉士法（1987〈昭和62〉年５月26日制定）により定められた介護・福祉分野の国家資格である。法律では，「介護福

祉士の名称を用いて，専門的知識及び技術をもつて，身体上又は精神上の障害があることにより日常生活を営むのに支障がある者につき心身の状況に応じた介護…（中略）…を行い，並びにその者及びその介護者に対して介護に関する指導を行うこと」（第2条）と定義されている。

　つまり，介護福祉士には，国民の福祉サービスの充実・向上の中心的役割を担っている資格者として，豊かな感性，洞察力・情報分析能力，介護目標・計画の立案能力等が厳しく求められ，チームケアの一員として高い評価が得られるよう努力することが求められているのである（日本介護福祉士会編 1995）。また介護福祉士の介護業務は，大きく分けて次の4つに分類される（日本介護福祉士養成施設協会編 2017）。

　① 身体介護
　食事，排泄，衣服の着脱，入浴，身体の衛生管理（清拭，洗顔や歯磨き）などを行う。また，ベッドから車椅子への移乗や自動車への乗り降りや歩行補助，車いすでの移動などもある。利用者がどんなことを望んでいるのかを考えながら，介護を行うことが大切となる。
　② 生活援助
　食事（調理や配膳，下膳なども含む），洗濯，掃除，整理整頓，必要な買い物などの日常的な家事全般を援助する。掃除の仕方や調理の方法など，その家によってやり方がそれぞれあるので，そういったことも配慮して家事の援助をすることが必要になる。
　③ 相談・助言
　介護を受ける対象者だけではなく，その家族など介護者も含め，生活，身体，介護に関しての相談にのったり，助言をする仕事を提供する。
　④ 社会活動支援
　介護を受ける対象者は，一般的には比較的孤立しがちで，家族や近隣の人たちとのよい対人関係が築けるように支援する役割がある。また，地域のサークル活動などの社会活動の情報提供など，利用者の生きがいづくりにつなげる。

要約すると，介護福祉士の仕事内容は，身体介護，生活サポート，メンタルケア，相談や指導，助言，そしてチームマネジメントの管理（タスクの管理，後輩メンバーの指導，チームの士気向上等のチームマネジメントの管理）を行うことになる。

（3）看　　護

　看護は，「あらゆる年代の個人，家族，集団，地域社会を対象とし，対象が本来もつ自然治癒力を発揮しやすい環境を整え，健康の保持増進，疾病の予防，健康の回復，苦痛の緩和を行い，生涯を通して，その人らしく生を全うすることができるよう身体的・精神的・社会的に支援することを目的としている」（日本看護協会編『看護者の倫理綱領』2003；『ICN看護師の倫理綱領』2018；『看護に活かす基準・指針ガイドライン集』2019）。そして，この定義から考えられる具体的な支援内容は，以下の通りである。

　　①　身体的支援
　　「看護職が対象者に対して行う体位変換や移送，身体の保清等を意味するが，これらは看護職自身の五感を働かせて対象者やそれを取り巻く環境の異常を早期に発見したり，身体を道具として用いて視診，聴診，触診等のフィジカルアセスメント技術を駆使したりすることが前提となっている。またこれらを通して，直接対象者に『触れる』ことにより，看護職と対象者の間に親近感や親密さがもたらされる。」
　　②　精神的支援
　　「看護職は，時間的物理的に対象者の身近に存在することにより，対象者にとって親しみやすく話しかけやすい存在となる。そのため，対象者の権利の擁護者として機能することができるだけでなく，また看護職自身の人格を生かした支援を行うことができる。」
　　③　社会的支援
　　「看護は，あらゆる年代の個人，家族，集団，地域社会を対象としているため，その対象の状況や社会背景に応じた支援を行うことができる。」

　これらの支援は，日常生活への支援，診療の補助，相談，指導及び調整等の機能を通して達成される。日常生活への支援とは，対象者の苦痛を緩和し，ニーズを満たすことを目指して，看護職が直接的に対象者を保護し支援することであり，保健師・助産師・看護師法第5条の「療養上の世話」に相当する。

　また診療の補助とは，「医学的知識をもって対象者が安全かつ効果的に診断治療を受けることができるように，医師の指示に基づき，看護職が医療処置を実施することであり，同条の『療養上の世話』にくわえて，『診療の補助』に相当する」（厚生労働省編　2009）。

　相談とは，対象者が自らの健康問題に直面し，その性質を吟味検討し，対処方法や改善策を見出し実施できるように，また医学診断や治療について主体的に選択できるように，看護職が主に言語的なコミュニケーションを通した支援のことである。指導とは，対象者が問題に取り組み，必要な手立てを習得したり活用したりして，自立できるように，看護職が教え導く活動のことである。調整とは，対象者がよりよい健康生活や療養生活を送ることができるように，看護職が他の職種と共同して環境を整える働きをいう。相談，指導，調整には，同条の「療養上の世話」「診療の補助」の両方が関わっている。

　前述したように，看護の中には入浴や排せつ，食事等の支援も含まれているので，看護領域にも介護が含まれているといえる。

　一般的に看護師と介護福祉士が同じ現場で働くと，各々観察・介助と役割が分けられると考えられているが，重複している部分があるのが実際である。したがって，双方とも観察と介助が求められる。また，毎日の利用者の状況を見て的確な判断をするために，協働作業（チームケア）が必要となる。

5　介護の本質とは何か

　皮膚は外の世界との接点であり，人にとっては大切な感覚器官でもある。スキンシップケアとして他人に優しく，思いやりを持って触れるとお互いに脳では「幸せ・絆ホルモン」であるオキシトシンが分泌され，リラックスし，優しさと幸せ感を誘導しストレスが軽減し癒される。お互いに深い信頼感と絆を築

くことが可能であることが科学的に説明されている。触り方として，手の広い面積の部分で優しくゆっくりと触れることが大切である。じっと優しく目を見つめ，いつも優しく話しかけながら，ゆったりと触れることの効力は大である。単に語り添うばかりでなく，ハグも含めてのスキンシップによる癒しの力は大きい。これこそが，まさに介護の原点である。

　介護の「介」には「心にかける，気にかける，仲立ちをする」という意味があり，「護」には「まもる，かばう，ふせぐ，たすける」という意味がある（新村編 2018）。したがって，心にかけて守ることが介護であり，この点を踏まえると，介護提供者は尊厳やプライバシーを守るケアパートナーとなることが求められる。前述したように，介護の基盤となるケアは，人類の進化の過程で，本能に依拠しつつも歴史的必然として生まれてきたものである。そして，ケアという概念は，「絆」「人間の尊厳の重視」という価値観を構築する事につながり，その結果，互助によって成立する社会を成立させるに至った。

第2章　高齢者の生き方とその基本原理
——高齢者のための国連原則を踏まえて

1　人間の尊厳と生き方——古今東西の先人の言葉から読み解く

（1）人間とは何か——先人たちの「尊厳」の考え方と「生き方」

　人間の尊厳とは何か。なぜ，このような概念があるのであろうか。

　それは前述のごとく，互助の社会が成立する長い歴史の過程で，私たちの思考や，人格が侵されなく大切にされることが，結果として社会の発展と維持に有効であったこと，すなわち，私たちが人間として生きていく，最も基本的な権利としての尊厳が必要であることに気づいたからである。

　私たちの先人たちによる歴史的論争と提言が多くあり，それらが現代の「人間としてのあり方」の基盤となっている。まず，医療，特に医師としての規律が明らかにしたのはB.C. 5〜4世紀の古代ギリシャのヒポクラテス（Hippocrates, B.C. 460 ？〜B.C. 370 ？年）である。彼は，医学を原始的な迷信や呪術から，臨床と観察を重んじる経験科学へと発展させた。また医師の倫理性と客観性についても考察しており，それは「誓い」と題した文章にまとめられている。それが現在でも受け継がれている「ヒポクラテスの誓い」である。この文章には医師としてのあるべき姿が記載されており，それは現代にも通じるような内容である。以下は，その一部を抜粋したものである。

　　「たとえば，私は能力と判断の限り患者に利益すると思う養生法をとり，悪くて有害と知る方法を決してとらない。頼まれても死に導くような薬を与えない。それを覚らせることもしない。同様に婦人を流産に導く道具を与えない。純粋と神聖をもってわが生涯を貫き，わが術を行う。いかなる患家を訪れる時もそれはただ病者を益するためであり，あらゆる勝手な戯

れや堕落の行いを避ける。女と男，自由人と奴隷の違いを考慮しない。加
えて，医に関すると否とにかかわらず他人の生活についての秘密を守る。」
（江本 2015）

　また東洋でも，前章でも取り上げたブッダが，同じような人間の生き方，あ
り方を語っている。このブッダが巡礼して，その彼の悟りから生まれた真理が，
人間の生くべき生活，人間の苦しみの生老病死（四苦）にさらに愛別離苦，怨
憎会苦，求不得苦，五蘊盛苦（四苦）を加えた根本的な8つの思いがままなら
ない八苦であり，ブッダはそれに対する対処法も残しており（水野 2009；増谷
2013），私たちが「悟り」へ至る方法は「中道」であるといっている。中道は
次の8つの正しい道（八正道）を実践することであり，八正道とは，①「正
見」（正しく見ること），②「正思惟」（正しくあるがままに見たものをあるがまま
に捉える正しい思惟），③「正語」（あいまいさや誤りのない正しい言葉を話すこ
と），④「正業」（正しき行いをすること），⑤「正命」（怒りや恨みなどを生じさ
せるようなことはせず，淡々と正しい生活を送ること），⑥「正精進」（他との比較
をせず，あるがままの自分を受け入れ正しい努力を重ねること），⑦「正念」（感覚
を研ぎ澄まし，周囲のあらゆることに気を配る正しい集中力を持つこと），⑧「正
定」（正しい瞑想をする。瞑想とは「坐しての禅定」だけを意味するのではなく，日
常生活において，誤った目的を持たない心穏やかな状態のこと），である。この八
正道は，現代に通じる一つの人間の生きる道を諭したものである（相川 2017）。
　同じ頃，中国では孔子（B.C.552～B.C.479年）が儒教を体系化し，その経典，
論語（孔子とその弟子たちの言行録，10巻20編，孔子の死後論纂）には，仁（人間
愛・尊厳・思いやり）と礼（規範）の道徳に基づく理想社会の実現が記載されて
いて，後世の多くの中国は勿論，韓国，日本の政治家，思想家に影響を与えた
（加地 2016）。
　日本では，聖徳太子が憲法17条を604年に公布したといわれている。この憲
法17条には，慈悲と尊重に基づく伝来仏教の影響を濃く受け，当時の官吏を含
めた民の生活・職業規範を説いており（梅原 2003；金治 1886），現在にも通ず
る規律・規範が多くある。さらに，最澄（伝教大師，天台宗の開祖，766/767～

882年）が「己を忘れて他を利するは，慈悲の極みとなり」という言葉を遺している。これは，相手を敬って思いやる心こそ大事であるという意味であり，「憶和敬」と云われている（平川 1988；大久保編 2004）。尊敬の「人を思う心」が如実に語られている。また，吉田松陰（1830〜1859年）も，本人が説く「人としてのあり方」を実践し，次のような言葉を遺しており，彼が塾生を諭したこれらの言葉も，やはり人間の尊厳を重視したものと捉えられる。

> 「人と交際する際には，あるがままの心で接することが大切である。」（河上 2009）
> 「積徳積善でなくて大事は出来ず。」（川口 2013）
> 「何事であっても，人に対する思いやりや慈しみの心を動機としないのであれば，どうしてなし遂げることができようか。」（川口 2013）

　また医療においても，「時に病気を治せることはできる。しばしば症状を和らげることもできる。しかし，常に心の慰めと安らぎを与えることが大切である」という医師が治療するアプローチの普遍的基本原理（規範）として伝えられ，現代に踏襲されている言葉がある。この言葉は，パレ（Pare, A., 1570〜1590年）（フランス王室公式外科医，近代外科の発展に功績）の言葉とも言われている。

　カナダのオスラー（Osler, W., 1849〜1919年）も，人間として，また医療に携わるプロフェッショナルとして，「私は，諸君が医療に携わる際には患者一人一人を気遣ってほしいと思っている。病める哀れな人間と向き合っていると，われわれは人間の真の姿を見，その弱さを目の当たりにする。そんなとき諸君は，人間を見下すことのないよう，心を柔軟にして優しい気持ちを常に持ち続けてほしい」（日野原 1993；ブリス 2012）と，その生き方を述べている。

　これらの人間の尊厳を重視した考えは，無論，現代でも継承されている。2017年に改訂された医師としてのあるべき姿を示したWMA（世界医師会）ジュネーブ宣言も，私たち人間の尊厳がその根底にあるといえるものである。なお，以下はWMAジュネーブ宣言の全文である（日本医師会 HP）。

「医師の誓い

医師の一人として,

私は, 人類への奉仕に自分の人生を捧げることを厳粛に誓う。

私の患者の健康と安寧を私の第一の関心事とする。

私は, 私の患者のオートノミーと尊厳を尊重する。

私は, 人命を最大限に尊重し続ける。

私は, 私の医師としての職責と患者との間に, 年齢, 疾病もしくは障害, 信条, 民族的起源, ジェンダー, 国籍, 所属政治団体, 人種, 性的志向, 社会的地位あるいはその他いかなる要因でも, そのようなことに対する配慮が介在することを容認しない。

私は, 私への信頼のゆえに知り得た患者の秘密を, たとえその死後においても尊重する。

私は, 良心と尊厳をもって, そして good medical practice に従って, 私の専門職を実践する。

私は, 医師の名誉と高貴なる伝統を育む。

私は, 私の教師, 同僚, および学生に, 当然受けるべきである尊敬と感謝の念を捧げる。

私は, 患者の利益と医療の進歩のため私の医学的知識を共有する。

私は, 最高水準の医療を提供するために, 私自身の健康, 安寧および能力に専心する。

私は, たとえ脅迫の下であっても, 人権や国民の自由を犯すために, 自分の医学的知識を利用することはしない。

私は, 自由と名誉にかけてこれらのことを厳粛に誓う。」

　この内容をみても, 前述の BC5 世紀に起源する「ヒポクラテスの誓い」の内容と, ほぼ一致している。また, すべての介護・看護ケア従事者の基本的職業倫理にも共通する。この根本原理は「人間の尊厳」であることが, 明確に理解できよう。

　マザー・テレサ（Mother Teresa, 1910～1997年）も, 人間としての尊厳の素

晴らしさと大切さを，以下のように教えている。

　　「この世で最大の不幸は，戦争や貧困などではありません。」（千葉 1980）
　　「人から見放され，自分は誰からも必要とされていないと感じる事なのです。」（千葉 1980）
　　「大切なのは，私たちがどれだけの行動をするのではなく，それをするのに，どれだけ愛を注いでいるかです。」（沖 1984）

　次に取り上げるのは，ソンダース（Saunders, C., 1918～2005年）である。イギリスの医師，看護師，ソーシャルワーカーで近代の世界緩和包括的医療の創始者として死にゆく人々のケアを実践，教育した人物で，近代ホスピス運動創始者でもある。彼女の「ホスピスマインド」を示した以下の言葉は，彼女が緩和ケア・終末期ケアの基本的姿勢として長年その実践の規範としてきた言葉であり，これからも決して変わることはないケアならびに働く人々の心のあり方の真髄である。

　　「あなたはあなたのままで大切なのです。あなたは人生の最期の瞬間まで大切な人です。ですから，私たちは，あなたが心から安らかに死を迎えられるだけでなく，最期まで精いっぱい生きられるように最善を尽くします。」（ソンダースほか 2017）

　さらに，フランクル（Frankl, E. V., 1905～1997年）は，1905年3月26日にウィーンに生まれたユダヤ人で，神経科と精神科の診療所を開設するが，1942年にナチスによって逮捕され，テレージエンシュタットの強制収容所（アウシュビッツ収容所の支所）に入れられ，そこで彼が見聞した死に直面した人間の言動のあり方や，尊厳を剥奪された経験から『夜と霧』を出版している。
　このユダヤ人精神分析医は，想像を絶する過酷な環境を生き抜き，ついにこの強制収容所から解放される。すべての家族は収容所のガス室で処刑され，たった一人残されて生還した体験記である。しかし，冷徹であるが人間としての

観察を通して極限におかれた人々の心理状態を分析した彼の思索は，人間存在そのものにまで及ぶ洞察であり深く哲学的である。筆者は『夜と霧』の中で，最も感銘を受け座右の銘として今も心に刻んでいるのは，以下の言葉である。

　　　「人間とは。人間は何かをつねに決定するものの存在である。ガスチャンバー（室）を発明しても，同時にこのチャンバーにいっても，人は毅然として祈りのことばを口にする存在でもある。」（フランクル　2002）

　第2次世界大戦後，彼はロゴセラピーを提唱し，人が自らの生きる意味を見出すことを助けることで，心の病を癒す心理療法を導入した（フランクル2016）。
　以上，数多くの先人たちの叡智から私たちが学ぶことは，人間が「人間らしく」生きていくための基本原理である。それは，私たちが長い進化の間に獲得してきた，お互いに共生し，協働・協調，そして助け合って生きていく最も大切なものである。その根底には，「他を思う心」，すなわち「思いやり」が，一貫して存在している。次に，もっと深く論理的に「尊厳」を理解するために西欧の哲学者，思想家たちがどのようにこの「尊厳」を考えてきたかを論じよう。それは彼らがすでに14～15世紀頃から人間の基本的問題として展開してきたからである。

（2）「人間の尊厳」をめぐる哲学・思想
　「人間の尊厳」というテーマは，もちろんルネサンスに固有のものではなく，すでに中世において人間の悲惨と対になって取り上げられており，その後の近代にも主張された。ルネサンス期の特徴は，「人々が苦悩の中で自分自身を真摯に見つめ，新しい人間像を提示しようとしたことである」（濱崎 2004；大貫2009）。そのことは確かに，キリスト教世界の時代の思想的な出来事に過ぎないかもしれないが，しかし今日の私たちにとって，なお意味を持ち続ける。「何故なら，この宗教が社会を覆った時代の中でも，極度の圧迫と悲惨を感じていた自由なルネサンス人が絶望せずに，『人間の尊厳』とは何かを考え続け

た」からである（濱崎 2004；大貫 2009）。

　近代思想の創始者デカルト（Descartes, R., 1596～1650年）はフランスの哲学者であり，数学者また合理主義哲学の開祖として近世哲学の創始者として尊敬されている。「我思う，故に我在り」を第一原理として，彼の哲学は展開されている（デカルト 2011）。

　デカルトと同時代のパスカル（Pascal, B., 1623～1662年）は同じくフランスの哲学者・自然哲学者であり，物理学者・思想家・数学者・キリスト教神学者でもあった。しかし彼は短命で，30代で逝去している。死後，『パンセ』として出版されることになる遺稿は，彼自身の哲学的な考えがまとめられたものである。「人間は考える葦である」は，最も有名な彼の言葉として現代にも受け継がれている（パスカル 1973）。

　パスカルは自然と宇宙に対して思考する人間という関係の中に，「人間の尊厳」を見出そうとした。この偉大な人間存在は，現実の道徳的な生活においてはその価値を保つことはできない。「人間は自分が惨めであることを知っている。だから，彼は惨めである。なぜなら，事実そうなのだから。だが，彼は実に偉大である。なぜなら惨めであることを知っているから」というパスカルの自覚は，現実の悲惨さの認識を通して逆説的に自己の偉大さを表している。人間の悲惨と偉大が同居することの逆説的な主張と考えられる（パスカル 1980）。つまり，この自覚は「人間は自然の中では矮小な生き物にすぎないが，考えることによって宇宙を超える」というパスカルの哲学者としての宣言でもある。そして，このような「人間に無限の可能性を認めると同時に，一方では無限の中の消えゆく小粒子である人間の有限性」をも受け入れている（パスカル 1980）。だから，私たちの「尊厳」のすべては，考えることの中にある。だから，よく考えることを努めるという一点のみこそが，道徳の原理なのである。

　他方，近代に入って「人間の尊厳性」を初めて明確に示したのは，ドイツの哲学者カント（Kant, I., 1724～1804年）である。その著『実践理性批判』は，次のような有名な言葉で締め括られている。

　　「私たちがそれを考えることしばしばにして，かつ長ければ長いほどま

すます増大してくる新たな感歎と崇敬とをもって心を満たすものが二つある。それはわが上なる星の輝く空とわが内なる道徳法則とである。」(カント 1979)

　カントのいう「わがうちなる道徳法則」(カント 1961)こそ，その後，人間の尊厳性として人権の根底に備えられる考え方となった。そして，カントは「わが内なる道徳法則」を「尊厳」と定義した。またカントは，「それより道徳性だけが，そして道徳性を備えている限りの人間性だけが，尊厳を持つ。道徳における勤勉は，市場価値を持つ。道徳的行動を行うことは，それが何らかの役に立つからではなく，良いことを行うこと自体に価値があるのであり，それゆえに尊厳がある」(カント 1961)と述べている。言葉を変えれば，道徳性はそれ自体が目的であり尊厳なのである（自己目的性）。

　したがって，カントのいう「人間の尊厳」とは個人の尊厳，個人の尊重ともいい，すべての個人が人間として有する人格を深く慈しみ，これを相互に尊重する原理といえる。カントのこの「人間の尊厳」の論理は，筆者にとっては最も理解しやすく受容できるものであり，この人間社会での生き方の原理に強烈なインパクトを与えている論理であると捉えている。

　その後，多くの哲学者や思想家によって，心の作用・機能・精神的な意思行動・認識・思考等の複雑な学問的論説が展開され，現代の哲学思想に影響を与えている。この点に鑑みると，哲学者などによって深められた「人間の尊厳」をめぐる思想が基盤となり，現代の高齢者国連原則も制定されているといえる。そして，その原則となる自立・自律，自己表現，社会参加，介護のコンセプトが進展するという関係性が存在すると考えられるからである。最後にわかりやすくいえば，「人間の尊厳」とは，人間の生きている存在として，その生命や生活が尊く厳かで，侵されてはならないものである。これは，私たちの最も大切な基本ルールといっても過言ではないと，筆者は思う。

（3）尊厳の基本原理としての「思いやり」

　「思いやり」は尊厳に通ずるもので，日本人が昔から大切にしてきたことである。相手の立場に立つ気遣いである。これが尊厳の基本的原理と，筆者は捉えている。人は皆，一人で生きていけない。優しい心遣い，助け合いの精神，謙虚な心や態度をもって，そしてどんな苦境や困難にあっても，時には命を懸けて，自分よりも相手の幸せのために行動した多くの先人たちの言動には心動かされるものである。

　では，なぜこのような言動が可能なのであろうか。まず言及しなければならないのは，相手の幸せを第1に考えるという「利他心」であろう。そして，「利他心」を持つためには，相手の喜びを自分の喜びに変えられる主体性を持つことも大切である。また豊かな想像力を持って，自分自身を自覚した上で他者に思いをめぐらす重要性も十分に理解しなければならない。

　少し前になるが，筆者には，2001（平成13）年の山手線新大久保駅転落事故が，この「利他心」に関する印象的な事例である（「毎日新聞」2001〈平成13〉年1月20日付朝刊，社説）。ご記憶の方もおられるかもしれないが，これは，韓国人留学生李秀賢さんと横浜市のカメラマン関根史郎さんが駅のプラットフォームから転落した見知らぬ他人を助けようとして線路に下り，電車に引かれて命を落とした事件の事である。筆者を含め多くの方が，感動し尊いと思った事だろう。この2人の行動は，現代社会においても，私たちの心または行動において極限のレベルまで「尊厳」「思いやり」「共感」を引き上げる事が可能であると教えてくれた。そして，私たちに心深く人間的（humane）感動を覚えさせると同時に，忘れることができない程に心深く刻まれる痛ましい出来事でもあった。私たちには，このように咄嗟に目の前の他人の不幸を自分の命を捨てて助けようとする自己犠牲的行為をすることもできる存在なのである。

（4）高齢者介護における「個人の尊厳」保持に向けた取り組み

　現在実践されている個人の尊厳のケアで，強いインパクトのある良い例がある。それは，介護ケアにおける基本介護の一つ「身体拘束ゼロ」への取り組みである。「身体拘束ゼロ作戦推進会議」の「身体拘束ゼロへの手引き」の中で，

身体拘束禁止の対象となる具体的な11行為を，次の通り規定している（厚生労働省編 2003，2005）。

① 　徘徊しないように，車いすやいす，ベッドに体幹や四肢をひも等で縛る。
② 　転落しないように，ベッドに体幹や四肢をひも等で縛る。
③ 　自分で降りられないように，ベッドを柵（サイドレール）で囲む。
④ 　点滴・経管栄養等のチューブを抜かないように，四肢をひも等で縛る。
⑤ 　点滴・経管栄養等のチューブを抜かないように，または皮膚をかきむしらないように，手指の機能を制限するミトン型の手袋等をつける。
⑥ 　車いすやいすからずり落ちたり，立ち上がったりしないように，Y字型拘束帯や腰ベルト，車いすテーブルをつける。
⑦ 　立ち上がる能力のある人の立ち上がりを妨げるようないすを使用する。
⑧ 　脱衣やおむつはずしを制限するために，介護衣（つなぎ服）を着せる。
⑨ 　他人への迷惑行為を防ぐために，ベッドなどに体幹や四肢をひも等で縛る。
⑩ 　行動を落ち着かせるために，向精神薬を過剰に服用させる。
⑪ 　自分の意思で開けることのできない居室等に隔離する。

　「介護保険法に基づく指定介護老人福祉施設の運営基準」では，身体的拘束は原則禁止とし，緊急やむを得ない場合には，切迫性，非代替性，一時性の3要件をすべて満たす必要があるとしている。この基準は，現在も施設介護・医療ケアの身体拘束に関する原則としてしっかり守られている。また「縛らない介護」実現のためのアプローチとして，2016（平成28）年度に診療報酬改定で新設された「認知症ケア加算」では，身体的拘束を行った場合には当該日の診療報酬が所定点数の100分の60に減算されている。
　看護の領域においても，日本看護倫理学会臨床倫理ガイドライン検討委員会では，2015（平成27）年に「医療や看護を受ける高齢者の尊厳を守るためのガイドライン」と「身体拘束予防ガイドライン」を作成し，若干の見直しを行っ

た上で2018（平成30）年1月に『看護倫理ガイドライン』として出版する等の取り組みが行われている。

　日本看護管理学会倫理委員会では，京都（2018〈平成30〉年1月）と東京（2018〈平成30〉年2月）で「身体拘束と看護管理」というテーマでワークショップが開催された。そこで，身体拘束廃止へのアプローチについては，大別して2つあるという主張が展開された。1つ目のアプローチは，病院管理者が「身体拘束をやめる」と宣言し，病棟師長がリーダーシップを発揮して強力に推し進めていく方法である。たとえば「身体拘束ゼロの日を決めてやってみる」など，いわゆる外的コントロールである。2つ目のアプローチは，個々の患者について，快適性を考え身体拘束によるメリット／デメリットをアセスメントすることである。その結果，「縛る」ことが不適当という結論に至る。こうした丁寧な検討により身体拘束ゼロを達成ができたという。

2　自立・自律と高齢者

（1）人間の自立・自律（人間の尊厳と生きていく質の確保）

　自立・自律とは，「自らのたてた道徳法則に自らを従わせること。意思のもつ自由という特性によって，行為の主観的な確立（個人の行為を決定する原理）を普遍的な法則に一致させること」（増田ほか 2015）である。もし自律を定義するなら，「自立の基になるもので，自分で決め規則通りに自分のことは自分で執り行うという精神的なものである」（増田ほか 2015）。

　精神的な自律と生活の自立は不分離である。自己決定の能力が必要となってくる。「汝の意思の確立が同時に普遍的立法の原理に妥当し得る様に行為すること。人間の理性にしたがって道徳法則を自ら打ち立て，それに対する義務と責任から自立的に行動するところに人間らしさと自由がある。人格（自律的主体・神聖な道徳法則の主体としての人間）は人間以外の理性なきものと異なって，常に目的そのものとして絶対的価値をもつものである」（カント 1961）。

　また，カントは「全ての人間が幸福を求めて生きるのではなく，幸福に値する人間になれ」とも説いている（カント 1961，1964，1979）。事実としての道徳

的人格が必要であり，道徳性とこの道徳性を備えた人間性にのみ尊厳が与えられる。したがって，人間の尊厳をわかりやすく要約すれば，「人間が人間らしくあること（人間らしさ）。自らを大切にし，相手を大切にすること（思いやり）。人として当たり前の生活ができること（普通の生活）。その人の望む生き方を否定されないこと（生き方）。常に自由であること（自由）。それらが守られること（個々別の保障）」である。それは，取りも直さず，私たち一人ひとりの基本原理である‘存在の意義・価値’が認められることでもある。

　加えて，介護における自立の場合は，「介護が必要な状態の人を要介護と分類し，介護が必要でなく最低限の身の回りのことを自分でできる人のことを自立と呼ぶ。自立には身体的自立と精神的自立，さらに社会的自立がある」（日本自立支援介護・パワーリハ学会編 HP）と定義されているが，障害児・者，高齢者と状況が異なれば，各々に別個の課題がある。障害児にとっては，身体的な自立や精神的な自立，社会的な自立それぞれが課題となる。そして障害者にとっては一番必要なのが社会的自立となる。高齢者にとっての自立の課題として，高齢者は長期にわたって身体，精神，社会的に自立した人生を送ってきた人たちであるが，身体的な自立だけを失ってしまう要介護高齢者は，精神的自立や社会的自立を追い求める必要はなく，ADL（日常生活動作），つまり日常動作を，もう一度，一人でできるように身体能力を回復させることが課題となる。ADLを一人でできるようになると，QOL（Quality of Life；生活の質）が改善される。そしてIADL（手段的日常生活動作）といわれる買い物，金銭管理や調理など生きていくのに関連した必要な動作も一人でできるようになる可能性が高まる。

　現在の介護では，フレイル高齢者（第3章第1節参照）の自立を促すのが最も重要な課題である。普通に考えたら自分の足で歩いて自分でトイレに行き，自分で排泄できる，食事も自分でできるというのが自立のイメージであろうが，必ずしもそうとは言い切れないのが介護である。前述のごとく，介護における自立で大切とされているのは自分で「意思決定」ができるかどうかである。高齢期を自立的に生きていくためには，高齢者が自己決定を通じて，自己や社会の状況に主体的に関わっていかなくてはならない。自己決定は，高齢者が主体

的な生き方を創造し，そして自己を実現していくためには不可欠なのである。

　その人が何をしたいのか，どうしたいのかを自分で選び取っていく。そのことが本当の自立した生活と考えると，「これを食べたくない」「これをしたくない」と意思表示することも高齢者の意志決定としてケアをする人は尊重する必要がある。すべてのことを何でもこなせるようになる必要は勿論ない。年をとるとあらゆる能力が衰えるのは当然のことである。その中で残された能力を使って人間としての尊厳を保ちながら生活していくこと，これがフレイル高齢者にとっての自立した生活であると考える。ここで参考のため，私たちの「健康」をめぐる概念について触れておこう。

　WHO（世界保健機関）では，その憲章（1946年採択）の中で，単に身体的（physical）に病弱でなかったり，病気がないだけでなく，精神的（mental）かつ社会的（social）に良好な状態（well-being）を「健康」と定義している。これは，人間は身体，精神，社会の3つの要素から成り立っているという事実に基づいているが，1998年のWHO執行理事会においてWHO憲章の「健康」の定義改正案が提出され，さらにスピリチュアル（Spiritual）well-beingが追加採択されたが，1999年の第52回WHO総会では審議されず，それ以来事務局長の見直し作業が続いている。

　次に，障害者のケースを取り上げる。彼らが最も重視しているのは社会的自立で，世界の障害者が1970〜1980年代に「障害者自立生活運動」を通して要求してきたことである。「社会的自立」を言い換えると，「我々は地域社会で生活して，一般社会人として孤立した生活を営んでいきたい」ということである。「社会的自立」を完結できるように，障害者自身が自分たちの決意として精神的に自立していくことが求められる。これらの例から，人間の尊厳と自立・自律は一心同体と見なすことができる。

　また日本国憲法を「人間の尊厳」という観点からみると，「すべての基本的人権の享有」（第11条），「すべて国民は，個人として尊重される。生命，自由及び幸福追求に対する国民の権利」があること（第13条）など，人間の尊厳と自由の考え方を宣言している。「すべての人は社会の一員として社会福祉を受ける権利を要し，かつ自己の尊厳と自己の人格の自由な発展に欠くことのでき

ない経済的，社会的及び文化的支援を受ける権利を有する。そして，すべて国民は健康で文化的な最低限度の生活を営む権利を有することが定められ，国民の生存権を保障する」（第25条）といった規定が特徴的である。

　一方，世界人権宣言（1948年）でも，「すべて人は，社会の一員として，社会保障を受ける権利を有し，…（中略）…自己の尊厳と自己の人格の自由な発展とに，欠くことのできない経済的，社会的及び文化的権利を実現する権利を有する」ことが述べられている。ここで言及された「自立・自律」とは，援助を受けていようといなくとも，自らの生活を自己選択，自己決定，自己責任をもって自分を処していくこと（セルフコントロール），といえる。

　たとえば，介護において施設入居者の自立を支援するということは，入居者の個別性を尊重し，一人ひとりの施設ライフスタイルに沿って自分らしく生活できるように援助することになる。たとえ寝たきりや認知症になっても，可能なかぎり自分の意志で自分の生活に関する諸々を執り行うことができるように支援することである。無論，アドボカシー（入居者の立場に立って代弁すること）も求められる。そして，自分の持っている能力を踏まえ自己決定や問題解決ができるように支援することでもあるといえ，このような点に鑑みると，支援とはエンパワメントであるともいえる。

（2）思いやりとおもてなしの心──一人ひとりを尊重した支援の基盤

　前述したように人類の長い進化の歴史の中で培われてきた「人間の尊厳」という概念こそが私たちの哲学・宗教・集団の根幹となり，人間の真の共存共栄の絆となってきたのは事実である。私たちの祖先の長い歴史の中で，絶滅せずに逞しく環境に順応して生き，繁栄の進化をしてきた足跡を振り返ってみてもわかるように，もし私たちの祖先が，「人間の尊厳」を重視していなかったら，秩序ある社会は成立せず，ひいては人類が絶滅していても不思議ではないと考えられる。

　毎日の生活の中で利用者を支援する際には，利用者一人ひとりへの「思いやりの心」「おもてなしの心」が大切である。一人ひとりの「心配り」「気配り」「目配り」の行動はもちろんのこと，一人ひとりの利用者と介護・医療従事者

の交流の中で求められる礼儀作法，そして一人ひとりの利他心が最も大切なものとならなければならない。支援者は，美しく温かい思いやりの豊かな人間関係を紡ぎ出すマナーと心をいつまでも持ちたいものである。このことこそが「人間の尊厳」の最も基本的な核である。それに基づいて，利用者一人ひとりの自立・自律を目指して生きていくことを促し支援しなければならない。

3　自己実現と高齢者

（1）先人達の教えに学ぶ高齢期の生き方

　高齢者は，どのように歴史的にみられ，特徴づけられてきたのであろうか。私たちの先人たちは，いろいろの経験，また学問的観察や研究から「老い」について論じてきた。以下では，高齢者がどのように捉えられてきたのか，そして，どのように生きるべきと説かれてきたのかを概観する。

1）古代エジプトの敬老精神

　まず古代エジプトを取り上げる。ピラミッドをはじめとした壮大な「死」の文化を誇った彼らは「老い」に対しても豊かな文化を持ち，高齢者を非常に大切にした。それは，年を取り経験を積むと，人間は賢くなると考えられていたためである。賢くなった高齢者は知恵の宝庫であり，技術の伝承者でもあった。つまり，社会の貴重な財産として扱われていたのである。高齢者は「弱者」だからいたわり大切にするのではなく，何より「経験」と「知恵」を持っているからこそ大切にするという敬老精神が，古代エジプトの社会規範となっていたのである。

　そして，古代エジプトには「高齢者の杖」という警察官までいた。もし，「あそこの家では高齢者をいじめているようだ」などという情報が入ったら，それを聞きつけた「高齢者の杖」が乗り込み，噂が事実だとわかれば，堅い木材の杖で若者を百叩きにする。このように古代エジプトでは，高齢者は社会全体から尊敬を受けていただけでなく，実質的に守られていた（屋形 2003）。

2）古代ギリシャ・ローマの「嫌老好若」

　しかし同じ古代社会でも，ギリシャでは「高齢者は邪魔」「社会は若者のも

の」というのが社会規範となっていた。ギリシャの文化を継承したローマも「嫌老好若社会」であったという説がある。古代ギリシャ・ローマで作成された彫刻には，相当の高齢だったはずの皇帝や将軍も筋骨隆々とした若々しい体格に彫られているという特徴がある。写実主義のなかで顔は見事なほどに個性的に描かれても，身体は若々しく描いたのは，若々しく壮健なことを好む「好若社会」のせいらしい（村上ほか 1993；桜井ほか 2017）。

3）高齢期をポジティブに捉える──キケロの『老年について』から

また，当時は高齢者を肉体的にも精神的にも衰退した，ただ死を待つだけの存在とみなす「老いの神話」があった。それは，高齢者を「孤独」「無力」「依存的」「外見に魅力がない」「頭の回りが鈍い」などと見放すことである（キケロ 1999）。

しかし「老いの神話」を打ち破る作業は，すでに B.C. 1 世紀に古代ローマの賢人キケロ（Cicero, M. T., B.C. 106〜B.C. 43年）が『老年について』という著作の中で語っている。キケロは大カトーに対して，高齢について「高齢になれば確かに『青春と活気』を必要とする若者の仕事からは引退しなければならないが，世の中には高齢者に適した多くの仕事がある。むしろ偉大な仕事は高齢者の『知恵や知識』によって成し遂げられるのである」（キケロ 2004）と，現代の「人生100年時代」の文脈で議論される事の多い「高齢者の就労」について提言しているのである。

さらに高齢者特有の一般的にネガティブに捉えられる状態については，「高齢者は孤独なのではなく，毅然としているのだ。無力なのではなく，おだやかなのだ。依存的なのではなく，親しみやすいのだ。外見に魅力がないのではなく，内面が深いのだ。そして，頭の回りが鈍いのではなく，思慮深いのだ」（キケロ 2004）と反論しているのである。加えて高齢者の肉体的能力の衰えについてさえ，「肉体的能力の衰えについては衰えをまったく否定するわけではなく，むしろ高齢にふさわしい肉体的健康をポジティブに受け入れることが大切である」「自分がいま，青年の持つ体力を実際欲しがっていないのは，自分が持っているものを使うと，またなにごとをなすにしても，自分の力にふさわしいことをなすのが正常なことだ」（キケロ 2004）と，高齢者は，失われた若

者の体力を基準にして老年の非力を嘆くのではなく，現在の自分をあるがまま
に肯定すること，年輪によって育まれた知恵と見識を発揮することに特化して
「いま」を生きることを重視すべきだと切り返している。

　このように，とても主体的な内容の『老年について』は老年論の古典となり，
キケロの思想はヨーロッパの伝統として生き続けてきた。また『老年について』
には，他にも以下のような高齢期をポジティブに捉えた発言が掲載されて
いる。

　　「高齢を守るに最もふさわしい武器は，諸々の徳を身につけ実践するこ
　とだ。生涯にわたって徳が涵養されたなら，長く深く生きた暁に，驚くべ
　き果実をもたらしてくれる。徳は，その人の末期においてさえ，その人を
　捨てて去ることはないばかりか，それが徳の最も重要な意義ではある――
　人生を善く生きたという意識と，多くのことに徳をもって行ったという思
　い出ほど喜ばしいことはないのだから。したがって，思慮，見識，徳は，
　むしろ高齢にこそ宿りうる。熱意と勤勉が持続しさえすれば，高齢者にも
　知力はとどまる。」（キケロ　1999）
　　「人生の各部分には，それぞれの時にふさわしい性質が与えられている。
　しかし，善い高齢を迎えるためには，青年期より基礎が鍛えられ，培われ
　ることである。」（キケロ　1999）
　　「毎日何かを学び加えつつ老いていく。」（キケロ　2004）
　　「病に対する如く，高齢と戦わねばならぬ。つまり，知力の鍛錬や精神
　の練磨が行われてこそ，高齢はすばらしい人生の果実となる。そのような
　人生を生きてきた者こそ，生を歎かない。」（キケロ　2004）
　　「自然に従い，老いに逆らわず，在るものを使う。何をするにしても体
　力に応じて行うのがよい。そして，次の世代に役立つようにと木を植える
　ことが大切である。」（キケロ　2004）

　高齢者だけではなく次世代の若い人々にも目を向けるという「他者への思い
やり」を有した上で，自らもポジティブに「今」を生きる事を重視する彼の規

範は，今も変わらず，大事な「教え」を私たちにもたらしてくれている。

4）人生を「統合」するための視座
——エリクソンの『老年期——生き生きとしたかかわりあい』から

　次に，エリクソン（Erikson H. E., 1902～1944年）等による『老年期——生き生きとしたかかわりあい』（1990年）を取り上げる。エリクソンの8つのライフサイクルの8番目が老年期であり，老年期は人生の終盤，晩年の時期をいうが，現代では65歳以上と認識されている（図表2-1参照）。またエリクソンは，晩年には，80歳以上を9番目のサイクルとして分けた方が合理的であるとしている。また，彼は老年期の課題を「統合 対 絶望・嫌悪（integrity vs. despair, disgust）」と捉えており，この時期は「統合」がテーマとなる。「統合」とは「自分が生きてきた人生を受け止めること」であり「死ぬことを覚悟できるようになること」である。この2つを実現するためには，自分がこれまで形成してきたアイデンティティの過程をそのまま受け入れられるかどうかが，その分かれ目となる。もちろん長い人生なので，後悔ややり残したことなどが，ほぼ間違いなくあると思われる。繰り返しになるが，そうした「過去」と向き合い自分を「納得」させることが，「死」を迎えるために必要な準備作業といえる。

　壮年期の「世代性 対 停滞」に対して，老年期には「統合 対 絶望・嫌悪」がそれぞれ課題となるという（エリクソンほか 1990, 2001）。成人期では，前成人期において社会に認められたアイデンティティを見直し，それをいかに次世代につなげるかということに苦心し，その後，そうしたアイデンティティの修正などの形成過程を見て，「死」への準備を行うことになる。エリクソンはこの点について，次のように述べている。

　　「ものごとや人間の世話をしてきた人，他の人間を生み出したり，ものや考えを作り出し，それに伴う勝利や失望に自らを適応させてきた人——そういう人においてのみ，これまでの7段階の実が次第に熟して行く。この事をいい表すのに　統合以上にいい言葉を私は知らない。それは自分の唯一の人生周期ライフサイクルを代替不能なものとして，まさにそうあるべきものであったとして受け入れることを意味する。なぜならば一人の個人

図表2-1　エリクソンの8段階ライフサイクルの特徴

〈死〉

		ポジティブな特徴	成長させる特徴	ネガティブな特徴
老年期	8段階	統　合	英　知	絶望・嫌悪
壮年期	7段階	世代性	世話（ケア）	停　滞
成人初期	6段階	親密性	愛	孤　立
青年期	5段階	アイデンティティ	誠　実	同一性拡散
学童期	4段階	勤勉性	有能感	劣等感
幼児期	3段階	自主性	目　的	罪悪感
幼児初期	2段階	自立性	意　思	恥・疑惑
乳児期	1段階	基本的信頼	希　望	基本的不信

〈誕生〉　　　　（ポジティブな特徴）　　成長させる特徴　（ネガティブな特徴）

出所：エリクソンほか（1990）。

の一生は単なる一つのライフサイクルが歴史の一コマと偶然にぶつかった
ものに過ぎないことを，こういう人はよく知っているからである。」（エリ
クソンほか 2001）

　このように「老いつつある自分」を全体的に受容できた人には，「叡智」「知
恵」という徳または力が現れるとエリクソンはいう（エリクソンほか 1990）。
「叡智」とは，すなわち死に直面しても人生そのものに対して「執着の無い関
心」を持つことである。これの備わった人間は心身の衰えにかかわらず，自己
の経験の統合を保ち続け，後から来る世代の欲求に応えてこれを伝え，しかも
「あらゆる知識の相対性」を意識し続けられることができる。もし知的能力と
ともに責任を持って諦める能力を併せ持つならば，人間の諸問題を全体的に眺
めることが可能になる。この状態こそが，統合視野に立つライフスタイルなの
である。
　対照的に「このような自我の統合」に達することができなかった高齢者は，
もはや人生のやり直しがきかないという「絶望感」を持ち，人間嫌いになった
り，絶えず自己嫌悪に陥ったりすることが臨床的に観察される（エリクソンほ
か 1990）。

5）自己実現のための自己超越――マズローの欲求段階説から

最後に取り上げるのは，アメリカの心理学者マズロー（Maslow, H. A., 1908～1970年）の自己実現を基盤においた欲求段階説の高次第5段階（自己実現の欲求）である。次項でより詳細に述べるが，この理論は，段階的に①生理的欲求→②安全の欲求→③社会的欲求→④尊敬・評価，の欲求の4つの欲求がすべて満足されたとしても，人は自分に適していることをしない限りすぐに新しい不満が生じて落ち着かなくなる。したがって，自分の持つ能力や可能性を最大限に発揮し自己実現を目指すべきだと主張している理論である（渡辺 2013）。「高齢者のための国連原則」でも言及されている「自己実現」のこの理論における位置づけは，最も上位にある第5の欲求段階にある。なお，この自己実現については，マズローが晩年に，5段階の欲求階層の上に，さらにもう一つ上位の段階があると主張するようになった。すなわち，「自己超越」の段階である（この段階は，後述する）（マズロー 1987，1998；中野 2016）。

キケロの思想は今読んでみても変わりなく賛同でき，エリクソンやマズローのそれらは，現代のものであり，心理発達的欲求の段階の，そして心理精神的や心理社会的な視点からの高齢者論である。まさにこれからの日本の超高齢社会で生きていく高齢者への実践的指針にもなることであろう。

（2）自己実現と高齢者

高齢者は，自己の可能性を発展させる機会を追求できるべきである。社会の教育的・文化的・精神的・娯楽的資源を利用することができなければならない。自己実現とは「人が潜在力を実感することをいう。向上心を無視したり否認したり抑制したりするよりもむしろ，その気持ちが実現するまでの継続的な過程，もしくはそれが実践されるまでになることを指す」（ドライデンほか 2005）。

私たちは，家事や仕事，趣味や学習活動など，日常生活で様々なことを行う際，より良く，より適切に，そしてよりポジティブ（積極的な状態）に行動したいという願望を持つことが多い。しかし自分に，そのように行動するだけの潜在力があると常に実感できるわけではない。また，目先の課題や作業に取り組むことだけに懸命になったり，報酬や名誉のためだけに行為することも少な

くない。

　自己実現は，こうしたことを超克し，肯定的自己概念に基づいて自分自身の成長の可能性を信じて生きていくことであると考えられる。加えて，たとえ困難な状況に遭遇したとしても，それに直面して取り組むことにより自己を拡大発展させ，独特の個性をもった存在に変容していくことが自己実現の過程ともいわれている。生きるための叡智ともいうべき力を身に付け，それを中心に据えて生きる可能性は，生涯の中では老年期に最も高まる。高齢者は，身体的老化という現実を受容しつつ，精神的には自己実現を志向し，積極的に生きてゆく潜在力を持っており，その実現を目指す生き方は，サクセスフル・エイジングやプロダクティブ・エイジングと軌を一にするものといえる。

　人生の最期を迎えるまで人は自己実現に向かって生活することが「生きる意欲」へとつながる。生きる意欲は「生きがい」ということになる。個人の「生きがい」はその人の思いや生活歴が，大きく影響を及ぼすのは無論の事である。

　以上は，前述のマズローの欲求段階説（マズローほか 1987, 1998；渡辺 2013）の高次第5段階（自己実現の欲求）「自己実現のプロセス」の内容とほぼ一致しているが，ここで，もう一度この基礎となっている「マズローの欲求段階説」（図表2-2参照）をよりよく理解するために，具体的に述べてみよう。マズローは，「人間は自己実現に向かって絶えず成長する生きものである」と仮定し，人間の欲求を5段階の階層で理論化した。

　まずはピラミッド階層の一番下が，①生理的欲求で，生命維持のための食事・睡眠・排泄等の本能的・根源的な欲求である。

　その上層が②安全の欲求である。安全性・経済的安定性・良い健康状態の維持・良い暮らしの水準，事故防止，保障の強固さなど，予測可能で秩序だった状態を得ようとする欲求である。その上層が③社会的欲求，つまり生理的欲求と安全欲求が十分に満たされると，この欲求が現れる。自分が社会に必要とされている，果たせる社会的役割があるという感覚であり，情緒的な人間関係・他者に受け入れられている，どこかに所属しているという感覚。かつて飢餓状態に置かれていた時には欲することのなかったものを求め，今や孤独・追放・

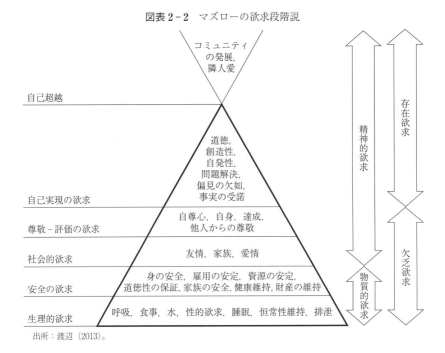

図表 2 - 2　マズローの欲求段階説

コミュニティ
の発展,
隣人愛

自己超越

道徳,
創造性,
自発性,
問題解決,
偏見の欠如,
事実の受諾

自己実現の欲求

尊敬 - 評価の欲求

自尊心, 自身, 達成,
他人からの尊敬

社会的欲求

友情, 家族, 愛情

安全の欲求

身の安全, 雇用の安定, 資源の安定,
道徳性の保証, 家族の安全, 健康維持, 財産の維持

生理的欲求

呼吸, 食事, 水, 性的欲求, 睡眠, 恒常性維持, 排泄

精神的欲求

物質的欲求

存在欲求

欠乏欲求

出所：渡辺（2013）。

拒否・無縁状態であることの痛恨をひどく感じるようになる。不適応や重度の病理，孤独感や社会的不安，鬱状態になる原因の最たるものである。

　その上層が④尊敬-評価の欲求，つまり自分が集団から価値ある存在と認められ，尊重されることを求める欲求である。尊重のレベルには２つある。低いレベルの尊重欲求は，他者からの尊敬，地位への渇望，名声，利権，注目などを得ることによって満たすことができる。マズローは，この低い尊重のレベルにとどまり続けることは危険だとしている。高いレベルの尊重欲求は，自己尊重感，技術や能力の習得，自己信頼感，自立性などを得ることで満たされ，他人からの評価よりも，自分自身の評価が重視されるのである。この欲求が妨害されると，劣等感や無力感などの感情が生じる。最後が⑤自己実現の欲求であり，これが最上層である。

　これらのうち，最初の４欲求を欠乏欲求，最後の一つを存在欲求としてまとめることもある。マズローは，欠乏欲求と存在欲求とを質的に異なるものと考

えて，自己実現を果たした人は多くはない。数多くの人が階段を踏み外し，これまでその人にとって当然と思っていた事が当たり前でなくなるような状況に陥ってしまうこともある。また，欠乏欲求を十分に満たした経験のある者は，欠乏欲求に対してある程度耐性を持つようになる。そして，成長欲求実現のため，欠乏欲求が満たされずとも活動できるようになるという。

　前述したように，以上の5つの欲求（生理的欲求，安全の欲求，社会的欲求，尊重・評価の欲求，自己実現の欲求）がすべて満たされたとしても，人は自分に適していることをしていない限り，すぐに新しい不満が生じ落ち着かなくなる。自分の持つ能力や可能性を最大限発揮し，具現化して自分がなり得るものにならなければならないという欲求，すべての行動の動機が，この欲求に帰結されるようになる。これら5つの欲求すべてを満たした「自己実現者」には，次の15の特徴が見られるという（マズロー　1998）。

　　①　現実をより有効に自覚し，より快適な関係を保つ。
　　②　自己，他者，自然に対する受容。
　　③　自発性，素朴さ，自然さ。
　　④　課題中心的。
　　⑤　プライバシーの欲求からの超越。
　　⑥　文化と環境からの独立，能動的人間，自律性。
　　⑦　認識が絶えず新鮮である。
　　⑧　至高なものに触れる神秘的体験がある。
　　⑨　共同社会感情。
　　⑩　対人関係において心が広くて深い。
　　⑪　民主主義的な性格構造。
　　⑫　手段と目的，善悪の判断の区別。
　　⑬　哲学的で悪意のないユーモアセンス。
　　⑭　創造性。
　　⑮　文化に組み込まれることに対する抵抗，文化の超越である。

筆者の過去の経験を踏まえていうと，認知症以外の高齢者の自己実現のニーズは，マズロー5段階のうち4段階まではほぼ達成されているか，経験されている場合が多い。問題は，5段階目の自己実現ニーズを施設などの特定の環境で，どのように少しでも実現していくかという点である。多くの人は無意識の場合も多いが，趣味に興じる事で実現しようとする。水彩画や日本画，俳句や和歌などの詩，そして健康維持のための運動や体操のためにジムに通う，ダンスやヨガやスイミングをする，友達と旅行に行くなどが，その代表例であろう。こうした趣味に興じることで，自己実現を達成しようとする高齢者が多い。しかし，自己実現というのは，自分にとって快適なものなので，広く，深く追求することにより時に歯止めがきかなくなることもある。

　また，介護老人福祉施設等の施設に居住している高齢者には認知症が相当多く見られ，これらの方の自己実現については現在ほとんどできていない，むしろ不可能の場合が多い。したがって，これらの認知症の人はもちろんのこと，認知症でない人も次第に施設に入居するとわがままになったり，自分の都合だけを考えるようになったりする。そして周囲の人々を困らせる存在になっていくケースを少なからず経験をする。認知症利用者については，特に介護する側の人間がそれに気づいて，できるだけその人らしく生活を支援し，問題を起こさせないような環境をつくり，優しい，忍耐強いコミュニケーション技術が求められる。

　一部前述したが，マズローによると，「自己実現者」のさらに上位に位置づけられる「自己超越」(Self-Transcendence) の段階にある自己超越者 (Transcenders) の特徴を，次のように述べている。

　　「この自己超越者 (Transcenders) は，外見は普通であるが，多視点的思考ができ，謙虚であり，聡明であり，創造的であり，落ち着いていて瞑想的な認知をもつ。存在すること (Being) の世界に見識があり，この'在ること'のレベルにおいて生きている。統合された意識を持ち，他者の不幸に罪悪感を抱く。そして，外見は普通である (Very Normal on the Outside)。」(マズロー 1998)。

少し批判的な理論構成，たとえば科学的エビデンス（証拠）の裏づけが十分でないとしても，ナラティブな証拠（多くの症例面談の分析など）で理解できることがある。実際，すべての人がこの段階を欲求だけで一歩一歩年齢とともに上がる訳ではない。例外が必ず存在する。でも，この段階は私たちのあるべき姿としての精神的成長にとって重要な過程であり，筆者の長い社会での経験でも，まさにこの段階を一般的に辿るか，目指す人が多いことは事実である。加えて，この最上段階の自己超越を実現できる可能性が高いのは，やはり老年期だと考えている。

　私たちは，前述のキケロの説にもあるように，老年期の段階にあっても精神的な成長は可能である。加えて，カウンセリングのパイオニアで臨床心理学者であったロジャーズ（Rogers, C., 1902～1987年）は，「自己実現」について次のように述べている。

　　「自己実現は，心の病気で悩む人のものではない。自己実現をしている人に見られる特徴を3つあげられる。・自己実現は到達点，完了した状態ではなく，過程である。・自己実現は，困難で苦痛を伴う。・自己実現をしている人は，ありのままの自分である。社会や両親による期待や禁止からは自由である。」（ロジャーズ 2005）

　このレベルに達している人は人口の2％ほどであり，子供でこの段階に達することは不可能である（マズロー 1998）。マズローは，自身が自己超越者だと考えた12人について調査し，この研究を深めた。私たちは，可能ならばこの「自己超越のレベル」まで昇華できたらと願うも難しい。しかし，介護老人福祉施設等の施設に居住している高齢者の中に，不完全ながらも自己実現者ではないかと思われる方に遭遇することがある。この方たちは，死は自然の流れであり必然的なものとして自覚している。この態度に生死一如を観る。そして，この方々は，心の平静を保ち淡々と周囲に感謝しつつ逝くことができる方々である。ここに，人間の尊厳の保持と自己実現の本来があると筆者は考えている。

（3）動機と自己実現

　人が行動するためには，動機が必要となる。動機とは，人が行う行為や行動を決定する意識的な，また無意識的な原因であると考えられる。動機となるものは欲求，衝動などであり，行動を方向づける過程は「動機づけ」といわれる。この欲求は前述のマズローの欲求階段説を踏まえて説明される場合が多い。楽しむことは人間の欲求の一つと考えられる。無論，介護現場でも生活は楽しむことが大切である。おいしい食事を食べたい，お風呂で安らぎたい，ゆっくりと自分のベッドで寝たいなど，食べる，癒される，寝るというような欲求に関する支援方法が介護の重要な一部となる。

（4）生きがいと自己実現

　自己実現には，その人らしい個性や能力が関係するものである。たとえば，高齢者の場合，人生のライフステージの中で，ある程度自分らしい自己実現を達成してきたともいえる。しかし，加齢に伴う身体的，精神的な支障により，もうできない，やれないと自己実現をあきらめて生活している高齢者もいる。

　人生の最期を迎えるまで，人は自己実現に向けて生活することが生きる意欲につながる。生きる意欲は，生きがいという言葉で表現できる。個々の人の生きがいには，その人の思いや生活歴が大きな影響を及ぼす。それらを踏まえ，その人らしい生活，生活を楽しむ支援をするのが介護職の役割となる。したがって，「楽しむ」とは自主的な活動や他者との関係において感じられる「快」の要素を含む精神的・心理的な心地よさを感じる情動である。

4　社会参加——高齢者の生活機能モデルを軸にして

（1）これからの社会活動の場

　本節では，次に私たち人間の進化の中で，生きていくために必須的行動であった「絆」の具現化ともいえる「社会参加」を取り上げる。

　現在，日本では団塊の世代が高齢期にさしかかり，総人口に占める65歳以上の高齢者の比率が全体の28.1%（内閣府編　2018a，2018g）となり，高齢者人口

は201か国の中で世界最高である（総務省統計局編 2019a，2019c）。高齢化のスピードも速く，2035（令和17）年には65歳以上の高齢者が人口の3分の1に達するとも推定（内閣府編 2018a，2018g）され，今後本格的な人口減少が見込まれる中，社会の活力を維持していくためには，高齢者が充実したセカンドライフを送れるような活躍の場の創出が求められている。また内閣府編（2017e）によれば，高齢者の社会参加活動はグループ活動に参加している約6割で，今後参加したい高齢者が約1割ということである。60歳以上の高齢者の59.2％は何らかのグループ活動に参しており，10年前と比べて15.5ポイント増加している。今後の参加意向について，参加したいと考える人は70.3％となっており，過去の調査と比較して増加傾向にある。

　すなわち生涯現役社会の実現できる社会の仕組みを，私たちはスピーディーに構築する必要がある。この世界の類を見ない高齢化に対応するためには，豊富な経験をもつ高齢者の活躍の場は絶対に必要になる。そして，この増加傾向にある高齢者の社会参加に対して，私たちは今から真剣に彼等の活躍する仕事の場を整備しなければならない。そのために，まずは私たちの生活機能のあり方から理解しよう。

（2）生活機能モデルとしてのICF

　社会参加機能は，ICF という基本概念で理解することが必要である。ICF（International Classification of Functioning, Disability and Health：国際生活機能分類）は障害の有無にかかわらず，すべての人を対象とした生活機能の全体を現すものである。また時間的・空間的な差を超える普遍的なものとして，ICF は，いろいろな疾患群，また災害時の包括的支援においても大切となる。すなわち医療，介護，福祉の連携ツールとして，とても重要なものなのである。

　ICF は，WHO（世界保健機関）で2001年に制定され，生活機能モデルとして一般的に理解されている。このモデルは，同じく WHO で1980年に制定された ICIDH（International Classification of Impairments, Disabilities and Handicaps・国際障害分類）の改訂版である。正式名称は，「生活機能・障害・健康の国際分類」である。そのモデルは図表2-3の通りである。この図では，人の生活機

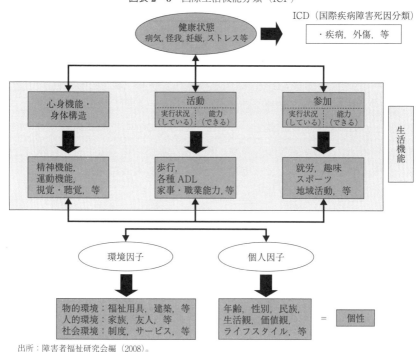

図表 2 - 3　国際生活機能分類（ICF）

出所：障害者福祉研究会編（2008）。

能を，①精神機能や視覚・聴覚などの心身機能・身体構造，②歩行や日常生活
動作などの活動，③地域活動などの参加，の３つの次元として捉え，さらにそ
れらと健康状態や環境因子および個人因子が互いに影響し合っていることを示
している。

　ICF の理念は，生活機能すなわち生きることの全体を示した基本理念である。
生活機能とは心身機能，構造，活動，参加のすべてを含む包括的用語である。
また，ICF をすべての人に適用できる健康の構成要素を分類したものなので，
前述のごとく生活機能モデルを生きることの全体像を示す「共通言語」である
ともいえる。したがって，生活機能モデルとは，疾病や障害の有無にかかわら
ず，すべての人が生活の中に関わる健康上のあらゆる問題に関する共通した見
方や捉え方といえる（大川 2007a）。大川（2007b）は，ICF に基づき生活機能

を以下の①心身機能・構造（生命レベル），②活動（生活レベル），③参加（人生レベル），の３つに分けている。

　①　「心身機能・構造（生命レベル）
　手足の動き，視覚，聴覚，内臓，精神などの機能面であり，身体構造は，指の関節，胃，腸，皮膚などの構造面となる。」
　②　「活動（生活レベル）
　一連の動作からなる目的を持った個人が遂行する生活行動であり，日常生活動作以外にも職業的動作，余暇活動も含まれるため，文化的生活，社会生活に必要な活動すべてを含むものである。」
　③　「参加（人生レベル）
　家族内での役割を含め，社会的な役割をもって，それを果たすことである。地域社会の中で何らかの役割を持ち，文化的，政治的，宗教など広い範囲にわたる。」

　重要なポイントは，生活機能の３つのレベル，心身機能・構造，活動，参加を常に偏ることなく全体として，総合的に捉えなければならない点である。この３つのレベルは，生命レベル，生活レベル，そして人生レベルと言い換えることが可能であり，病期や障害をこれまでの医学モデル（生物学的視点に立ったモデル）と社会モデル（社会環境的視点に立ったモデル）と２分した捉え方ではなく，これら３つを包含した統合モデルがICFなのだともいえる。
　これら３つのレベルの間にお互いに影響し合う関係があり，一方それぞれのレベルの独自性もある。さらには，健康状態，環境因子，個人因子との間にも相互作用があり，生活機能全体やそれを構成する個別のレベルにおいても，すべてをプラス面から捉えなければならない。また，生活機能モデルに沿って人生の全体像を捉えるための「共通言語」を関係者（各介護・看護を含めて医療従事者，本人，家族など）全員が共有する事で，各ケア提供者と当事者の間，各種サービスの間の連携が，よりスムーズに進むようになる。次に，ICFを踏まえ，私たちの活動と参加を捉えると，どのような事がいえるようになるか，に

ついて述べる。

（3）活動・参加と ICF

　活動と参加は非常に密接な関係があり，活動は参加の具体的な表れと言い換えることが可能である。そして活動・参加を促進するためには，生活をする上で支障となるもの（活動禁止や参加制約の基となるもの）を的確に理解し改善策を検討したり，病気や障害に起因する日常生活の不自由さや社会生活からの疎外感などを改善するためのアプローチが重要となる。これらが適切に行われると，既述の①生命レベル・②生活レベル・③人生レベルという3つのレベルで相互作用が生じ，生活機能が向上すると考えられる。

　活動・参加は一人ひとり異なったものであり，個性も関わるため複雑なものである。心身機能が改善したことで，生活が向上するという単純なものではない。その人の生活全体や人生を含めて考えていく必要がある。したがって，すべての利用者の個別性を尊重した生活支援においては，ICF が必須のものとなるのである。たとえば，フレイル高齢者の情報を ICF に基づき整理すると，その人の生活全体を包含できるので，自立支援がより容易になる（図表2-4参照）。

（4）参加・活動と生活支援サービスの利用

　高齢者の生きがい・自己実現と社会活動とは，互いに相関関係にある。前述したように，生きがいづくりのためにも社会参加は望ましいものだが，生きがいを持ち，ある程度自己実現を達成できている高齢者ほど豊かな経験・知識・技能を持っていると同時に健康で，且つ，より社会参加に積極的な傾向がある。また積極的に社会参加していくことは，介護予防や認知症予防につながり，さらなる健康増進の要因ともなる。このような考えが浸透しているからだろうか，日本各地で，スポーツ・趣味活動による健康や生きがいづくりのための支援や，高齢者のもつ知識や経験を活かした社会参加活動のための支援が行われている。

　また，社会全体の活力を維持するためにも必要なことである。高齢者が住み慣れた地域で暮らしていくためには，生活支援サービスと高齢者自身の社会参

図表2-4　フレイル高齢者の自立支援の例

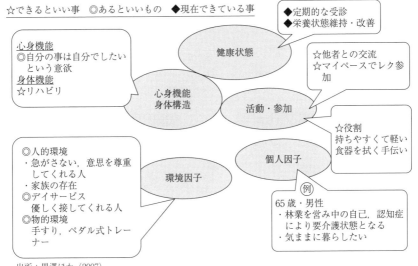

☆できるといい事　◎あるといいもの　◆現在できている事

◆定期的な受診
◆栄養状態維持・改善

健康状態

心身機能
◎自分の事は自分でしたい
　という意欲
身体機能
☆リハビリ

心身機能
身体構造

活動・参加

☆他者との交流
☆マイペースでレク参
　加

◎人的環境
・急がさない，意思を尊重
　してくれる人
・家族の存在
◎デイサービス
　優しく接してくれる人
◎物的環境
　手すり，ペダル式トレー
　ナー

環境因子

個人因子

☆役割
持ちやすくて軽い
食器を拭く手伝い

例
65歳・男性
・林業を営み中の自己，認知症
　により要介護状態となる
・気ままに暮らしたい

出所：黒澤ほか（2007）。

加が必要となる。多様な主体による生活支援サービスの提供に，高齢者が積極的に関わる事で，社会参加が一層推進され，元気な高齢者が生活支援の担い手として活躍することも期待される。このように，高齢者が社会的役割を持つことにより，生きがいや介護予防につながるのはもちろんである。生活支援サービスは多種多様であり，サービス主体も住民・NPO・民間企業など多種多様である。生活支援サービスで例を挙げると，見守り，外出支援，買物，調理，掃除などの家事支援がある。

　一方，高齢者の社会参加には，現役時代の能力を活かした活動，趣味，関心がある活動や新たにチャレンジする活動がある。後者で例を挙げると，それらには一般就労，起業，趣味活動，健康づくり活動，地域活動，介護・福祉以外のボランティア活動などがある。また，いろいろな地域レベルの地域住民の参加も通して，生活支援の担い手として社会参加することにより，効果的な介護予防にも通じる（図表2-5参照）。

　多様な主体による生活支援サービスの重層的な提供，さらに具体的にいうと，高齢者の在宅生活を支えるためにボランティア・NPO・民間企業・社会福祉

図表2-5　生活支援サービスの充実と高齢者の社会参加

> 　高齢者が住みなれた地域で暮らしていくためには，生活支援サービスと高齢者自身の社会参加が必要。
> 　多様な主体による生活支援サービスの提供に高齢者の社会参加を一層進めることを通じて，元気な高齢者が生活支援の担い手として活躍することも期待される。このように，高齢者が社会的役割をもつことにより，生きがいや介護予防にもつながる。

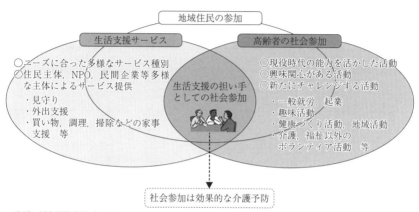

出所：厚生労働省編（2016a）。

法人などの多様な事業主体による重層的な生活支援サービスの提供体制の構築を支援するシステムが地域に存在する。たとえば，介護支援ボランティアポイントなどを組み込んだ地域の自助，互助の取り組みは全国に展開しつつあり，生涯現役コーディネーターの配置や協議体の配置による支援が行われている。そして，これらのバックアップのために，市町村を核とした支援体制の充実，強化（コーディネーターの配置，協議体の設置などを通じた住民ニーズとサービス資源のマッチング，情報収集など）や，民間とも協働した支援体制の構築，といった取り組みが行われている。

　生活支援サービスは，自治会単位の圏域・小学校区単位の圏域・市町村単位の圏域などで重層的に行われている。主なサービス例だが，自治会単位の圏域では交流サロン・声かけ・コミュニティカフェ・配食プラス見守り・家事援助などが行われている。小学校区単位の圏域では，外出支援，食材配達，移動販売，権利擁護などが行われている。さらに，これらの2つの圏域で行われてい

る支援は市町村単位でも実施されており，このように複数の圏域で「重層的」に行われているのである。では，このように地域で重層的に行われている生活支援サービスに，高齢者が積極的に社会参加できるよう促進していくためには，どうすればよいのだろうか。

（5）学習機会・情報の提供——社会参加推進のための支援

　前述したように，高齢者の社会参加活動を促し明るく活力に満ちた高齢社会の実現を目指すために，各市町村，関係団体との連携・協働による施策が推進されている。

　高齢社会の進展により，誰もが健康でいきいきとした高齢期を過ごせるような明るく活力に満ちた高齢社会の確立が重要な課題となる。高齢者が長い人生で培った経験，知識や技術を社会に活かすとともに，社会の大切な一員として生きがいをもって活躍できるような社会参加活動を促進することが必要である。そのためにも，高齢者の生涯教育，生涯学習への参加を促進し，活動を活発化させるためには，生涯学習の普及啓発はもちろん，多種多様な学習ニーズに応えることができる学習機会や情報の提供が必要となる。

1）生きがいづくりの推進

　高齢者の生きがいづくりを支援するためには，①高齢者の仲間作りや自主的な生きがい・健康づくりの支援，②高齢者の自主的な活動の促進，情報提供による活動機会づくりの推進，③高齢者が培ってきた知識や経験を活かした地域づくりの推進，という①〜③を総合的に推進していく必要がある。

　健康づくりには，高齢者自身が生きがいを見出し，積極的に社会に参加することが必要であり，介護予防の観点からも，大変重要な意味を持つ。高齢者が健康でいきいきと生活し，活動を続けられることは，高齢者のいる世帯にとって望ましいことであり，また，社会全体にとっても社会の活力を維持，増進し，高齢社会をより明るくする，活力あるものに変えていくという点で大きな意義を持つ。

　また少子高齢化が一層進む中，地域の活力を維持・発展させるとともに，地域の住民が共に助け合う社会を構築していくためには，高齢者がこれまでに培

ってきた豊富な知識や経験，技能を存分に発揮し，地域の抱える問題の解決に
取り組んだり，地域の支援が必要である人を支えていくことも重要である。高
齢者が活き活きと生活し，積極的に社会参加・社会活動するためには生きがい
をつくる活動などを通して多彩な情報を提供し，社会参加する場づくりが必要
である。

　行政機関や大学，民間などにおいて，生涯学習の機会が準備されていても，
情報がまとまっていないために，どのような学習機会が準備されているか全体
が見えにくいという学習情報の点在という問題が時々発生する。多くの高齢者
はスポーツや趣味，地域行事など様々な活動に参加したい，知識や技能を高め
たい，地域の問題解決などの学習や実践をしたいと考えており，様々なことを
学び，学んだことを活かしたいという学習志向の幅は広がっている。また地域
社会の中で，いつも自由に学習機会を選択して学ぶことができ，その成果が適
切に評価される生涯学習を推進すべきである。高齢者の自主的活動の支援とし
ては，次の4つが挙げられる。

① 　仲間づくり。
② 　地域力を活かす活動。
③ 　高齢者がこれまで培ってきた豊富な知識や経験，技能を存分に発揮し，
　　地域住民と協働して地域の課題を解決する地域力再生の取り組みなどの
　　自主的な社会参加活動の支援。
④ 　生きがい・健康・体力づくり活動。

　高齢者自身が生きがいを見出し，健康でいきいきとした活動を継続していけ
るよう，介護予防事業を通じて，高齢者の自主的な「生きがい・健康・体力づ
くり」活動を進める市町村を支援することが必要である。ボランティアポイン
トの付与など，高齢者が介護や福祉のボランティアに参加した場合のインセン
ティブ制度の普及を図ることもその一つである。そして高齢者の自主活動の基
盤整備のために，学習情報の点在の回避・解消，学習機会の地域格差の是正，
生涯学習による町づくり・地域づくりに向けた地域における生涯学習の人材育

成などに努めなければならない。

　加えて，地域高齢者の活動の場として現在機能している老人クラブ活動への支援も大切である。具体的には，地域に密着した高齢者の自主的組織である各老人クラブの組織強化の支援であり，生きがいや健康づくり，多様な社会活動を行う老人クラブの活動への支援である。これには，老人クラブの組織強化やリーダーの育成，会員増を図るなどそれぞれの地域の老人クラブ連合会が実施するのが良い。高齢者の地域における社会活動を促進させるため，生きがいと健康づくりのための多様な社会活動を行う老人クラブに対して積極的な支援が必要となる。

　また，地域老人福祉センターの取り組みも大切である。高齢者の社会参加の拠点として各地域に1つずつある老人福祉センターは，高齢者が集まる場所でもあり，活動の拠点となっているが，この他に地域における高齢者の居場所として，老人生きがいセンターやおとしより憩いの家などがある。これらの施設がどのように連携し，高齢者の社会参加を支援していくかが課題となる。したがって，センターは多様化したニーズに対応するため，利用者の実態を把握し，それを運営に反映させる仕組みを構築することや，高齢者の生きがい探しや地域の社会参加に対し，どのような役割を担っていくかがセンターの課題として挙げられている。

　生きがいづくりとしての社会参加の促進には，施策と事業体系が必要である。それにはまず，高齢者の自主活動の促進，学習活動・創作活動などの促進，世代間交流・伝統文化伝承の活動の促進などに取り組む必要がある。

2）社会貢献への展開

　前述のごとく，高齢者は，社会の中で何らかの形で寄与できる十分な知能的・技能的・心理的能力を備えており，それらの能力を社会や家族，ひいては未来の子孫や文化のために役立てたいと思う高齢者は増えつつある。

　近年では，厚生労働省が少子化対策として2003（平成15）年度から始めたシルバー人材センターを活用して，高齢者が子や孫にあたる世代の子育て支援（子育てサポーター・子育て支援サービス）に参加し，乳幼児の食事，就学児童の学習などの世話をし，「おじいちゃん・おばあちゃん先生」として活躍したり，

高齢者劇団で，これからの人生を舞台でもう一花咲かせる意気ごみで高齢の俳優になることに挑戦したり，シニア「しごと」起こしとして，自力で自分の仕事を創出して社会に貢献する手応えを感じ，仲間との付き合いも楽しむという一石二鳥を地でいっている高齢者が現れてきたことは非常に良い高齢者の今後の方向性として評価される。

　また，世代間交流・伝統文化伝承の活動の促進も社会貢献の一つである。伝統行事や文化の伝承を行うことで世代間の交流を図るとともに，高齢者がこれまで培ってきた豊かな経験や知識・技能を伝える場として講座・教室などを開催し，地域での交流を深める事は，社会にとっても有益で win-win といえる。

3）積極的な就労支援

　高齢者の雇用対策の推進，すなわち高齢者の継続雇用や再就職の推進が課題であり，今後も大切な介護予防の一つの政策の中に取り込まれるべきである。そのためにも，働き方に応じた就労機会の提供と，就労意欲のある高齢者にとって働きやすい労働環境の整備が必要である。65歳までの継続雇用の推進や，定年の延長など，市町村の企業に働きかけるとともに，公共職業訓練所などでの高齢者向けの訓練科目の充実を促す。高齢者の再就職の促進を一方では積極的に進めることが必要である。シルバー人材センターは高齢者の様々な働き方に応じた就労機会を提供しているので，今後も引き続きこの事業が拡大していく必要がある。

（6）高齢社会の新しい仕組みの展望

　高齢者が増えることにより，今よりももっと高齢者の居場所へのニーズが増え，身近な所における居場所づくりが必要となる。それには，ただ居場所としての建物があるだけでは不十分であり，集まった人たちが社会参加できるような仕組みや何らかの支援をするマンパワーも必要である。これは行政の力だけの対応では不可能であり，地域のいろいろなボランティアやコミュニティが関わる仕組みを構築し，高齢者の社会参加を促進するような機会の提供をもっと進めなければならない。

1）高齢者同士の交流とコミュニティの形成

　誰もが自分の活動力を高め，社会参加できる共生社会を目指す複合施設が現在日本の各地で機能している。このような施設は，高齢者，障害者，健常者の個々の強みを発掘し，生活や就労を通して，自立を促進するサービスを提供している（能力の発見→向上→サービス提供）。また，自助・互助・共助の3つの輪から生まれる生きがいのある生活や心と体の健康づくりを提供，発信することができる所が多い。

　さらには，自分の能力を発見し，高め，提供する居住の場を建設し，高齢者と障害者を優先的に受け入れる所もある。また，入居者の目標の一つとして，施設での生活を経験した後に，本施設から「卒業」し一般的な住居に移り，真の意味での自立した生活を応援する体制も，さらに積極的に構築する必要がある。

2）高齢者の生活と社会参加

　前述したように，高齢者の生活と社会参加を支援する，すなわち高齢者の多様な社会参加を促進することは各市町村，自治体が高齢者保健福祉計画，介護保険事業計画などを通して福祉の施策が行われてきた。その根本的理念は，高齢者の尊厳を大切にし，高齢者の自立・自律と自己決定そして自己表現を尊重し，高齢者の社会参加と地域の支え合いを促進することにある。

　したがって，まず高齢者が地域で自立した生活を営めるよう，介護・医療・予防・住まいに関する生活支援サービスが切れ目なく提供される「地域包括ケアシステム」を，真に実現することが大切である。そのための施策として，高齢者相談センターなどの様々な地域密着型サービス拠点の整備の促進，高齢者になっても安心して暮らせる地域づくり，介護，医療の連携の仕組みづくり，主体的に取り組む介護予防の推進，高齢期の住まいづくり，住まい方の支援，高齢者の生活支援および見守りの充実，そして高齢者の社会参加の促進のための仕掛けづくり，などが求められる。他に，多種多様な組織によるイベントの開催も，重要な施策の一つである。

3）居住施設と社会参加

　介護老人福祉施設等の居住施設入居者への社会参加に関する支援は，どうで

あろうか。たとえば，一部認知症のない要介護度の低い入居利用者の地域ボランティア活動への参加などは，しばしば行われ，生活の中における役割創出という視点から活動の成果と評価が行われる。しかし，現在，65歳以上で，原則として要介護3以上（要介護1，要介護2は，特別な事情がある場合のみ）が入居の条件となる等の措置が取られている介護老人福祉施設（厚生労働省編2017a）では，このような地域へのリーチアウト（支援）は難しい。

　介護保険の基本理念は，1994（平成6）年3月に出された21世紀の福祉ビジョンの「国民誰もが，身近に，必要な介護サービスがスムーズに手に入れられるシステムの構築」である。高齢者介護・自立支援システム研究会編（1995）にあるように，「利用者本位・自立支援」，「普遍主義」，「保健・医療・福祉サービスを総合的に受けられる」，「地域主義」を踏まえて「利用者保護」，「個人の尊重」，「自立支援」の必要性が，既に指摘されている。

　この中で，介護保険の基本理念の一つである自立支援をみると，要介護高齢者の寝たきり予防を目的にした日常生活自立度の実態調査や自立に関する要因の医療関係者からの報告は多くある。ただし，重症要介護になった高齢者の自立支援は，老人保健法（1982〔昭和57〕年成立，現・高齢者の医療の確保に関する法律）に義務づけられた機能訓練事業である「歩行，上肢機能等の基本動作訓練」「食事，衣服の着脱等の日常生活動作訓練」「手工芸」「レクリエーション及びスポーツ」の範囲にとどまり社会参加の報告は見られない。加えて，福祉関係者でも，アメリカで発展した自立生活（IL〔Independent Living〕）運動やノーマライゼーションの理念の影響から，「自己決定の行使」や「生活主体者として生きる」及び「社会参加」を自立と捉え支援しているが，この点に鑑みた重症要介護者への適用の報告は知らない。

　しかし，重症要介護者の社会参加の必要性を裏づけるものとして，高齢者が人と取り結ぶ人間関係が健康に影響する点については多くの報告がある。また，高齢者への医療と福祉の支援の理念は大きく変動し，利用者の権利擁護や主体性が問われている。こうした流れはノーマライゼーションの理念の影響であり，重症要介護高齢者においてもノーマライゼーションの理念の実現が大きな課題であるが，必ずしもそれに対する対策が十分とはいえない。

　内閣府編（2017b）による高齢者の健康に関する調査によると，高齢者はリハビリテーションによる歩行，車いす移乗訓練や排泄訓練を71.4％もの者が希望していた。自己決定の行使や社会活動を希望するものは7.1％と少数であった。筆者の経験からは，この自己決定や社会活動を望む高齢者は，まだまだ少なく変わりがないのが現実である。看護師は家族の介護負担軽減を優先するものが58.1％と最も高く，ついでリハビリテーションによる身体の機能訓練であった。

　また社会福祉士や介護福祉士の福祉職は，自己決定の行使や社会活動の支援，家族の介護負担軽減，リハビリテーションによる機能訓練を同等に選択していた。自己決定の行使や社会参加を支援しようとする意識については，高齢者・看護師より有意に高かった（綿貫 2015）。したがって，施設に多い重症要介護者の自立支援において，高齢者・看護師・福祉職で違いがあるが，重症要介護者の社会参加への支援のために，私たちは，もっと自立支援に根ざした社会参加のできる先進的な介護ケアを取り入れるべきである。

4）社会参加活動促進のための環境整備

　高齢者が社会と関わりを持つことができるようにするためには，活動拠点の機能強化が必要となる。それは，これまで培ってきた経験・知識・能力を活かし，地域活動やボランティア活動に積極的に参加したいという社会貢献意欲の高い高齢者の生活のための場づくりでもある。そして，その支援のための関連情報の提供に努める。また，高齢者の意欲と地域社会のニーズをうまく組み合わせる仕組みづくりを検討するなど，高齢者の社会貢献活動を総合的に支援する環境の充実に地域自治体は努めている。

　たとえば，福祉バス，高齢者乗車券，老人憩いの場，老人福祉センター（高齢者の各種相談，健康増進，教養の向上，レクリエーション等の活動拠点としての機能の充実），ボランティア・インターンシップ事業，高齢者はつらつ活動拠点事業などである。加えて，就業機会の保持・継続も求められる。高齢者の就業とその維持は，収入を得ることの他に生きがいづくりや社会参加を目的とするなど就業ニーズが多様化していることから，高齢者の意欲と能力に応じた就業機会が得られるように支援していくことが大切である。このような支援の一

端として，たとえば，シルバー人材センター，高齢者職業相談室，高齢者就業相談窓口事業，コミュニティビジネス・インターンシップ体験事業等が提供されている。一方，施設での社会参加は相当に限定されているが，施設内でも可能な限り前述に沿って創意工夫が必要となる。

（7）健康づくりの推進

　健康づくりは，施設居住者を含めて市民が主体的・自主的に楽しく，気軽に取り組めるような支援が重要であるため，地域の関係団体などと協力しながら，「健康日本21計画」に基づくとともに，介護保険の「地域支援事業」とも連携して，家庭や地域で継続して健康づくりに取り組めるよう情報提供や環境づくりを図るべきである。

1）介護予防の推進

　地域行政は，市民と共働して健康づくり・介護予防に継続して取り組むことができる支援体制づくりを図るべきである。そのためには，特定高齢者施策及び一般高齢者施策を一体的に推進し，自主的・自発的な活動をより促進し，自ら健康づくり・介護予防に取り組む高齢者が増えるように支援していくことが求められる。具体的には，それらを推進する特定高齢者把握事業，介護予防教室，生活支援サービス，訪問運動・生活指導，いきいきシニア健康21事業，普及啓発事業，生きがいと健康づくり推進事業，高齢者創作講座・老人教室，地域ふれあい活動支援事業，地域介護予防活動支援事業などの積極的介入が挙げられる。

　また，要介護高齢者の総合支援の充実も大切である。要介護高齢者が自らサービスを選択し，安心して利用できるよう，必要とする支援や介護の状態に応じた利用者本位のサービスを提供して，生活機能の維持，向上を積極的に図り，住み慣れた地域，施設でできるだけ自立した生活を送られるよう支援するとともに，それらの権利擁護の取り組みも推進していかなければならない。

　また，認知症高齢者がその人らしさを尊重され，安心して在宅・施設生活を継続できるよう，医療と保健，介護を入れて地域が連携して地域支援体制を構築するとともに，認知症に対する知識の普及啓発を施行する。この例として，

地域に根ざした施設サービス提供施設である高齢者介護施設が挙げられる。これは，「環境上の理由及び経済的理由により居宅において養護を受けることが，困難なものを入居させるとともに，その者が自立した日常生活を営み社会活動に参加するために必要な指導及び訓練その他の援助を行うこと」を目的としている（厚生労働省編　2016b）。

　高齢者における社会的ネットワークと生命予後の関連については，岡戸ほか（2002）の報告がある。この報告によると，一人暮らしあるいは配偶者非同居の者および社会活動が低頻度の者に，男女とも統計学的に有意な死亡人数の隔たりが見出された。社会活動が高頻度の者と比較して低頻度の者の死亡に対するオッズ比は，他の社会的ネットワークの指標，年齢階級，治療中疾病数，世帯年収額の影響を調整した後で男性2.83倍（95％信頼区間：1.89-4.23），女性1.81倍（95％信頼区間：1.08-3.01）と有意に高く，社会活動が低頻度の者の累積生存率は高頻度の者に比べて低いことが見出されている。

２）要介護高齢者の余暇及び社会交流の質の評価

　介護老人保健施設における余暇及び社会交流のステージ分類の開発とその応用に関する研究（大河内ほか　2014）がある。これは，これまでの障害者の社会参加状態の調査票から，余暇，社会活動，社会交流に関する28項目（図表2-6参照）を抽出し，介護老人保健施設の入居者，あるいは通所サービスを利用する高齢者を対象とした調査をまとめた論文である。

　一般的日常生活機能強化訓練に加え，これらの28項目の指標を使用して，余暇や社会交流の評価を加えることで，サービス提供者はステージ分類をした社会参加の個別目標を設定することが可能になると報告している。これを，介護老人福祉施設における要介護高齢者にもより制限はされるものの，当てはめることが可能である。なお，この論文における余暇の指標は，以下の通り5段階ある。

　　・ステージ5：施設や家を1日以上離れて外出または旅行をしている（施設から家への一時帰宅を省く）。
　　・ステージ4：旅行していないが，個人による趣味活動はしている。すな

図表 2 - 6　介護老人保健施設の社会参加

ICF コード区分	28項目
余　　暇	利用施設主催の映画等を見た
余　　暇	利用施設以外が主催の映画等を見た
余　　暇	公園や野外活動場に行った
余　　暇	テレビを見た
余　　暇	ラジオを聴いた
余　　暇	新聞を読んだ
余　　暇	旅行に行った
余　　暇	趣味活動を自分から行った
余　　暇	集団体操への参加
余　　暇	個人で体操を行った
余　　暇	施設内での買い物
余　　暇	施設外での買い物
社会活動	ボランティア等を行った
社会活動	地区会等の活動に参加
社会活動	宗教活動への参加
社会活動	（この1年間）墓参り・法事に参加
社会活動	（この1年間）結婚式等に参加
社会活動	（この1年間）選挙の投票をした
社会活動	決まった役割がある
交　　流	近所づきあいをした
交　　流	友人・親族宅への訪問
交　　流	友人や親族と外出
交　　流	親族の訪問を受けた
交　　流	友人の訪問を受けた
交　　流	家族・親族と会話した
交　　流	友人と会話した
交　　流	手紙を書いた
交　　流	電話した

出所：大河内ほか（2014）。

わち，個人による趣味活動の実施である。

・ステージ3：野外で行うような個人的な趣味活動をしていないが，屋内
　　　　　　　でできる程度のことはしている。

・ステージ2：レクリエーションで集団での体操などの集団レクリエーシ
　　　　　　　ョンへの参加で，集団レクリエーションへの参加はしてい
　　　　　　　ないが，一人でテレビを楽しんでいる。

・ステージ1：施設内や家で，テレビを見たり，ラジオを聞いていない。

　また，この論文における社会交流の指標も以下の通り5段階である。ステージが高いほど，より社会交流を維持していることになる。

- ・ステージ5：通信器具（電話・Eメール・手紙など）を用いての交流を行っている（相手からかかってくるものを除く）。
- ・ステージ4：施設から外出した（親族，知人を訪ねる目的で），すなわち通信器具を用いて自ら連絡を取ることを行っていないが，援助はあっての外出をしている。
- ・ステージ3：職員や家族以外の友人，知人と会話した。外出はしていないが，親族，友人の訪問を受け，会話している。
- ・ステージ2：近所づきあいはしていないが，施設利用者・施設職員・家族などと会話している。
- ・ステージ1：会話ができない，していない。

（8）高齢者の求めるべき老化のあり方

1）サクセスフル・エイジング（生きがいと幸せな老化）

　21世紀の日本の高齢者は健康な高齢者が8割以上を占めることが予測されており（内閣府編 2018a），一昔前の老齢で世話を必要とする人といった弱者イメージではなく，元気で自立した人が多くなるといえる。

　これは高齢期の心理学的研究の発展によって，高齢者の知能・記憶・人格等の心理機能は一様に低下するのではなく，加齢とともに成熟してゆく能力もあることが明らかにされたことによる。特に，これまでの長い人生経験を通して習得されてきた「知恵」は，高齢者ならではの能力であり，高齢になっても多くの人々は趣味の世界を極めるだけでなく，生産的な仕事にも従事できることを意味している。

　幸福な老いとは，誰もが幸福で生きがいに満ちた高齢期を迎えたいと思い，幸福に老いるための秘訣を知りたいと念願している。この思いに応え，幸福な満足できる老い（サクセスフル・エイジング）の条件を明らかにするのは，まだその具体的なデータが十分でないが，少しずつわかってきている。

幸福な満足できる老いを定義しようとすると，どうしても抽象的で不毛な論争に終始することになりがちである。社会老年学では，生活満足度やモラール（目標を達成しようとする意欲や態度）などの操作的概念によって幸福な満足できる老いの程度を測るという方法で，研究を進めてきた。それは，本人（高齢者）の主観的な評価や感情（主観的幸福感）によって幸福な満足できる老いの程度を測り，その高低を決める条件を探ろうとしてきた。

高齢期を豊かに生きるために主観的幸福感，満足感を決める要因としては身体的幸福（健康状態；病気や障害がなく，高い身体認知機能の維持），感情的・精神的幸福，物質的幸福（経済的安定），社会的幸福（家族との絆，生産的活動〜人生への積極的関与）であろう。

2）プロダクティブ・エイジング（生産性を持つ老化）

アメリカの老年学のリーダーであるバトラー（Butler, N. R., 1927〜2010年）によって1975年に先駆的に提唱されたプロダクティブ・エイジングは，高齢者に自立を求めるとともに，高齢者は今まで以上に様々な生産的なものに寄与できる存在であり，幅広い社会参加が可能であることを明確に示した（Butler et al. 1985）。

高齢期に入り，仕事や家事等の義務的な労務から解放され，これからの人生を有意義に過ごすに当たってのあり方やライフスタイルは，当然，高齢者個々人により異なり，それらの形態も様々であり，趣味や余暇活動，ボランティア，仕事，学習等々多岐にわたる。

しかし，来たるべき少子高齢社会では従来の社会参加と異なり，これらの参加に積極的な価値づけ，意味づけが要求される。このことはボランティア活動においても同様で，人まねや格好つけてのボランティアでは逆効果になりかねない。

今後，高齢者は，自分の生き方や方向性を自分で選択し，自己決定し，そして自己実現をはかってゆくことが大切であり，ひいては高齢期を豊かに，今持っている力（プロダクティビティ）を発揮し今を輝かせながら，健やかに生きてゆくことに結びつくことが求められる。このことが取りも直さず，自分らしく満足して最期を迎える準備ができよう。そして，この生き方は前述のキケロ

の論と軌を一にするものでもある。

（9）退職後のサードエイジの生き方

　健康で経済的束縛から自由な長い自立した高齢期を手にして，そこにどのように生きていく質を与えていくかは，人類が今までに経験したことのない全く新しい課題，私たち自身で取り組まなければならない課題である。

　世帯主が65歳以上の単独世帯や，夫婦のみの世帯も同時に増加しており，近年の孤立化の問題，買い物難民などの問題が社会問題化しているのは，その一例である。今後，高齢者の増加，単身夫婦のみの世帯の増加，特に都市部で急速な高齢化が予測される中，支援を必要とする高齢者が増加する。一方で，家庭や地域の力はますます低下することが予想される。

　生活と社会参加は非常に密接な関係があり，活動は参加の具体的な表われと言い換えることができる。そのために，生活をする上で支障となるもの（活動制限や参加制約の基となるもの）を的確な理解し，改善の方向性を考える事も必要がある。病気や障害を持ちながら，日常生活の不自由さ，社会生活からの疎外感などを改善するためのアプローチをする事も重要である。活動や参加に対する改善のアプローチによって，前述したように，心身機能・活動・参加という3つのレベルに相互作用が生まれ，生活機能の向上に結びつく。

　活動・参加の形態は一人ひとり異なるものであり，個性も関係してくるため複雑なものである。さらに，心身機能が改善したことで，生活が向上するという単純なものではないため，その人の生活全体や人生を含めて考えていく必要がある。一般的に生活機能向上のキーポイントとして，①心身機能への直接のアプローチは心身機能の向上であり，②活動への直接アプローチは活動向上であり，③参加への直接のアプローチは参加向上となる。

　人生の区分をどう区切るかという考え方にはいろいろあるが，昔のように画一的な生き方の束縛が薄れたこと，人により健康状態にも差が大きいことなどから，人生を4つの時期（図表2-7参照）に分け，いわゆる定年期のことをサードエイジと呼ばれ，ラズレット（Laslett, P., 1915～2001年）により1980年代に提唱された（Laslett 1987, 1991；小田 2001；九州シニアライフアドバイザー協会

図表 2 - 7　ラズレット（Laslett, P.）により1980年
代に提唱されたサードエイジ論

ファーストエイジ：依存，社会化，未熟，学習の年代
セカンドエイジ：独立，成熟，責任，就労の年代
サードエイジ：個人の達成と充実の年代
フォースエイジ：最終依存，老耄の年代，死

出所：Laslett（1987, 1991）を基に筆者作成。

編 2008）。これは仕事から引退しつつ，しかしまだまだ健康で病気や身体の支障などがなく元気に生きられる時期を指す。多くの人々は，長期間にわたって健康的に余生を謳歌し続ける。就学年代であるファーストエイジ，就学・子育て年代であるセカンドエイジに続く，人生の 3 番目の年代であり，一般的に退職後の人生の全盛期とも定義されている。その特徴は，①心身ともに健康である，②就労の義務なく自由に過ごせる，③年金で経済的にも不自由なく暮らせる，ことである。

　したがって，サードエイジは，労働力として生産的活動への従事により日本経済を支えることが可能である。しかし，彼らの可能性はそれだけではない。地域社会の支え手として，NPO，ボランティアグループの担い手としての役割も果たすこともできる。このような生き方は，取りも直さずサクセスフル＆プロダクティブ・エイジングと一致するものである。

　前述したように，誰も自分の能力を高め，自分の仕事量を高め，社会参加できる共生社会を目指す複合施設が現在日本の各地にある。一人ひとりが個々の強みを発掘し，生活や就労を通して自立を促進するサービスの提供を積極的にもっと進める必要がある。そして，医療・介護との連携も密にし，その連携の中で毎日有意義ある高齢者の人生を支援することができたら素晴らしい。加えて，施設居住者への訪問ならびに社会参加の促進に関する支援は，現在よりはもっと積極的に進めることが求められる。

　そのためには，まず地域コミュニティで住む高齢者が自立した生活を営めるよう，介護・医療・予防・住まい等に関する生活支援サービスが切れ目なく提供される地域包括システムを実現することも大切である。

5　プロフェッショナル介護ケアとは

（1）現代のプロフェッショナル介護とスキルケア

　介護に携わる人々の努力により，現代の介護は以前よりも格段にプロフェッショナル化してきており，「老齢又は身心の障害により，日常生活を営むことが困難な人に対し，個別的に生活の自立・自律を図ることを目的とし，日常生活動作，家事，健康管理，社会活動に関する支援を行う事と定義できる」（日本介護福祉士会編 1995）。また，看取りのターミナルケアも EBM（Evidence-Based Medicine：エビデンスに基づく医学）と NBM（Narrative-Based Medicine：ナラティブに基づく医学）に根ざした ACP（Advanced Care Planning：アドバンス・ケア・プランニング）に基づく包括的多職腫チームケアとなっている。そして，その高度の専門的知識とスキルに裏づけられたケアが求められる。

　介護は，「対象の支援を必要としている人間，対象場面は人間の生活，そして対象への方法は支援のための行為である」（日本介護福祉士会編 1995）。したがって，介護は，支援を必要としている人間の生活場面での支援行為であるともいえる。介護福祉は，介護と同義語ではなく常にケアが伴っている。そして，ソーシャルワークの視点を取り込み発展してきた。ソーシャルワークの価値と知識に支えられているともいえる。また介護福祉は社会福祉の一領域でもあり，生活を支えるために専門的な技術を用いた実践概念である。

　この点に鑑みると，「介護実践で目指す福祉は，幸せな日常生活の追及過程において，①尊厳ある生活，②自己実現できる生活，③身体的・精神的・社会的に支障がない生活，④自立・自律した生活，⑤社会参加できる生活，⑥必要ならば介護される生活」が重視される「高齢者のための国連原則」を中に含めたものでなければならない。そして「介護実践は，直接生活そのものを支える技術と間接的に生活を支える技術などが明確に規定され，社会福祉の制度・政策そして社会福祉の基礎知識・技術を基盤としたものでなければならない」（津田 2005）といえる（図表2-8参照）。

　前述したように，介護福祉士には職の専門化（プロフェッショナル・スペシャ

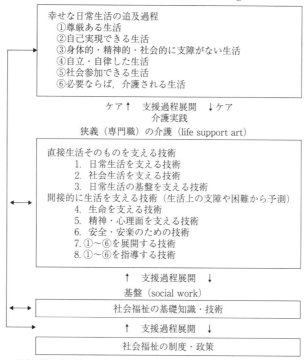

図表 2-8　介護福祉 (social life support work) の構成

介護実践で目指す福祉 (Well-Being)

幸せな日常生活の追及過程
　①尊厳ある生活
　②自己実現できる生活
　③身体的・精神的・社会的に支障がない生活
　④自立・自律した生活
　⑤社会参加できる生活
　⑥必要ならば，介護される生活

ケア↑　支援過程展開　↓ケア
介護実践
狭義 (専門職) の介護 (life support art)

直接生活そのものを支える技術
　1.　日常生活を支える技術
　2.　社会生活を支える技術
　3.　日常生活の基盤を支える技術
間接的に生活を支える技術 (生活上の支障や困難から予測)
　4.　生命を支える技術
　5.　精神・心理面を支える技術
　6.　安全・安楽のための技術
　7.①～⑥を展開する技術
　8.①～⑥を指導する技術

↑　支援過程展開　↓
基盤 (social work)

社会福祉の基礎知識・技術

↑　支援過程展開　↓

社会福祉の制度・政策

出所：津田 (2005)。

リスト) が求められる。そして，社会福祉士の基礎知識・技術を日頃から学び，社会福祉制度の政策に一致していく介護福祉士の社会生活支援業務 (Social Life Support Work) の構成システムが確立されていなければならない。介護福祉士に求められる業務義務も社会福祉士及び介護福祉士法に規定されていて，すべての介護福祉士は，徹底してこれらに従うことが求められている (図表 2-9参照)。

(2) 今後求められる高齢者のための介護のあり方

　今後求められる高齢者のための介護のあり方については，1995 (平成7) 年に既に全国老人福祉施設協議会が，介護老人福祉施設の機能強化・拡大をふま

図表 2 - 9　「社会福祉士及び介護福祉士法」にみる介護福祉士の義務

項　　目	条　　項	条　　文
誠実義務	第44条の2	その担当する者が個人の尊厳を保持し，自立した日常生活を営むことができるよう，常にその者の立場に立つて，誠実にその業務を行わなければならない
信用失墜行為の禁止	第45条	介護福祉士の信用を傷つけるような行為をしてはならない
秘密保持義務	第46条	正当な理由がなく，その業務に関して知り得た人の秘密を漏らしてはならない。介護福祉士でなくなつた後においても，同様とする
連　　携	第47条第2項	その業務を行うに当たつては，その担当する者に，認知症であること等の心身の状況その他の状況に応じて，福祉サービス等が総合的かつ適切に提供されるよう，福祉サービス関係者等との連携を保たなければならない
資質向上の責務	第47条の2	介護を取り巻く環境の変化による業務の内容の変化に適応するため，相談援助又は介護等に関する知識及び技能の向上に努めなければならない

出所：社会福祉士及び介護福祉士法を基に筆者作成。

え，以下のように取りまとめている（全国老人福祉施設協議会編 1995）。

① 重度者への専門的介護と生活介護（援助）の向上。
② 看取りの機能の強化。
③ リハビリ機能の強化。
④ 在宅サービスの積極的展開。

　しかし，現時点においても，いまだに十分に進展しているとは言い難いのが現状である。また現在では，もっと機能を拡大して，高齢者介護ケアサービスを包括的に取り組むことが必要となっている。そして，そのためには在宅を含めた総合的・複合的な地域高齢者のケアセンター機能を持つ施設として脱皮していかなければならない。そのために求められる対応策は，以下の9点であると筆者は考えている。

① 現施設配置人員基準の緩和。

② 介護支援専門員の役割発揮。

③ すべての施設で個別グループケアを実施する必要性。

④ ターミナルケアの実践。

⑤ 認知症ケアの実践。

⑥ 生活維持としてのリハビリテーションの実施。

⑦ リスクマネジメント管理。

⑧ 口腔ケア・栄養管理・摂食嚥下ケアの充実。

⑨ ケアの質の保障と第三者評価機構による評価。

　現在，高齢者介護施設の中で一番多い介護老人福祉施設では，施設は入居者一人ひとりの意思および人格を尊重し，施設サービス計画に基づき，その居宅における生活への復帰を念頭において入居前の居宅における生活と入居後の生活が連動したものとなるよう配慮しながら，各ユニットにおいて入居者が相互に社会的関係を築き，自立的な日常生活を営むことを支援することを目指している。加えて，施設は地域や家族と結びつきを重視したケアを行い，市町村，居宅介護支援事業所，居宅サービス事業所の介護保険施設およびその他の保健医療サービスまたは福祉サービスを提供するものとの密接な関係に努めなければならない（全国老人福祉施設協議会編 2016；厚生労働省編 2019a, 2019b）。

　介護老人保健・福祉施設などの高齢者介護施設において多職種が協働して取り組むべき目標の一つとして，EBM に基づく科学的施設介護の実現が挙げられ，その実現の目安となる目的が以下の 3 つだが，特に重要なのが多職種による包括連携ケアである。

① 6つのゼロ（おむつゼロ・胃ろうゼロ・骨折ゼロ・拘束ゼロ・褥瘡ゼロ・感染ゼロ）の実現。

② 5つの自立支援（認知症ケア・リハビリテーションケア・口腔ケア・排泄ケア・看取りケア）。

③ 多職種による包括連携ケア。

　前述したが，高齢者介護施設（特に介護老人福祉施設）においては，入居者の社会参加とその活動は，コミュニティの健全な，または介護度の低い高齢者に比べて非常に難しい。現在行われているのは，施設を中心とした施設内のいろいろな趣味活動，レクリエーション活動などを通しての施設内ユニットの交流ということにほとんど終止している。この施設入居者の約94％が要介護度3以上（厚生労働省編 2017e，2017g；みんなの介護入居相談センター編 2018）なので，どうしても社会や家庭への復帰への門戸は閉ざされて，最期の棲家としての機能を持たざるを得ない。したがって，ターミナルケア，すなわち看取りケアが非常に重要なケアの領域となる。

　これからの施設におけるケアでは，認知症ケアと看取りケアがさらに多くを占め，介護福祉士をはじめ，看護師，栄養士，歯科衛生士，介護ヘルパーによる介護ケアばかりでなく，医療を提供する医師，歯科医，社会福祉制度のリソースの利用を支援する社会福祉士，ケアマネジャーなど多職種の役割分担による包括的チーム連携で，一人ひとりの高齢者に最高のサービスの提供をしなければならない。つまり，ケアサービスの介護と医療の一体化も含めてのトータル化である。

　また介護施設においては，高齢者の尊厳を支えるケアの確立に向けて，介護保険制度に準じて「尊厳の保持」と「自立支援」が高齢者介護の「基本理念」となる。これは，高齢者のための国連原則に基づいた基本理念といえる。そして私たちは「高齢者の尊厳を支えるケアの確立」のために，次の5つの重要課題の解決に挑戦し続けなければならない。この重要課題は，筆者の施設高齢者介護・医療の経験から勘案したものである。

　　①　介護予防・リハビリテーションの充実
　すべての入居者に対して，重症度に応じた「介護予防」「リハビリテーション」を重視したサービスを提供。
　　②　生活の継続性を維持するための新しいサービス体系の確立
　質の高いユニットケアの導入，積極的な ICT 化と AI（人工知能）を備えた介護ロボット，そして各種介護センサーの導入による介護福祉士のケ

アの質の向上と負担の軽減，小規模多機能サービス拠点の整備，地域包括ケアシステムの確立。

③　認知症高齢者に対応したモデルの確立

認知症高齢者のケアを高齢者介護の最課題の一つとして標準化する。

④　サービスの質の確保と向上

系統的なエビデンスに基づくケアの標準化，進化する第三者評価，利用者がサービスを選択・決定できる十分な情報を提供し，サービス選択の支援をする。

⑤　看取りケアの充実

高齢者介護施設，特に介護老人福祉施設を最後の棲家として，一人ひとりその人らしく，悔いのない幸せな最期を迎えられるように支援する。

（3）プロフェッショナルとホスピスマインド

この30～40年間で，介護のあり方はより複雑化し，修飾されてきたが，現代社会における高齢者との関わりにおいても，高齢者のための国連原則は，今なお必須条件であると考えられる。このような介護・関わりの中核になる「尊厳」と，この「尊厳」に裏打ちされたお互いへの「思いやり」を持った行為というものは，共に私たち長い歴史の間の進化で培ってきた人間の人間たる由縁（Humane）である。

介護においては，「共に老いるべき者」「共に死すべき者」としての人間の有限性を共有する事が重要である。したがって私たちは，生まれて，生きて，年をとって，病気をして，亡くなっていくというこのライフサイクル（生老病死）の中で，大切なのは各々が相応しい価値または意味のある人生を全うできるよう努めることではなかろうか。

介護は全人的ケア（Whole Person Care）であるべきである。また全人的ケアは，ホリスティックケアともいう。オスラー（Osler, W., 1849～1919年）やハッチンソン（Hutchinson, A. T.）が提唱した全人的ケアは，「科学（Science）」であり，しかも「芸術（Arts）」であり，EBM（Evidence に基づいた Medicine/Care）であり，Narrative なストーリーに基づく Whole Medicine/Care でもあ

る（ハッチンソン編 2016）。また「介護の原点」は何であろうか。筆者は「手当て」だと思っている。私たちの祖先が，この手を当てることから，他者を思いやり，お互いに癒され，気持ちを通じ合い，そして連帯の絆を学び取ってきた。今も手を使う介護の原点は，ここにある。

「手を当てることで子どもが泣きやむし
手を当てることで病人が安らぐ
苦しい人は苦しいときに
手を当ててもらうだけで慰められる
手当てという技術はいらない
根本は手を当てること
通じ合うこと
信じあうこと
寄り添うこと」（作者不明）

　これが，私たちにとって最も基本的な「思いやり」と「絆」に基づいた行動ということであろう。しかしながら，プロフェッショナルである介護福祉士はやはり技術（スキル）が大切であり，十分な専門職にふさわしい専門技術を身に付けることが肝要である。できるだけ介護だけではなく，看護・医療に関する幅広い知識を習得し，日常の介護に活かすべきである。また介護においては，緩和・終末期ケアで重要な「ホスピスマインド」を大切にする。これは前述したように，ソンダースが私たちに伝えたことである。また以下は，介護施設ケアプロフェッショナル，すなわち介護福祉士の責任としてのコミットメント（義務）である（日本介護福祉士会編 1995）。

①　介護福祉士はプロフェッショナル能力の持続的向上と維持が必要である。
②　居住者，家族に正直に全ての情報を提供しなければならない。
③　居住者のプライバシーの厳守，また，居住者，家族と適切な関係の維

持が求められる。

④　ケアの質の向上にいつも努力するべきである。

⑤　ケアへのアクセスの改善もしかりである。

⑥　限りある介護ケア資源の正当性のある公平な分配も必要となる。

⑦　科学的知識をいつも習得しなければならない。

⑧　相反する利害をマネジメントの中での信頼の獲得，維持に励まなければならない。

　介護に携わるからには，いつも介護のプロフェッショナルとは何であるか，その責任は何であるかということを考慮して，毎日優しい「思いやり」のあるプロフェッショナル介護を続けてほしい。そして，さらに以下の筆者の言葉も合わせて伝えたい。

　　「君たちは一人一人に寄り添ってケアをしていくことが大切である。すなわち共感を与える個別的ケアということになる。さらに具体的に言及すると，施設入居者の状態にしっかりと目を向けること。入居者の状態から入居者の気持ちを思いやること。入居者の気持ちや思いに沿って声かけを行うこと。手の治癒力，タッチングによって気持ちにふれること。関わることを忘れてはならないこと。入居者の体験の内容に踏み込んで共感的理解の声かけを行い，行動すること。安心感と信頼感を引き出す声かけ，働きかけを行うこと。最後に入居者の精神的，身体的変化をしっかりと確認することである。」

　また筆者は，2015年に施設での高齢者介護における以下のような「介護・看護の実践10方針」を提言した。

①　身体拘束をしない。

②　苦痛のないその人らしい平穏な看取り介護・看護の実践が必要である。自然死，老衰死を目指すのが良い。

③　個人の生き方，生活習慣を尊重する。

④　家族とともに行うケアの実践が必要である。家族が施設任せというのが普通であるが，この施設は家族との話し合いによって家族も一緒になってケアをしていくシェア（共有）の関係を持つべきである。

⑤　食事，排泄，入浴など基礎 ADL のさらなる細かな介護の充実である。

⑥　苦情，要望を何時でも重要視し，よりケアの充実を図る。

⑦　歯科衛生士指導の下で，口腔ケアを充実させ，嚥下障害にたいする対応も専門家との連携で最後まで経口摂取に努めるのが良い。

⑧　施設内での人と人との思いやり，絆を含む生活スタイルをつくりあげ，それを維持しなければならない。

⑨　介護リハビリの充実であり，まずは離床の重要性であり，したがって，施設リハビリの重要性が今特に問われている。

⑩　個人の自由な選択の尊重，個人尊重ということでこれも基本的権利として私たちはそれに対処し，その尊重を，終始，入居利用者の看取りの最後まで持ち続ける必要がある。

　この10方針は，筆者が高齢者介護施設での日々の介護・医療のケアを経験する中で，介護福祉士をはじめ，関連スタッフの入居者のケアのために具体的な行動アドバイスとしてまとめたものである。この一つひとつの介護現場での行動は，私たちの求めるケアのあり方，本質に直接結びつくものであり，これらの行為なくしては，目指す「包括的プロフェッショナル・スキル介護ケア」は，到底提供できるとは思われない。これらのすべてのケア行為が取り組まれてこそ，包括的介護ケア（whole professional skill care）が達成できる。また，これは高齢者の尊厳を基盤にした責任あるケアを提供する者に求められる日々の姿勢でもある。

6 統合的な介護とはどのようなものか

（1）自立の展開

　自立には，生活的自立，経済的自立，精神的自立の３つの要素がある（見田ほか 1988)。「自立」という場合，一般的には「生活的自立」を指し，評価尺度に基本的日常生活動作（BADL）や手段的日常生活動作（IADL）の他に老研式活動能力指標等がある。この生活的自立を示す老研式活動能力指標は，精神的自立性と最も強い関連があるが，本項では，この指標を用いて精神的自立性を介して間接的に主観的幸福感に影響を与えることが示された実験（鈴木ほか2003）を取り上げ，幸福な高齢期を過ごすための条件を考える。

　鈴木・崎原（2003）は精神的自立の尺度を測るために，精神的自立性尺度を作成した（図表２−10参照）。この精神的自立性尺度は，自分自身が物事を決定し，その決定したことに対して責任がもてるという態度を表す「自己責任性」，ならびに，自分の生き方や目標が明確であることを示す「目的指向性」の下位尺度より構成されている。また，それぞれ合計８項目の質問項目について，「１．そう思う」「２．どちらかというとそう思う」「３．どちらかというとそう思わない」「４．そう思わない」の選択肢の中から自分の考えにあてはまる回答を選んで○を付ける方法で評価を付ける方式を採用した。

　そして，精神的自立性尺度を使用して沖縄県の高齢者を対象に調査した結果，精神的に自立していると考えられる高得点群の高齢者は約半数であった。そして，この精神的自立性は高齢者の主観的幸福感に最も大きな影響を与えており，他に健康感（健康度自己評価）・暮らし向きも，高齢者の主観的幸福感に影響を与える要因であることがわかった（鈴木 2005）。この結果から，幸福な高齢期を過ごすためには，健康感があり，ある程度ゆとりのある暮らし向きを維持し，精神的にも自立していることが重要であると考えられる。

　精神的自立は，自分の意思で物事を判断し，自分の責任で行動することができる能力である。経済的自立も具体的な収入額で評価可能である。なお経済的自立とは，生活費を自分の収入（預貯金・年金・財産収入など）でまかなうこと

図表2－10　精神的自立性尺度

A．趣味や楽しみ，好きでやることをもっている	1	2	3	4
B．これからの人生に目的をもっている	1	2	3	4
C．何か夢中になれることがある	1	2	3	4
D．何か人のためになることをしたい	1	2	3	4
E．人から指図されるよりは自分で判断して行動する方だ	1	2	3	4
F．状況や他人の意見に流される方だ	1	2	3	4
G．自分の意見や行動には責任をもっている	1	2	3	4
H．自分の考えに自信をもっている	1	2	3	4

注：回答欄の1は「そう思う」，2は「どちらかというとそう思う」，3は「どちらかというとそう思わない」，4は「そう思わない」を示す。
出所：鈴木ほか（2003）。

ができる状態を指す。また，精神的自立性には健康感，暮らし向き，活動能力（老研式活動能力指標）が影響を与える。活動能力には健康感，暮らし向きが影響を与える。健康感と暮らし向きも互いに影響を与えるのは勿論である。

（2）自立支援の展開

　人間は意思を持った存在であり，意思を実現するために行動を積み重ねることが人生である。したがって，自己実現権というのは個々に存在する。年老いてからも，自分の意思で決定し，自分らしく望むような生活を送ることは，誰にとっても重要なことは勿論である。しかし，高齢期になると心身の機能が低下する。高齢者が自立・自律した生活を送るためには，高齢者個人の努力だけでは限界がある。高齢者が望むような生活を送れるようにするためには，介護福祉士等の専門職による支援以外に社会的な支援が必要となる。この自立支援のための社会制度として，介護保険制度や成年後見制度がある。

　介護に携わる専門職が，利用者の人権擁護をしなければならず，彼らのアドボケーターとしての役割が求められる。その際に果たすべき役割とは，利用者の様々な権利（意思表明権〔自分の意見を言う権利〕・自己選択権・自己決定権・知る権利・プライバシー権，など）の保護・主張などである。

　人はみんな尊厳を保つ権利を持っていて，その人材や命は誰も壊したり奪っ

図表 2 - 11　介護・医療従事
　　　　　　者の基本姿勢

癒　し
優　し　さ
信　頼
や　す　ら　ぎ
生　き　が　い
（生きる価値・明日への希望）

出所：筆者作成。

たりすることはできない。障害があっても，生きて
いる間は尊厳を持った生活ができなければならない。
利用者の自立・自律支援や生活の質を良くするだけ
でなく，尊厳のある生活（ROL：respect of living）
を守ることが，介護福祉士をはじめとする職員全員
に求められる。

　この尊厳のある生活は，法的に保障されている。
具体的に述べると，社会福祉法第3条では，「福祉サービスの基本的理念」で
個人の尊厳を保持することが述べられている。また高齢者虐待防止法では，
「高齢者への虐待を防止し，保護することを定めていて，擁護者の支援を行う
ことも目的」として定められている。さらに，社会福祉士及び介護福祉士法第
44条に「その担当する者が個人の尊厳を保持し，自立した日常生活を営むこと
ができるよう，常にその者の立場に立って，誠実にその業務を行わなければな
らない」と定められている。すなわち，社会福祉士は勿論，介護福祉士も誠実
に利用者の個人の尊厳に重きをおいて，個々別に自立の生活に寄与することが
求められている。

　介護保険法は少子高齢化の中で，高齢者を在宅で介護することが困難になっ
てきたため，社会全体で高齢者介護を行い，家族介護などの尊厳の保持も法律
の理念として定められている。老人福祉法は高齢者が健康で安定した生活を送
れるようにすることを目的とした法律である。

　利用者（施設居住者も含めて）に対する支援者の関わり方としては，介護す
る・されるという関係性も大事だが，その前提として，お互いに一人の人間と
して尊重し合うことが大切である。この点に鑑み，筆者が基本姿勢等を整理し
たのが，図表2-11・12である。また，これらの点を踏まえて，介護福祉士に
必要なことを整理すると，次の6点にまとめられる（日本介護福祉士会編 1995）。

　①　人権意識をもつことである。利用者が人権をもっていることを忘れて
　　　はならない。利用者の権利は何かと，いつも考えなければならない。
　②　利用者の自己判断と自己決定を尊重して，利用者の幸福のために何が

図表 2 - 12　施設介護・医療従事者の心得十訓

①　居住者のこころや，からだの痛みが感ぜられること
②　居住者や家族の立場にたってものが考えられること
③　居住者や家族とのコミュニケーションがよく保たれていること
④　冷静な頭脳と思いやりのある暖かいこころを持つこと
⑤　居住者や家族の問題を明確に抽出でき，それを解く（問題解決の技）法を心得ていること
⑥　病気中心でなく，病気を持った人格体としての居住者に，個別的，全人的介護・看護・医療が提供できること
⑦　自分の能力の限界を心得ること
⑧　介護・看護・医業を使命（ミッション）と考えて生きられること
⑨　その他の介護・医療従事者（医師も含めて）とチームを作って協働作業が出来ること
⑩　生涯，学習を続けられるプロであること

出所：筆者作成。

　　できるかを考えながら支援する。

　③　利用者の権利擁護のためには，利用者が一番大切だと考えている支援をする姿勢が必要である。利用者がその人らしく生活できるように（自己表現）利用者の権利と意思を尊重する態度が大切である。

　④　利用者が自分の権利や必要な支援を言うことができない場合には，その権利や必要な支援の代弁（アドボケート）をする。アドボカシーは代弁や権利擁護の意味である。自分では判断することができない代弁をして，サービス内容を決めたり契約したりする（社会参加）。

　⑤　介護について利用者と家族の意見が違う場合は，利用者の権利擁護を一番大切にする。そして，家族みんなで協力して介護できるように支援する（家族全体としての福祉の実現）。

　⑥　権利を侵害されている利用者や家族が，自分が権利を侵害されていることを理解し，その権利を回復させる強い力が持てるように援助（自己表現）しなければならない（エンパワメントの視点）。

　また，看護者の倫理綱領をみると，「尊厳」を主核に制定されており，人間の尊厳と自立・自律，そして自己実現が記されている。この前文は次の通りである（日本看護協会編　2003）。

「人々は，人間としての尊厳を維持し，健康で幸福であることを願っている。看護は，このような人間の普遍的なニーズに応え，人々の健康な生活の実現に貢献することを使命としている。看護は，あらゆる年代の個人，家族，集団，地域社会を対象とし，健康の保持増進，疾病の予防，健康の回復，苦痛の緩和を行い，生涯を通してその最期まで，その人らしく生を全うできるように援助を行うことを目的としている。

看護者は，看護職の免許によって看護を実践する権限を与えられた者であり，その社会的な責務を果たすため，看護の実践にあたっては，人々の生きる権利，尊厳を保つ権利，敬意のこもった看護を受ける権利，平等な看護を受ける権利などの人権を尊重することが求められる。

日本看護協会の『看護者の倫理綱領』は，病院，地域，学校，教育・研究機関，行政機関など，あらゆる場で実践を行う看護者を対象とした行動指針であり，自己の実践を振り返る際の基盤を提供するものである。また，看護の実践について専門職として引き受ける責任の範囲を，社会に対して明示するものである。」

また，この倫理綱領の条文は計15条あり，それぞれ今まで先人たちが培ってきた尊厳（人間の尊厳），その基本姿勢，人間と人間との絆（社会参加），権利，自己決定権，守秘義務など，私たちが古くから論議，論争して会得してきたものがその中にまとめられている。また前述した WMA ジュネーブ宣言でも，一人の医師としての職業倫理観が述べられている。以上のような近接領域の看護・医療の様々な知見をまとめると，介護に携わる者に求められる原則（プリンシプルス）を，筆者は次の 6 つに集約できると考えている。

① 　個人の尊重。
② 　真実を告げる。
③ 　守秘義務。
④ 　約　　束。
⑤ 　患者の最善の利益。

⑥　介護資源の公的な配分。

　このプリンシプルスにしたがって，毎日の介護ケアも，すべての利用者の公平，平等，安全，自己選択肢が守られ，それに加えて質の高い介護ケアがいつも提供されることが保障されなければならない。

　2008（平成20）年，筆者は東京都日野市にある医療療養型病院で医師・看護師以外に，介護福祉士，ケアマネジャー，リハビリセラピスト（理学療法士／作業療法士／言語聴覚士）（PT/OT/ST），管理栄養士などを含めての多職種チームケアをしていた回心堂第二病院の病院長の時に「私たちの信条（クレド）」を作成してスタッフの皆さんに守ってもらうようにお願いした。

① 　最も尊重しなければならないのは，ただ，生きることではなく，より良く今を生きることである（自己表現）。

② 　いつも明日への希望と心ときめく夢を持ってチャレンジ精神を忘れない（プロフェッショナリズム；生きがい）。

③ 　各自の自我を捨て，しかし個性を強調しつつ（自立・自己表現）一致協力の下に勤務に励む（チームケア）。

④ 　医療・介護従事者としての専門性（プロフェッショナリズム）の向上と発揮・誇り（プライド）・前向きな考えかた（ポジティブ・シンキング）をする（プロフェッショナリズム；生き方）。

⑤ 　ケアの奉仕（利他）。

⑥ 　相談し合い前向きに検討し結果を導く（仕事のあり方；協働）。

⑦ 　いつも感謝の念を持つ（尊厳・尊重；humane の生き方）。

⑧ 　組織は職員とその家族が“幸せ”になるようにベストを尽くす（社会参加・絆）。

　この「クレド」も，私たち人類が学んできた尊厳から派出した「プロフェッショナル」としてのあり方を説いていると信じている。加えて，同病院の規範として「わたくしたちの思い」を周知した。それは，以下の通りである。

①　わたくしたちは，よく聴く人でありたい（尊厳；敬意；尊重）。

②　よく癒す人でありたい（尊厳；敬意；尊重；ケア；自己表現；プロフェッショナリズム）。

③　よくケアする人でありたい（ケア；尊厳，敬意　尊重；自己表現；プロフェッショナリズム）。

④　よく治す人でありたい（ケア；プロフェッショナリズム）。

⑤　わたくしたちはよく生きる人でありたい（社会参加；生き方）。

　これらの事項は，ケアに従事するすべての職に共通したあり方を説いている。さらに，多疾患，多薬，フレイル・サルコペニアを特徴とする高齢者の介護には，医療を分離できず，その一体化のケアの必然性が理解される（第3章第1節（6）参照）。

<table>
<tr><td>第3章</td><td>高齢者介護のあり方と施設が担うべき
役割</td></tr>
</table>

　日本の施設で行われてきた介護の約60年間以上の変遷は，図表 3 - 1 の通りである。寝たきり状態のままで排泄・食事・更衣に関する補助を行う介護と称する「作業」だけの時期がしばらく続いていたが，その後，離床運動を通して，徐々に人間の尊厳を重視した自立・自律を目的とした関わりが行われるようになりはじめた。そして，現代では，介護はプロフェッショナルなものであるとの認識が浸透しつつある。そして，より進化した IT 化の促進，人工知能（AI）を搭載した介護型人型ロボット，各種センサーの利用等の最新のテクノロジーが，ますます介護に導入されるようになるのは明らかである。このような状況に，どのように対応すればよいのであろうか。

1　さらなる介護のプロフェッショナル化と地域の活性化
　　──これから求められるもの

（1）地域の拠点としての介護施設
　現在，日本における高齢者介護には問題点が多くある。2019（令和元）年 9 月の日本の高齢者率は28.4％となり，ますます高齢化が進展している事が改めて明らかとなった（内閣府編 2019a）。一方，介護人材不足などの以前から議論されてきた問題は，全く解決できていない。介護を受けたくても受けることができない，そのような問題が現実に起こっているのも間違いない。日本の介護は，今後どのような形になっていくのであろうか。政府はその方向性をいろいろ模索して，いろいろな施策を行ってきた。
　全国老人福祉施設協議会は，2015（平成27）年に介護老人福祉施設のあり方についての方向性を示している（同協議会編 2016）。その一つが「介護ケアサービスの包括的トータル化を目指すこと」であった。介護支援専門員は，個別

寝たきり状態での排泄・食事・更衣

介護と称する「作業」

離床運動（寝たきりは「寝かせきり」）

一斉離床　→　車イスベルト利用

起こして食事をしても，終わると一斉にベッドへ

オムツ交換回数増をよしとする考え方

衣類交換＝生活にメリハリをつける

入浴＝大浴場と機械浴槽

介護保険施行（2000年）

「身体拘束ゼロ運動」「一斉作業」を介護に＝福祉元年

個別プラン現実化

ユニットケアと個室化

施設の新たな地域での挑戦的展開と拡大（在宅も含めた総合的複合的な機能をもつ）

個別ケアの実践・科学的介護で自立支援

5つのゼロ（おむつ，骨折，胃ろう，拘束並びに褥瘡）の実現

認知症への対応

重度化・ターミナルへの対応

施設リハビリテーション・口腔ケアへの積極的導入

多職種の連携ケア

出所：筆者作成。

ケア実践のマネージャーとしての基本的役割を担う。そのために，ケアマネジャーは適切な施設サービス計画を立案し，モニタリングを行い，実施状況やカンファレンスについての記録を徹底する。そのために，施設内では，ケアマネジャーの中立公正な業務姿勢を支える組織内環境を整備しなければならない。

　まず日本の施設介護を理解するために，施設の現状の話から始めよう。地域包括ケアシステムの中で，重度の要介護者や低所得高齢者の「終の棲家」として，また「看取り」の場としての役割を備えた介護老人福祉施設を含めた各福祉・保健関連施設やホームでは，それぞれ有する資源やノウハウを最大限に活用し，「地域の拠点」として，在宅サービスの提供，地域の生活困窮者への支援，さらには地域活性化にも取り組み，地域包括ケアが実現される「まちづくり」に貢献していくことが求められる。

（2）個別グループケアの必要性

　一般的に，施設の小規模化，個別性，生活リズムの尊重，関係性の尊重を基

本理念として，ケアサービスの体系化が進められてきた。すべての施設で個別グループケアを展開するにあたり，チームによるケアスタッフの技能，特に観察，コミュニケーション能力，管理運営などの能力が課題となることから，これらの技能習得が進められている。単なる発展型として，小規模多機能，地域密着型のケア体系が導入されているが，そのためには高齢者のQOLの向上と多機能ケアによる要介護度改善を目指さなければならない。

　また，何が生活の質を作るのか，質が向上するのはどのような場合かなどを検証，分析しながら，施設ごとで，方法論や前提条件などを整理し，積極的に介護の体系化を図ることが推奨される。高齢者のQOLの構成要素は，下記の4点である（柴田編 1992；柴田 1996；古谷野 2004）。なお，ケアの質の保障と第三者評価について，本節（7）を参照して頂きたい。

　①　行動能力（Behavioral Competence）
　　　身体の健康，機能的健康（ADL・IADL），認知能力，時間の消費（レクリエーションなど），社会的行為。
　②　客観的環境（Objective Environment）
　　　人的環境（家庭・近隣），物的環境（家・街づくり）。
　③　主観的な生活の質（Perceived Quality of life）
　　　健康度の自己評価，認知力の自己評価，性機能，仕事の満足，人間関係の評価。
　④　心理的幸福感（Psychological Well-being）
　　　生活満足度やうつ状態の尺度によって測定される。

（3）看取りケアを実践する

　高齢者介護施設（特に介護老人福祉施設）は限られた施設機能の中で，全人的関わりを通しての尊厳ある死を模索し，入居者と家族に安寧の時を提供してきた。死の受容と看取りケアについては，入居者家族並びに介護・医療ケア関係者との信頼関係を構築し，地域や入居者から最も信頼を寄せられる責任と役割を認識すべきであるのは当然である。

図表3-2　施設看取り介護の流れ──入居から看取り後まで

一般的な入居から看取りまでにたどる経過

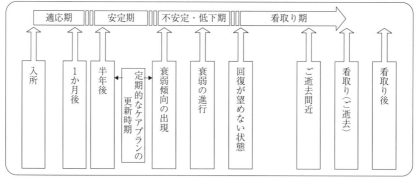

出所：全国老人福祉施設協議会編（2015）。

　家族には医学的根拠に基づいた病状，治療効果，さらに施設看取り介護の流れの組織内機能（図表3-2参照），介護・看護職の存在を十分に説明した上で，苦痛なき終末，不安なき終末を目標に看取り終末ケアを行うべきケア計画（ACP：Advance Care Planning）を施行する。介護・看護ケア関係者は，専門的技術をまだ不完全ながらも習得しつつある。介護老人福祉施設などの施設入居者は，在宅生活時よりも高齢者医療の恩恵にあずかることができるのはよいことだが，今後はもっと個々別に，ACPに基づく入居者の死生観を尊重した看取り終末ケアを実践することが求められる。

　一般的に，この高齢者介護施設の看取り終末期の方針は，施設理念に基づいて，運営方針や援助目標の一つに表記し，その具体的プロセスがマニュアルとして整備されていなければならない。入居者，家族に説明が行われ，意思確認が終了していること，職員に死の教育がされていることが重要である。

（4）認知症ケアの質を上げる

　認知症ケアにおいて，認知症高齢者の評価とケアプランの実行，施設における認知症高齢者の人権問題とその擁護，そして認知症高齢者の施設環境が重要となってきた。認知症高齢者のケアは，認知症高齢者への援助にとどまらず，ストレスを抱える家族へのケア，高齢者介護に携わる者の倫理，意識やケア技

術の向上という視点を踏まえて行うべきである。

　老年精神医学分野における診断，治療マニュアルの中から，介護現場や在宅において常用できるマニュアル作りが各施設で行われている。治療可能な認知症を見逃さず，家族を含めてケア提供者の負担を軽減するという強い意志を持ち，初期診断や，適切なケアに当たらなければならない。病気の治療や入院・入居などによる認知症状が悪化した場合，地域医師会に理解を得た上で協力体制を構築し，問題解決にあたる。施設や地域での生活の充実，施設スタッフや地域住民の認知症への理解を進めるために，認知症高齢者臨床研究センターでの研修を修了した認知症ケア指導者やエキスパートによるスタッフ研修や，現行の定期的に行われる地域医師会主催の在宅・施設かかりつけ医のための基礎並びに上級認知症教育セミナーが行われている。加えて認知症チームケア研修会では，一般開業・施設・在宅医師・看護師・コメディカルのための十分な実践的教育が可能となっている。これらの認知症ケア教育を受けた医療・介護ケア従事者と連携し，地域に拠点を置いたケア活動のための協力体制づくりを自治体と協働し，さらに施設の資源を地域に還元することも大切である。

（5）生活モデルとしてのリハビリテーションの導入

　このリハビリテーションの導入は非常に大切なのだが，現時点ではその効果的介入，またその欠如が問題となっている。このため，高齢者介護施設では身体機能の低下した入居者への自立支援，そして自己の決定能力に障害のある入居者への自立支援を具体化するために，個別性に視点を置いた新たなより効果的なリハビリテーションスキルを開発する必要がある。したがって，心身機能活動参加のレベルにおいて，生命の維持，様々なアクティビティ，人間らしく生きる権利を実現する（生活リハビリ）ための実践に積極的に取り組まなければならない。

　このためには，まず入居者の生活の場で，できるADL（日常生活活動）を正しく評価，分析し，ADL向上に努めるべきである。次に入居者の自己決定に基づき目標を共有し，高齢者介護施設のあらゆる生活場面を通して，専門スタッフを含めたチームケアを推進し，生活モデルとしてのリハビリテーション機

能訓練を実現し，要介護度の進行（重度化）をできる限り防ぐことに努める。そして，定期的にその施行した生活リハビリテーションが評価され，それによってさらに改善に繋げなければならない。

（6）行動制限の排除とリスクマネジメントの徹底化

　入居者の生活の場として，フラストレーションを感じさせないケアを提供することは，個別ケアを進める上でも重要な視点である。身体拘束など行動制限は極力避け，職員同士の日常的な情報交換の不足を克服することで，チームケアとカンファレンスの徹底により安易な拘束を許してはならない。これは人間の根本的な尊厳に関わる問題である。

　高齢者の QOL を入居者の主観的な満足度として着目するとともに，家族にもインフォームドコンセントの機会を与えなければならない。ケアの個別化と業務の標準化のシステム化を急ぎ，自立支援の視点に立った自主的なリスクマネジメントマニュアルを作成することが現在の施設では必須となっている。経営運営管理にはリスクへの対応能力が必須であり，ケアだけでなく，すべてのサービス管理，職員管理，財務管理，情報管理など総合的なリスクマネジメントを確立することが必須となる。

（7）ケアの質の保障と第三者評価の重要性

1）施設ケアの質の評価

　多くの施設では，一般的に具体的な客観性のあるケアの質の評価については，しばしば人材不足と毎日の入居者のケアに追われて，なかなか余裕がない。そこで，この大切なサービス向上の保障について述べておかなければならない。介護の質の向上，より個別性の高いサービスの提供を目的として自己評価を行われるべきなのは当然である。評価の項目には，経営，運営基盤の強化，居住環境の整備，ケアプランとその実施，苦情相談と情報開示，地域社会との連携，人材の養成確保などが含まれる。

　また第三者評価団体との連携を深めることは，ケアサービスの質を点検，保持，向上させることにもつながる。誰もが良質のケアサービスを求めており，

情報開示によってより透明性を高める運営に繋げなければならない。

2）全国老人福祉施設協議会による活動方針の提案

　全国老人福祉施設協議会（全国老施協）が，全国の介護老人福祉施設からの現場の声をくみ上げて，2015年に，次のような活動方針を提案している（厚生労働省編 2015d）。

　　① 「介護保険制度改正・介護報酬改定への対応（介護現場の実態に即した改革へと導くために）

　　介護分野のみならず，医療分野との垣根を超えた社会保障制度改革が進む中，介護保険制度の内外を問わず，私たちの国の介護は，いかにして国民の生活を盤石かつ的確・多様な形で支えていくかが問われる。各審議会などにおける介護保険制度改正，介護報酬改定の議論にエビデンスをもって応えなければならない。当協議会，その所属する施設などから，日々の実践により蓄積されたデータの提供を受けることで，制度的課題を調査し，研究・分析・発信を行う。」

　　「これからの介護ケアは根拠（エビデンス）化をして，情報収集，分析・統合に基づくアセスメントの数値化によるアウトカム評価により成果を上げる。すなわちエビデンスに基づく科学的介護の必要性であり，QOL向上のさらなる前進となる。」

　　② 「地域包括ケアの推進役としての機能発揮

　　地域包括ケアの推進役として，介護を体現していく観点から，高齢者介護施設など地域に根ざしたそれぞれの社会資源が果たすべき（あるいは果たしている）機能と役割を世論に示し，更なる発揮を推進していく。

　　高品質サービス（認知症ケア，自立支援，看取りなど），福祉的援助（養護老人ホーム，軽費老人ホーム，ケアハウスでの実践など），在宅サービスの限界の遅延などの改善である。」

　　③ 「介護人材の確保，育成，処遇向上に向けて

　　介護現場で働く人のやりがい，生きがいを絶やすことなく拡大し，介護で働く将来をより明確にイメージできるよう重層的かつ継続的な施策を提

案する。

　介護現場のニーズにそくした介護ロボット，介護センサー，ICT の開発を全面的に支援し，人がしなくてもよい仕事や人がするよりも効率的に行える仕事から早期にケア従事者を解放し，直接身体介護など，本質的に求められる業務に専念する機会をより一層創出することで，無理・無駄のない質量両面でのサービス向上を図る。」

　④ 「外国人材の受入と日本式介護の発信

　介護先進国としての国際的な責任と使命を果たすべく，EPA（経済連携協定）や外国人技能実習制度に基づく外国人材の受入と活躍の場の提供，働く場はもとより制度・政策なども含めた環境整備をもって，私たちの国内における介護基盤の強化を図る。」

　⑤ 「社会福祉法人のありかたなど諸問題に関する課題整理と発信

　社会福祉法人制度改革（厚生労働省 平成28年3月31日）を受けて，事業者のみならず，入居利用者にとっても課題が提起されてくる中，地域実態をリアルタイムで把握，整理し，矯正に向けて提言を行う。」

　厚生労働省編（2018a）の「介護・高齢者福祉」の目標の中に，「高齢者が尊厳を保ちながら暮らし続けることが出来る社会の実現を目指して」という一文がある。介護に携わる人々は，高齢者の介護が必要になっても，住み慣れた地域や住まいで，尊厳ある自立した生活を送ることができるよう質の高い保健医療福祉サービスの確保，将来にわたって安定した介護保険制度の確立などに取り組んできたし，これからもその方向に取り組んでいくことが必要である。

　そのために介護保険制度・地域包括ケアシステム・介護サービス情報の公表制度・認知症施策・介護サービスの関連問題・老人保健健康増進事業・介護職員・介護支援専門員の啓蒙・介護予防・日常生活支援総合事業・介護サービス事業者などの業務管理体制・要介護の認定・介護報酬・介護保険財政・全国健康福祉祭（ねんりんピック）・高齢者虐待防止・市民健康関連情報，さらに，地域の医療と介護の一本的な改革などなどが施策として掲げられている（厚生労働省編 2019）。

図表3-3　日本版フレイル（CHS）基準

項　　目	評価基準
体重減少	6カ月で，2〜3 kg以上の体重減少（基本チェックリスト　#11）
筋力低下	握力：男性<26 kg，女性<18 kg
疲労感	（ここ2週間）わけもなく疲れたような感じがする（基本チェックリスト　#25）
歩行速度	通常歩行速度<1.0 m/秒
身体活動	①軽い運動・体操をしていますか？ ②定期的な運動・スポーツをしていますか？ 上記の2つのいずれにも「1週間に1度もしていない」と回答

出所：Fried et al.（2001）；荒井編（2018）；日本老年医学会編（2014）を基に筆者作成。

　加えて，65歳以上の認知症患者の推定者と推定有病率，介護施設などの定員数，介護，看護を理由に離職した雇用者数，介護職員数の推移，有効求人倍率と関連失業率，介護を受けたい場所，最期を迎えたい場所の統計等も，今後の福祉関連制度の変革のための情報として重要になる。

（8）老化と包括的フレイルケア

　これからの高齢者ケアには，対フレイルを中心としたケアの導入が必要である。現在，高齢者ケアの2分野で「フレイル」というコンセプト（概念）が注目を集めている。この用語は，日本老年医学会が脆弱を意味するフラリティ（Fraility）に対応する呼称として定めた（2014〔平成26〕年5月）。この「フレイル」とは，「高齢者の生理的予備能が低下することで，ストレスに対する抵抗性が減弱し，生活機能障害，要介護状態，死亡などの転機に陥りやすい状態，筋力の低下により動作の俊敏性が失われて，転倒しやすくなる状態」の事を指す。また，このような身体的問題のみならず，認知機能障害やうつなどの精神，心理的問題や一人暮らしや経済的困窮などの社会的問題も，この用語の中に包含されている（Fried 2001；日本老年医学会編 2014；荒井 2018）。最近では，日本版フレイル（CHS）基準が一般化している（図表3-3参照）。「フレイル」が今注目されているのは，この状態が自立から要介護へ移行する中間段階に位置することから，この「フレイル」の段階で早期に発見し介入できれば，自立状態へ復帰できる可能性が格段に高まるからである（図表3-4参照）。すなわ

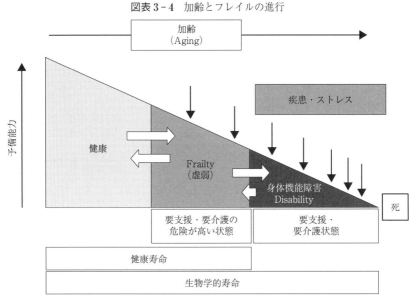

図表3-4　加齢とフレイルの進行

加齢
（Aging）

疾患・ストレス

予備能力

健康

Frailty
（虚弱）

身体機能障害
Disability

死

要支援・要介護の
危険が高い状態

要支援・
要介護状態

健康寿命

生物学的寿命

出所：西原ほか（2019）。

ち，「フレイル」が進展するということは，要介護に陥る事とほぼ同義である。早期からこのフレイルを防ぐ対策を施行していれば，それの遅延，ひいては予防に繋がる可能性が十分にある。

2　介護の将来性を考える

　介護の将来は，慢性期医療の問題とその今後の展望と密接に関係している。高齢者が疾病や加齢によって介護を必要とする状況になった場合，その担い手はこれまでは主に高齢者の家族であった。介護保険制度の導入以降，若干変化もあるが，日本では，配偶者間を除くと女性が高齢者介護を支えてきたという経緯がある。このような家族の関係や，家族を基盤とする介護の提供（いわゆる家族介護）は提供者側の負担や不安も大きく，長期間継続することは非常に困難な状況となっている。

　家族だけで行う介護には限界もあり，国や地方自治体による積極的な関与へ

の期待は増す一方である。高齢者介護政策は長く福祉の一環として行われ，老人医療費無料化などの医療の視点を重視して展開してきたが，高齢者の生活に重点を置く視点が強調されるようになり，福祉から保健へと重点を置かれる点が大きく変遷してきた。以下，その変遷を踏まえ，今後の介護において重要になる点を取り上げる。

（1）地域包括ケアシステムと在宅・施設の密な連携

　厚生労働省は，日常生活圏域内において医療，介護，予防，住まいが切れ目なく継続的かつ一体的に提供される地域包括ケアシステムの確立を図るべく，様々な施策を具体化し実践して，それが年々充実していく方向にある。

　地域包括ケアシステムとは，急速な高齢者の増加と若年層の減少を見据えた各地域の住民が住み慣れた地域で自分らしい暮らしを人生の最後まで続けられ，そして，働ける人は働ける環境を作り上げるために，住まい，医療，看護，予防，生活支援が一体的に提供される社会システムである（厚生労働省編 2017b）（図表3−5参照）。この地域包括システムは元来，団塊の世代が75歳以上となる2025年を目標に，重度な要介護状態となっても，住まい，医療，介護，予防，生活支援が一体的に提供される地域での包括ケアシステムの構築を実現するために考えられたものである。今後，認知症高齢者の増加が見込まれることから，認知症高齢者の地域での生活を支えるためにも地域包括ケアシステムの構築は重要となる。

　具体的には，小，中学校区レベル（人口1万人程度の圏域）において日常的な医療，介護サービスが提供され，人口20〜30万人レベルで地域の基幹病院，都道府県レベルで救命救急などの高度医療への体制を整備するもので，このシステムを基盤として，在宅医療，介護支援が進められつつある。在宅・施設医療連携の将来性も，今後もっと考慮しなければならない。

　また，このシステムにおける高齢者医療・ケアの基軸となるのは，特に「医療・介護サービス保障の強化」と「これからの医療と介護の一体化」である。これらは，病床機能に応じた医療資源の投入によって入院医療を強化し，在宅・施設医療の充実と地域包括ケアシステムを構築し，そして，どこに住んで

図表3-5 地域包括ケアシステムの構築について

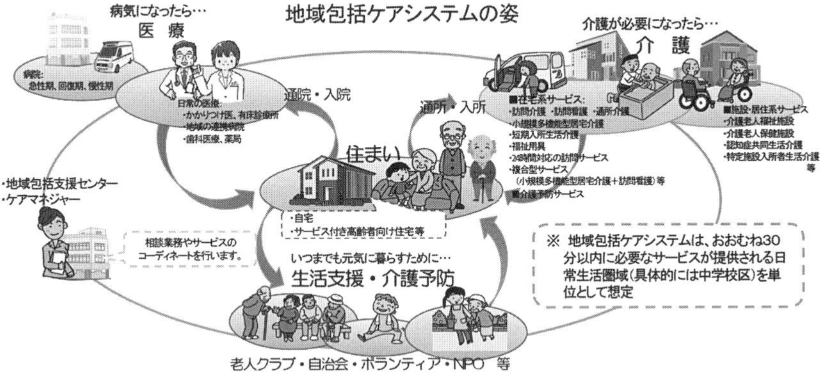

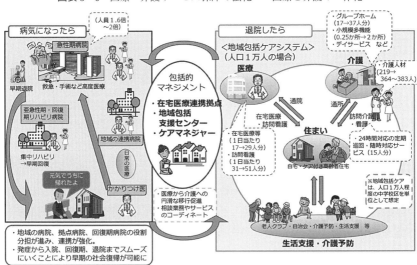

出所：地域包括ケア研究会編（2015）。

図表3-6 医療・介護サービス保障の強化——医療と介護の一体化

注：数字は，現状は2012年度，目標は2025年度のもの。
出所：地域包括ケア研究会編（2013）。

も，その人に適切な医療・介護サービスが受けられる社会へ改革するための基本方針である。したがって，図表3-6に示したように，病気になった時は，高度医療のできる急性期病院，地域連携病院（亜急性期病院も含めて），回復期

リハビリ病院，そして地域かかりつけ医で治療し，退院した時は，地域包括ケアシステムの中で，医療，介護，生活支援・介護予防を自宅・施設で受けられるようにすることを目指している。この医療から介護への意向を促進支援するのが包括的マネジメントであり，在宅医療連携拠点・地域包括支援センター等が司る。そして，高齢者介護施設（介護老人福祉施設も含めて）の役割も，この線上に位置づけられる。この点については，本節（3）〜（6）でその必要性を具体的に述べる。

（2）2025年に向けた医療・介護提供機能の再編

　2025年に向けての医療，介護機能の再編の方向性は，おそらく今後も変わらず推進される可能性が高い。これからの高齢者ケア，慢性期医療のあり方は，下記に示した項目に関する議論，検討を通じてより明確化，具体化されていくことになる。これからの高齢者ケア，慢性期医療のあり方の問題は次の通りである（厚生労働省編 2015a，2015c，2017a，2017f）。

　①　「慢性期医療とは何を提供するのか。地域，生活に近いところで提供する医療の明確化が必要である。」
　②　「急性期，慢性期医療のケア・ミックスと地域一般病床の再編成にどう関わるのか。」
　③　「神の手を期待される慢性期医療の魅力を医師にどう伝えていくのか」。
　④　「介護業務，看護業務の見直しはどう関わるのか。」
　⑤　「外国人労働者の受け入れ問題。慢性期医療と高齢者介護からなのか，急性期医療も含まなければならないのか。」

　加えて，要介護高齢者の状態上の変化を踏まえたサービスの多様化と機能強化の実現に向け，医療・介護サービス提供体制の見直しも，同時に積極的に進められていかなければならない。

（3）これからの高齢者介護施設の機能と在宅医療を考える

　高齢者介護施設が今後強化・拡大すべき機能の具体的な内容は，図表 3 - 7 の通りである。入居機能の強化に加え，在宅を含めた総合的，複合的機能を持つ施設に脱皮し，地域と共存し，積極的に地域貢献していくことが必要である。そのためには，地域包括支援センターとの密接な連携を通して在宅サービスを提供し，地域の生活困難者への支援と地域活性化支援の任務を果たさなければならない。また施設内では，重度者への専門的介護と生活介護（援助）の質の向上，看取り機能の推進，リハビリ機能の強化，在宅サービスの積極的展開などの業務改革を常時進めることが求められる。

　なお，これらの点を推進するには，介護職・看護職の増員が必須であり，また運営費の増額がなければ不可能である。そうしなければ，互助の空間を住まいに築き，地域共生社会の創造を目指すことは，大変難しいものとなろう。

　また，地域包括ケアは，住まいと住まい方を土台に医療，介護の連携を目指している。すべての団塊の世代が75歳以上の後期高齢者となる2025年が刻々と迫る今，地域包括ケアを構築する上で改めて見つめ直したいのが住まいの位置づけである。病院から地域に生活の場を移す退院支援や，医療，介護職の連携が進まないなどの障壁が，現在，住まいに関する深刻な問題となっている。

　2025年に在宅医療が必要となる高齢者数は，100万人超と推測されている（総務省統計局編 2017a, 2019a）。日本の将来像を考える上で注目すべきデータは，次の国立社会保障人口問題研究所の調査である。2039年に85歳以上の死亡率がピークを迎え，約165万人と予測されていることと，もう一つは2020（令和 2 ）年以降，夫婦 2 人世帯と単身世帯が合わせて65％を超えることである。生産年齢人口は減少し，死亡者数は2040年頃まで増加の一途をたどり，家族形態も個人化が急速に進む（国立社会保障・人口問題研究所編 2017）。こうした背景を踏まえ，在宅医療の今後の需給見通しについては，下記が参考になる。

　2014年に在宅訪問診療を受けた人数は月間約65万人で，2006（平成18）年の約20万人から 3 倍以上増えた。さらに高齢化の要因だけで，2025年には35万人の需要が新たに生じ，100万人に達すると見込まれている（厚生労働省編

図表3-7　高齢者介護施設（介護老人福祉施設等）に求められる役割（地域福祉の拠点として）

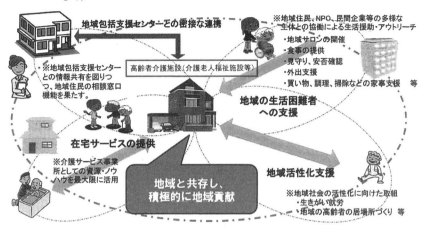

出所：厚生労働省編（2015e）。

2017c)。加えて，地域医療構想による病床の機能分化，連携の結果，介護施設や在宅医療などが必要となる人が2025年に約30万人生じると推計され，総計100万人＋αの需要に応える体制を日本各地に構築しなければならない（国立社会保障・人口問題研究所編 2017)。

　日本は単身世帯の増加や核家族化により，家族関係の希薄化，あるいは地域の機能低下により，家族や地域という自助・互助の機能が崩れつつある。すべての自治体において，住まいは地域包括ケアの土台であると認識し，医療，介護，行政，その他関係機関の連携を早急に進めなければならない。

　北欧ではすでに，施設から特別な住居への移行，さらに近年には介護サービスが内付けの特別な住居と一般住宅の中間にある安心住宅を創設し，24時間体制の外付けのサービスで対応するなど，住まいにケアを導入する施策がとられてきた。

　一方，日本では1970年代の寝たきりの高齢者の患者を老人病院に入院させる体制ができてしまった。精神病床と並んで老人病棟の劣悪な状況がしばしば社会問題となった。その後，1973（昭和48）年に老人医療費が無料化されたが，これがまさに「善政にして悪政」で，今に連なる問題の始まりといわれている。

それ以前は，高齢者の医療費はまだ5割負担であった。医療費無料化へ舵を切ったことで医療へのアクセスを容易にし，病院への長期入院が構造化してしまった。また1976年は，施設死の割合が在宅死を上回る大きな転換点となった年であった。

　介護保険制度が始まったのは2000（平成12）年である。この間の医療・介護の政策には問題の意識はあったにせよ，結果的にはある種の不作為であった。2025（令和7）年に向けて医療はいよいよ，住まいと住まい方の問題を視野に入れなければならなくなった（厚生労働省編 2016a，2016d，2016e；地域包括ケア研究会編 2018）。もう一度，医療を地域に開いていく必要がある。コミュニティすなわち地域包括ケアの重要なファクターである各ステークホルダーが，それぞれの利害関係を乗り越え，2040（令和22）年までを見据えて2025（令和7）年モデルをいかに構築するかが，現在，大きな問題となっている。

　しかし，100万人を超える方が在宅医療を利用する時代が到来するのを前に，行政を軸にみると医療と介護の間には今なお壁があり，連携が進まないという重大な問題が解決されないままである。地域医療と介護さらに保健の連携が難しい要因は，役割分担があっても，ゴールを共有していないという点である。連携にはゴールの共有化が不可欠である。多くの医療者が目の前の課題に翻弄されている。そして，その多くは目的を持たないまま課題に振り回され，手段を考えることが目的になっている可能性がある。問題解決型ではなく目的達成型の思考に切り替えるためには，まずは目的から考え直す必要がある。ヘルスプロモーションに基づくその人らしい生き方や生活支援を，皆が共通の目標に設定することがこの問題を解決する出発点になると，筆者は考えている。

（4）自己決定を促すエンパワメント型の介護・医療へ

　これからの地域包括ケアシステムを基盤とした介護・医療は，従来のような依存を生む「してあげる型」から，生活の場に入って生活者の自立を促す「エンパワメント型」へと転換する必要がある。すなわち，地域まるごとケアに置き換えるための取り組みが，求められている。また，これから後期高齢者となる団塊の世代は，この「してあげる型」から「エンパワメント型」への医療・

介護の転換を納得しなければならない。

　住民のセルフケア能力を高めるための住民啓発は必要である。「してあげる型」ではセルフケア能力を削ぎ，互助の意欲を減らしてしまう。元気な高齢者が働ける場所や活躍できる場を住まいと近接させて「エンパワメント型」の地域包括ケアを構築すべきである。また単なる課題解決にとどまるのではなく，住民一人ひとりがセルフケアを実現できる環境を作っていかなければならない。

　住民のセルフケアマネジメントの必要性は，非常に大切になってくる。この概念は，介護ではなくて，自分で自分の行く末を考えながら必要なサービスの導入を決定していく「養生」と位置づけられている。自分の住まいで暮らし続けるというのは，実は自分で自分の生活を決めるということである。生活に対する自立・自律の目的意識を持たなければ実現しない。

（5）地域包括的共生社会の構築を整備する

　医療，介護ニーズがある高齢者などの地域居住のあり方に関する調査研究事業（高齢者住宅財団編 2017）によれば，急性期病院の退院患者が自宅へ戻ったケースと自宅以外を選択したケースを調査比較した。結果は，経済面が行き先を大きく分けている。毎月の所得を，15万円以上，10〜15万円，10万円未満で見ると，一定の所得があれば介護付き有料住宅やサービス付き高齢者向け住宅（サ高住）に入居し，10万円未満の場合では，介護老人福祉施設や家族の持ち家，賃貸住宅が多い。やむを得ない在宅療養を送っている可能性が浮き彫りになっている。

　住まいへの支援が必要なことが，前述の調査結果からわかる。もともと日本は，医療に比べ住まいの対策が不十分であった。終身雇用と厚生年金の受給，そして持ち家が前提とされてきたからである。ところが，国民年金にも加入していない低所得者の多くは賃貸住宅に住まざるを得なかった。日本の家賃コストはヨーロッパ諸国に比べて高く，大きな負担としてのしかかっている。所得10万円未満の人は，介護老人福祉施設に行くか家族が引き受けるか，以前から住んでいる賃貸住宅に住み続けるか，という3つの選択肢しかない。この点を踏まえ，社会保障に住宅政策を位置づけ，住まい方も選択できる制度の実現が，

大きな課題である。そのため，介護・医療は，地域と住まいへの複眼的アプローチが必要となる。

　住む場所の確保という差し迫った重要な課題への対応を政策的に進めなければならない一方で，10〜20年先を見通した地域共生社会を築く仕掛けを作らなければならない。医療・介護に携わる人々が新たに目を向けなければならないのは住民教育である。医療・介護・行政が連携しても，すべてを支えるには限界がある。地域で生活していく以上は，コミュニティが形成されなければならない。住民一人ひとりが自覚を持つことで，持続可能な地域共生社会が築かれていくのが一番良い。このためには，自分たちの地域は皆で育てるという住民側の思いや意見を，医療・介護側も取り込んでいくことである。地域ではどのような医療・介護が受けられ，どんな住まい方をしているのかについては，特に病院の退院支援部門や医療ソーシャルワーカー（Medical Social Worker：MSW）が最も知らなければならない点である。

　元気な高齢者が地域コミュニティを下支えすることで，社会的弱者が減る可能性は高いと考えられる。また，社会的弱者が制度に基づかないインフォーマルな支援を受けることで，専門職集団が自分たちのフォーマルな支援環境を整備することも可能である。この2つを同時並行で進め，エンパワメント型の医療・介護を実現できるコミュニティを育成しなければならない。

　前述したように，「フレイル」の予防でも社会参加の重要性が重要視されるようになり，認知症の発症予防についても社会関係の豊かさが大きな要因であることが明らかになってきた（小長谷ほか 2013；Saito et al. 2018）。これらの知見から，生活機能の維持にとって生活環境の要因が重要であることは明らかである。そのため，現在，深刻な問題となりつつある単身世帯の急増に対し，「ホームホスピス」のように「とも暮らし」ともいうべき居住のあり方の模索が，すでに始まっている。普段は在宅，時々病院というこれからの医療のあり方を考えると，在宅の充実が介護・医療のあり方にも影響する。住まいと住まい方に，介護・医療は直接介入しなければならないのである。

（6）介護・医療の一体的改革の必然性

　日本における医療及び介護の提供体制は，世界に冠たる国民皆保険を実現し
た医療保険制度の創設（1961〔昭和36〕年）から60年目を迎え社会に定着した
介護保険制度の下で，着実に整備されてきた。しかし，高齢化の進展に伴う老
人慢性疾患の増加により疾病構造が変化し，医療ニーズについては，病気と共
存しながら生活の質（QOL）の維持・向上を図っていく必要性が高まってきた。
一方で，介護ニーズについても，医療ニーズを併せ持つ重度の要介護者や認知
症高齢者が増加するなど，医療および介護の連携の必要性はこれまで以上に高
まっている。特に認知症への対応については地域ごとに認知症の状態に応じた
適切なサービスの提供の流れを確立し，早期からの適切な診断や対応などを行
わなければならない。また人口構造が変化していく中で，医療保険制度および
介護保険制度については，給付と負担のバランスを図りつつ，両制度の持続可
能性を確保していくことも重要となる。

　こうした中で，医療および介護の提供体制については，サービスを利用する
国民の視点に立って，ニーズに見合ったサービスが切れ目なく，かつ効率的に
提供されているかどうかという観点から再点検しなければならない。また高齢
化が急速に進む都市部や人口が減少する過疎地等においては，それぞれの地域
の高齢化の実状に応じて，安心して暮らせる住まいの確保や自立を支える生活
支援・疾病予防（医療保険者が行う高齢者の医療確保に関する法律第18条１項に規
定される特定健康診査などの保健事業も含む）・介護予防等との連携も必要である。

　このように，利用者の視点に立って切れ目のない医療および介護の提供体制
を構築し，国民一人ひとりの自立と尊厳を支えるケアを将来にわたって持続的
に実現していくために，医療及び介護の総合的な確保・一体化を推進しなけれ
ばならない。

3　高齢者介護の課題を提起する

　本節では，自立と尊厳のある社会を目指すにあたり，問題となる点について
考察する。その前に，まず，その社会について理解しておく必要がある。

人生の最期まで，個人として尊重され，その人らしく暮らしていくことは誰もが望むことである。このことは介護が必要となった場合でも同じであり，また仮に認知症の状態になったとしても，個人として尊重されたい，理解されたいという思いに変わりはない。そうした思いに応えるために，自分の人生を自分で決め，また周囲からも個人として尊敬される社会，すなわち，尊厳を保持して生活を送ることができる社会を構築していくことが必要となる。高齢者介護においても日常生活における身体的な自立の支援だけではなく，精神的な自立を維持し，高齢者自身が尊厳を保つことができるようサービスが提供される必要がある。介護保険は，高齢者が介護を必要とすることになっても，自分の持てる力を活用して自立して生活することを支援する自立支援が中心に位置づけられている。

（1）介護保険施行後の高齢者介護の現状
──軽度レベルの要支援・要介護者の増加

　介護保険制度が施行されて3年後の2003（平成15）年には，各市町村で初めての介護保険の見直しが行われ，また国においても介護報酬の改定を行うなど制度導入後の一つの節目を迎えた。

　介護保険制度の導入により，要支援・要介護認定を受ければ，行政を介することなく利用者がいつでもサービスを直接利用できるようになり，サービスは利用しやすくなった。また，この制度は高齢者の自立を社会全体が協働して支える仕組みであり，その公的な性格を十分に踏まえ，制度を維持するために必要な節度とモラルを利用者，事業者双方が持たなければならない。

　さらに，定期的に要支援・要介護認定の更新が行われるため，被保険者の要支援・要介護状態の変化を時系列的に把握することができる。このデータを分析すると，要介護2以上の中・重症度に比べ，要支援，要介護1は要介護度が改善した割合が少ない状況である（厚生労働省編 2018b）。要支援は介護保険制度上，介護が必要となる恐れのある状態と位置づけられた上で保険給付の対象となることにより，介護が必要となる状態を予防することを目指しているが，初期の効果は表れていない（厚生労働省編 2018b）。こうした現状を踏まえて，

健康で生き生きとした高齢期を送るため，自助努力，互助の積極的介入や共助の仕組みも含めて，介護予防が十分に行われているかという問題や，要支援・要介護状態になった場合のリハビリテーションのあり方について検討が必要である。

（2）在宅生活が支えられない——居住型サービスと特定施設の利用の増加

　介護保険は在宅重視を一つの目標に掲げており，実際のサービス利用においても前述したように在宅サービスの伸びが著しい。しかしながら一方で，介護老人福祉施設の入所申込者が減少しつつあるも，いまだに100％以上のところが多い。高齢者自身は多くは在宅での生活の継続を希望している。虚弱化した時の住まいの形態に関する調査（内閣府編 2018g）では，高齢者の56.1％は介護が必要となっても現在の自宅（改築する，しないを含めて）で生活を維持していくことを望み，約5.5割を占めている。施設入所を希望する者は，特別老人ホーム（介護老人福祉施設）18.5％，サービス付き高齢者向け住宅14.3％，有料老人ホーム12.2％で，ほぼ4.5割である。高齢者が最期を迎える場所を見ても，かつての自宅での死亡に代わり，近年は医療機関の死亡率が増加し8割近くとなっている。一方，これらの内閣府の調査によると，万一治る見込みがない病気になった場合，最期はどこで迎えたいかという質問に対して，自宅の割合が約半数（51％）を占めている（内閣府編 2018f）。因みに，病院・介護療養型医療施設31.4％，特別養護老人ホーム・有料老人ホームなどの福祉施設7.5％，サービス付き高齢者向け住宅3.0％である（内閣府編 2018g）。

　以上のような介護サービスの利用実態，高齢者が最期を迎える場所の状況を見ると，在宅サービスを希望する高齢者が，在宅生活を続けられない状態にあることが分かる。一方で介護保険制度が始まって，新たな介護サービスの動きが起こってきた。これは現在の介護サービス体系を考え直す契機ともなる。

　その一つが居住型サービスというべき形態のサービスの利用の伸びである。介護保険制度で新たに特定施設入居者生活介護（以下，特定施設）というサービスの類型が創設されたが，後述する認知症高齢者グループホームと同様に利用が伸びている（厚生労働省編 2015b）。特定施設は介護サービスを提供する体

系の整っている集合住宅であり，一定の設備，人員を有する介護付き有料老人ホームとケアハウスが，これに該当する施設である。そして，高齢者の居住に関する制度的対応から見ても，高齢者の要介護期の暮らしとして居住型サービスへの関心が一層高まっている。

（3）ケアマネジメントと介護サービスの現状

　介護保険制度により，新たに導入されたのが今までに何度か取り上げてきたケアマネジメントである。これは高齢者の状態を適切に把握し，自立支援に資するサービスの総合的，計画的に提供するための仕組みであり，介護保険制度の中核となるものである。しかし，高齢者の状況を判断する情報が十分でないため，適切で効果的なサービス提供が行われていないとの指摘がある。実態としても1種類のサービスのみのケアプランが作成された利用者が半数にも上り（厚生労働省編 2018b），必要なサービスが適切に提供されているのか疑問が残る。また，サービスを提供する担当者などの介護の方針を設定し，共有する場であるケアカンファレンスの開催も十分に行われておらず，担当者が同じ認識の下で総合的に自立支援のためのサービス提供が行われているかについても疑問がある。

　さらに，介護保険制度を導入以後，介護サービス事業者は大きく増加した。しかし，利用者がそれを選ぶために必要な情報が十分に提供されていない。たとえば，事業者が提供するサービスの善し悪しを判断する材料ともなる第三者評価については，一応，各自治体などで行われているが，その指標は様々であり，すべてのサービスをカバーしているというものでもない。サービス事業者による不正請求などによる事業者の指定取り消し件数も増加している。もっと標準化ならびにレベルアップした介護施設・在宅ケア第三者評価機構が必要と考えられる（本章第1節（7）参照）。

4　未来型の包括的介護ケアの実現に向けて

（1）尊厳を基盤とする介護

　これからの目指す高齢者の尊厳を支える介護を確立していくために，高齢者介護の現状を踏まえて，そこから導かれる課題を明らかにした上で，高齢者介護のあるべき姿の実現に向けて，その課題を解決するための具体的な施策を履行していく必要がある。介護保険施行後，高齢者介護における尊厳を尊重した支援の実現のための方策として，次の4つが挙げられる。

　　①　介護，予防，リハビリテーションの充実。
　　②　生活継続性を維持するための新しい介護サービス形態の確立。
　　③　認知症と看取り高齢者ケアに関する新しいケアモデルの確立。
　　④　サービスの質の確保と向上。

　また，これらの4項目は構造的には一見，直接に関連していないようであるが，まとめると尊厳を支えるケアの確立に向けての具体的な方法となる。そして，介護保険制度がその中で中心的な役割を果たすことが期待される。しかし，あらゆる課題すべてが，介護保険制度で解決されるものではない。

（2）実現に向けての実施規範
——尊厳を支える施設ケアの確立への方策の必然性

　これらの課題への対応については現在の高齢者介護の体系，ケアのあり方の転換も必要であり，一挙一様に実現できるものではなく，実現に向けての一定の時間が必要である。

1）介護予防・フレイル予防対策——リハビリテーションの充実

　長生きをして幸せに生きることは人類の夢である。介護が必要な状態にならない，たとえ介護が必要となってもできるだけ軽い状態で最期まで自分らしく生きることは，私たちの共通の願いである。これからの高齢者は介護が必要な

状態にできるだけならないようにするよう，高齢期に入る前から心身の健康についての知識を深めることを含めて，健康づくりに努め，十分に備えておく必要がある。

　これまで地域，社会における高齢者相互の助け合い，担い手は女性が主であったが，今後は地域，社会での助け合いの仕組みに性別を問わず，地域に住む高齢者が積極的に参画することが望まれる。社会参加・社会貢献・就労・生きがいづくり・健康づくりなどの活動は，介護予防につながるものである。介護予防の推進という観点からは介護予防を広く概念としてとらえ，こうした様々な活動を社会全体の取り組みとして進めていくことが必要である。

　①　リハビリテーションの意義

　リハビリテーションは単なる回復訓練と捉えられがちであるが，本来の意味は，権利，資格，名誉の回復であるともいえる。つまり，障害のために人間らしく生きることが困難な人が，人間らしく生きる権利を回復するための「営み」ともいえる。それゆえ，単にこれまでできたことをできるようにするという個々の生活への復帰ではなく，より積極的に将来に向かって新しい人生を創造していくという意味合いも含まれている。また，リハビリテーションは生命・生活・人生のすべての側面に働きかけ，その人の持つ潜在能力を引き出し，生活上の活動能力を高めていくことであり，それにより豊かな人生を送ることが可能となる。したがって，それはいかに重要であるか理解できよう。

　②　介護サービスとリハビリテーション

　介護サービスの観点からリハビリテーションをみると，これは，高齢者の心身機能や日常生活における様々な活動の自立性をより高めるための支援といえる。そして，自立していない活動については，他の介護サービスなどで補うという補完関係という考え方を持つことも必要となる。

2）在宅での生活を維持するための新しい介護サービスの体系

　通常，私たちは自宅で生活している。自宅とは自分たち自身が主人公である世界である。自宅であれば介護が必要となった場合でも，人は，自分自身で立てたスケジュールに沿って日常生活を営むことができる。朝何時に起きるかは自分の自由であるし，食事を摂るか摂らないか，何を食べるか自分自身で決め

ることができるのである。つまり，自宅で生活するとは，自分らしい生活を続けることが可能であり続けるということである。

　介護が必要になった時に様々な事象から住み慣れた自宅を離れ，家族や友人たちとも別れて遠く離れた施設に移る高齢者も多い。現在の在宅サービスだけでは生活を維持・継続できない，あらゆる介護サービスを受けるには不便な住環境であるといった理由から，在宅での生活をあきらめて施設へ入居していくことが一般的である。

　目指すべき高齢者介護とは，介護が必要となっても自宅に住み，家族や親しい人々とともに不安のない生活を送りたいという高齢者の願いに応えること，施設への入居は最後の選択肢と考え，可能な限り住み慣れた環境の中で，それまでと変わらない生活を続け，最期までその人らしい人生を送ることができるようにすることである。

　施設入居者は，施設の中で自分の役割，存在意義を見失い，自立への意欲や人生に関する関心を失った状態に陥るリスクが比較的高いように思われる。施設に入居した場合でも，施設での生活を限りなく在宅での生活に近いものにし，高齢者の意志，自己決定を最大限尊重したものであるよう，以下の3点を踏まえ施設におけるケアのあり方を見直していく必要がある。

　①　施設機能の地域展開

　24時間介護スタッフが常勤し，緊急時にも対応できるという365日24時間の安心を提供する施設機能は，在宅の高齢者にとっても有用な資源である。介護老人保健・福祉施設はこれまでも，中小介護事業所や，在宅介護支援センターを併設したり，地域交流スペースを設けて介護教室を開催したりするなどその機能を入居者以外の地域の人々にも提供してきた。また，ボランティアの受け入れを通して，施設を地域に開放し，入居者と地域住民との交流を図っているところも多い。

　②　ユニットケアの普及と施設における個別ケアの実現

　個別ケアの実現をするための手法として，介護老人福祉施設ではユニットケアを導入する施設が多くなってきた。まず介護老人福祉施設（小規模生活単位型）に導入，制度化され，介護老人保健施設や介護療養型医療施設（新しく

2018〈平成30〉年より「介護医療院」への転換が推奨されている）でも，ユニットケアを自主的に実施する施設が現れてきている。

　ユニットケアは在宅に近い住環境で，入居者一人ひとりの個性や生活のリズムに合い，また他人と人間関係を築きながら日常生活を営めるように介護を行う手法である。そのためには，個性や生活のリズムを保つための個室，他の入居者との人間関係を築くための共同生活室（スペース）というハードウェアが必要であり，同時に小グループごとに配備されたスタッフによる一人ひとりの個性や生活のリズムに合ったケアの提供，生活単位と介護単位との一致というソフトウェアを具現できる可能性が高いものといえる。

　また介護保険制度においては，介護老人福祉施設，介護老人保健施設ならびに介護・医療ケアの提供が可能な介護療養型医療施設（介護医療院）が，介護保険施設として位置づけられている。これらの施設でも，役割の明確化，ケアのオーバーラップ，そして施設における負担の見直しなどが求められる。また，地域包括ケアシステムの確立の中で施設ケアマネジメントの適切な実施と質の向上，様々なサービスのコーディネートも求められる。

　③　新しいケアモデルの確立——認知症高齢者ケアと看取り高齢者ケア

　身体上または精神上の障害により，要介護状態にある高齢者がその有する能力に応じ，自立した日常生活を行うことができるようにすることが高齢者介護の目的だが，現状は，要介護状態についての取り組みは遅れているといわざるを得ない。具体的には認知症高齢者のケアの確立が問題であり，この分野の取り組みを推進することは高齢者ケアモデル全体を新たな次元へ進展させることに他ならない。また，「認知症高齢者を取り巻く状況」「認知症高齢者の特性とケアの基本」「認知症高齢者のケアの普遍化」「地域での早期発見」「支援の仕組み」「サービスに関する情報と評価」「サービスの選択などの支援」「ケアの標準化」「介護サービス事業者の守るべき行動規範」「劣悪なサービスを排除する仕組みの必要性」「介護サービスを支える人材」「保険の機能と多様なサービス提供」といった項目は，すべて認知症高齢者ケアに必要となる項目である。

　また，施設高齢者の看取りケアは，在宅における緩和・終末期ケアも含めて病院の緩和ケア病棟に匹敵できるだけの質を持ちたいものである。しかし実際

には，緩和ケアに特化したスタッフと報酬の制限により，終末期ケアを含む緩和ケアの施設看取り加算は，介護保険で受与されるも，満足すべきものではない。

　他に，この①～③の３点以外にも，さらに，高齢者の在宅生活を支える施設の新たな役割，施設機能の地域展開，新しく開発されたユニットケアとその普及，施設機能の再整理も必要となる。

（3）高齢者介護施設による未来型 KAIGO への挑戦

　今後の介護には，ICT・AI ロボット・各種 AI センサー・介護の質のアウトカムを標準化した評価システム・介護の量の負担の効率化などを積極的に導入するとともに，それらを自由に駆使する人材の育成，そして良い職場環境の構築が必須となるであろう。いま，地域で支える介護は，どうしても医療が不可欠である。医療と介護の一体化が高齢者介護施設にはますます求められ，今の日本の複雑な医療・介護制度では，この一体化は今までと同様難しいが，恐らくこの複雑化した制度のより簡単な統合化が必要であろう。

　加えて，これからの介護の実現にはどうしても，さらなる医療・介護の連携強化，排泄や褥瘡予防等の基本的な介護の進化と確立，栄養ケア・口腔ケア・嚥下障害ケアの充実化，施設リハビリテーションの強化，ならびに施設看取りケアの充実，強化などに取り組むことが重要である。そして，在宅サービスの積極的推進，それと同時に介護・看護職スタッフの増員も不可欠である。

　2017（平成29）年，介護の未来をつくるべく，「平成29年度近畿ブロックカントリーミーティングin奈良」（２月27～28日）が開催された（奈良県老人福祉施設協議会編 2018)。すなわち，未来型 KAIGO 実現のための組織改革取り組み案が，その分科会にて次のようなテーマで討議されている。

　　①　業務戦略×制度・規制改革展開。
　　②　社会福祉法人×健康寿命の延伸。
　　③　人材戦略×投資。
　　④　未来型 KAIGO ×自立支援介護。

⑤　事業戦略×生産性向上（ロボット・ICT・AI・センサー）。

⑥　社会福祉法人×地域貢献。

⑦　人材戦略×働き方改革。

⑧　未来型 KAIGO ×ブランディング（ブランド化）。

　これらのテーマは，全国老施協21世紀委員会の企画として，これからの介護の実現のためのマネジメントの可能性についてである。意見は交わされたがその内容は報告されていない（全国老人福祉施設協議会編 2018）。しかし，これらのすべてのテーマは，まさに未来を見据えた重要なこれからの福祉施設介護の包括的方向性を示していると考えられる。

　少子高齢化・人口減少の進展により若年層の働き手が減少し，介護現場でも，人手不足による介護の質の低下，ひいては低収益化による経営維持の困難さの増大といった問題が生じているが，高齢者介護施設は，未来型の KAIGO に真剣に取り組まなくてはならない。上記の①〜⑧は，すべてこれからの介護における重要課題だが，まずは，多角的に収益性のある地域に根ざした事業展開を法人内で開始することが肝要であろう。この未来型 KAIGO をめぐる議論は，高齢者介護施設のこれからのあり方と方向性に関して学ぶところが多い。

　人材育成には積極的に介入し，いかに多くの有能な人材を得ることができるか，また実践力のある優秀な人材になるよう OJT 等を駆使して，職員と関わる事が経営者に求められる。さらに必須となるのは各種ハイテク介護福祉器具，特に AI を備えた人型ロボットとセンサーの利用，そして ICT を駆使した日常業務の簡純化である。今，この迅速な投資と事業戦略の再検討が最も重要であり，ケアの質の向上，少なくとも，その維持のためには必須である。この実現のために，経営的に苦しくても忍耐して達成しなければ，施設居住者と施設ケアギバー（提供者）双方に満足感と働く生きがいを与えることはできないことになる。介護ケアの選ばれる究極の価値を提供する新しい手法の導入を願いたいものである。

（4）内容の充実性が問われる高齢者介護施設

　前項で「未来型 KAIGO」について言及したが，このような新たな介護モデルを実現させるためには，現状では様々な問題が山積している。この問題を乗り越えるための視座・方法等を，以下のように考えている。

1）ケアの質の維持と向上の7つの必須条件

　地域包括ケアシステムにおいて介護・医療（看護を含めて）を提供する高齢者介護施設では，「第2の自宅」としての生活の場としての介護ケアと在宅医療の場としての医療ケア，すなわち，介護・医療の一体化が求められる。このような場でのケアの質の維持・向上のためには，次の7つが必須条件となる。

　　①　緩和ケアなくして高齢者介護・医療はない。
　　②　認知症ケアなくして高齢者介護・医療はない。
　　③　リハビリテーションなくして高齢者介護・医療はない。
　　④　口腔・嚥下・栄養ケアなくして高齢者介護・医療はない。
　　⑤　老年症候群のケアなくして高齢者介護・医療はない。
　　⑥　老化予防プログラム（介護予防）の実践なくして高齢者介護・医療はない。
　　⑦　個々の「やすらぎ」の生活の場なくして高齢者介護・医療はない。

2）施設に問われる最も必要な運営マネジメント

　推奨されるのは，8S 導入である。8S とは，一般の日本企業での業務機能の質の効率化によく導入されている5S（整理〔Seiri〕・整頓〔Seiton〕・清掃〔Seisou〕・清潔〔Seiketu〕・しつけ〔Situke・人間の尊厳・自立／自律〕）に，筆者が勘案した3S（接遇〔Setugu〕・節約〔Setuyaku〕・成長〔Seichou・職員プロ教育〕）を追加した運営マネジメントに必要な条件を一語で表現したものである。

　この8S の実践が継続的に行われる事が前提だが，転倒・転落の防止と誤薬対策を徹底化のための全員参加型介護施設医療安全対策の積極的導入やインフェクション・コントロール・チーム（ICT：Infection Control Team・施設感染管理委員会）による施設感染管理が，特に重要である。このたびの新型コロナウ

イルス感染症のパンデミック拡大による高齢者施設ケアの対応と変容の経験からもその必要性を理解されたと思う。また，この8Sの取り組みにおいては，すべてのスタッフの中断なき啓蒙活動と効果判定システムの積極的介入が望まれる。

3）地域福祉の拠点としての施設機能

これからの高齢者介護施設は，地域住民の真の幸福の実現のために自立支援を積極的に推進し，「あなたがあなたらしく過ごせる」ために，地域の介護福祉拠点としての中核的存在たりえるための努力が求められている。そのため，以下のような点の実現に向けた取り組みを推進しなければならない。

① 介護保険制度の基本（自立支援）機能の強化。
② 預かり施設からの脱却。
③ 地域介護の拠点ならびに循環型高齢者介護施設への転換。

したがって，高齢者介護施設の基本姿勢は，まず私たちはすべての利用者に癒し・優しさ・安らぎを提供し，信頼をいただき，そして生きがい（生きる価値，感謝，そして明日への希望）を持って人生を歩んでいけるよう，積極的に支援していくことである。そして，このためには，高齢者のための国連原則を基盤とした目配り・気配り・心配りによる包括的ケアが大切になってくる。

4）多職種包括的ケアの必要性

高齢者介護施設における EBM（Evidence-based Medicine）に基づく科学的施設介護への多職種による協働・挑戦として全国老人福祉施設協議会が提言しているように，前述した少なくとも6つのゼロ（おむつゼロ・胃ろうゼロ・骨折ゼロ・拘束ゼロ・褥瘡ゼロ・感染ゼロ）の実現を目指した取り組み，そして5つの自立支援（認知症ケア，リハビリテーションケア，口腔・栄養ケア，排泄ケア，看取りケア）（全国老人福祉施設協議会編 2016）などが最も大切な連携ケアとなる。

また，現在，進化しつつある ICT と各種 AI を駆使した介護ロボット・センサーの現場への積極的導入と実用化も必須である。これらは，介護福祉士のケアの質の向上と負担軽減になる。また一方では，介護予防として日常のストレ

ッチ，リハ体操療法など習慣化されるべきであり，たとえば，筆者は施設脆弱老人にできる1日2〜3回の1分スロー・ストレッチ呼吸リラックス療法を導入している。要は施設入居者に簡単で負担のかからない，しかも楽しい療法が長続きし効果を上げる。

5）看取りケアの充実と質の向上

介護施設の中でも，特に看取りを重要な役割の一つと考えられる看取りは，筆者の長年の経験からいえば，まだ終末期ケアの感動・幸福感を与えるような満足すべきレベルではないケースが多い。また施設スタッフによって，その力量に大きな差がある。プロとしての緩和ケアスキルに基づき，逝く人やそのご家族に寄り添って，人間的思いやり，共感，優しさが行為として示された支援を提供できる職員数を増やすのが重要だが，これは大変難しい。マニュアルはあっても実行は難しいからである。

施設スタッフ（介護福祉士，施設看護師）の緩和ケア（ターミナルケアに対する姿勢も含めて）がまだ消極的アプローチであり，もっと積極的な学習・研修が必要であろう。「納得できる緩和・終末期ケア」とは，本人は勿論，家族ばかりでなく，介護ケアスタッフ自身にも納得できるものであるといえる。また一方では，施設の医療は主核ではないが，施設入居者を苦痛なく平穏に逝くにはどうしても医療が求められる。必要時には，点滴療法，酸素療法，吸引処置などは必須である。しかし，緊急薬剤は経静脈，経皮注でなく，経口的，皮膚貼付的，経直腸的に投与できるものが原則となる。その種類も少数でよいので，それらは，備蓄していなければならない。

最期の棲家としての機能を持つ施設では看取りケアが中核の一つとなり，その充実と質の向上が重要となる。そして，第三者（行政の定期的監査ばかりでなく，外部の介護エキスパート，入居者の家族，施設リーダーたち，他の職種の同僚など）によるその評価システムの導入も必要である。

6）介護福祉士と看護師の密接なケアの連携のさらなる向上

介護福祉士と医務室看護師の連携，すなわち報告・連絡・相談は重要である。施設は介護福祉士を中心とした職員で構成され，入居者一人ひとりの身体的問題の記録・報告は必須だが，この点においてプロフェッショナルな的確さ・観

察力が不十分な場合がある。やはり直接，施設医などによる回診時や頻回の看護師との連絡会を利用して情報の共有は勿論，その上で迅速な予防的・非薬物的対策，さらに可能であるならば簡単な薬物的対策も的確に理解し，看護師が不在でも，ある程度は対応できる能力が求められる。そのためにも職種間の連携をもっと強化して，積極的な介護福祉士側と看護師側双方の協働を推進しなければならない。現に，さまざまな施設ではこの問題の重要性を理解して，ここ数年でこれらの内容にも改善がみられているが，この連携業務の内容と効果について，第三者のエキスパートによるエビデンスに基づく評価がなされるべきである。

7）介護福祉士・ホームヘルパーの質のさらなる向上

現場の第一線で働く介護福祉士・ホームヘルパーには，「思いやりのこころを中核とした精神」と「プロとしての技術的な質」が求められる。しかしながら，筆者の現場経験からいえば，前述したが，この点において個人差がとても大きく，「標準化」しているとはとても言い難いのが現状である。そのため，入居者の体調失調，身体所見の観察や分析も不十分である場合が多く，したがって報告内容レベルのばらつきもとても大きなものになる。その結果，他の専門職が判断を誤り，重篤な事態を生じさせる，という事態が生じる事も増える可能性がある。

現場では直属の上司・先輩職員が指導にあたるものの，指導にあたる者も様々な要因により，適切な指導が難しい場合もよく生じている。そのため，OJTの現場へのさらなる導入もさることながら，本章第1節（7）にも掲載したが，この点においても，第三者のエキスパートによるエビデンスに基づく評価がなされるべきであると筆者は考えている。

8）施設職員の人材の質と配置数の問題

たとえば，現在の介護老人福祉施設人材配置基準では，看護師・介護福祉士・ヘルパーによる入居者ケアについては全く満足できるものではない。特に，ユニット施設では，その必要性を強く感じる。人材の質はもちろん量の不足に起因するところがより大きい。特に報酬の面での介護福祉士待遇改善政策はまだまだ必要であろう。加えて，それ以外の満足をもって働ける，そして個々の

プロフェッショナルに成長していける対策も積極的に，また総括的に行政ならびに施設レベルで求められる。

9) 施設リハビリテーションケアシステムの問題

高齢者介護施設（特に介護老人福祉施設）では，リハビリテーション（リハビリ）サービスの充実が急務となっている。居住者のリハビリの治療内容，それぞれの回復目的によるリハビリ介入の種類，施設でのリハビリ補助器具（自助器具を含めて）の種類と使用頻度，マッサージ療法の種類も多くない。1回の治療時間，週何回，1日平均何例可能かということも的確に把握しなければならないが，現状は把握できていないケースが散見される。現実的には，100人入居できる施設では1週間で全員の個別的生活維持リハビリだけで平均1人10分～15分間となる。必要優先順の個人強化リハビリは，ほとんどできない。業務報告書も改善が必要である。入居者のリハビリは，漠然とした介護福祉士の要請によって行われる場合が多く，生活リハビリ訓練療養士はただ自動的に全員の個別リハに追われているのが現実である。

しかし，必要性のある優先順位で個人強化リハビリの時間設定と集団リハビリも入れて効果よく実施しなければならない。現施設基準では，生活リハ訓練療養士は，PT（理学療法）・OT（作業療法）・ST（言語・聴覚療法）セラピストでなくてもよく，柔道整復師かマッサージ師が普通である。一般的に入居者のリハビリ適用基準をはじめ，中止基準，終了基準，そしてフォローアップの方法に関する適切なマニュアルが作成されていない。

また高齢者介護施設（特に介護老人福祉施設）におけるリハビリの施行状態は非常に限界があり，もっともっと積極的なリハビリの介入のためにリハビリ療法士の人数が，まずは揃わなければならない。前述のごとくリハビリを行うリハビリ療法士に柔道整復師が多いのであるが，彼らの徹底的な教育とその管理システムが整備されなければならない。作業室の整備とまた各種リハビリ補助器具も早急に整えなければならない。そして，それぞれのリハビリ効果判定（評価）が，施行されていないのも今後の課題となる。

10) 施設医療ケアの問題

高齢者介護施設の入居者の超高齢化・身体的重症フレイル化（介護老人福祉

施設では要介護度3以上），老人症候群の重症化，さらには重症認知症化の経時的増加により，まさに医療ケアなくしては，介護ケアだけでは続けることが非常に難しくなってきた。この医療・介護の一体化が，至急の必須課題となっていることは，すでに述べた。医療連携だけでは，到底ケアの質を保障できない。高齢者介護施設，特に介護老人福祉施設は，介護医療病棟（新しい介護医療院）化しており，これらの施設の医療行為の緩和，拡大が求められる。

　また，このような医療と介護の一体化の視点から考えると，この介護度3以上の多慢性疾患と多薬服用の脆弱後期高齢者が圧倒的に多い介護老人福祉施設内医務室の医療行為の拡大が急務であるといえる。現時点も含めてこれまでの医療行為は，極端に制限されている。前述したように，この施設は最期の看取りの棲家でもある。突然，病状が悪化し昼夜に関係なく病院へ救急搬送される事も多い。さらに，外部医療機関クリニックへの定期的外来診療も多い。このような事態にできるだけ施設内で対応するためにも，この医務室の診療所レベルに近い診療整備の充実が求められる。

11）外国人介護スタッフ・退職高齢者の積極的登用

　前述したように，近い将来，介護人材不足と超高齢化の進行という2つの要因により，介護サービスが提供されなくなる可能性がある。そのため，外国人介護技能実習生，外国人介護ヘルパー・サポーターの充実が，緊急に求められる。そして就職を希望する健康で活き活き退職高齢者の健老力の利用・支援（介護事務・ケアサポーターなど）の積極的拡大も，進めなければならない。

　以上，高齢者介護施設（介護老人福祉施設も含めて）のこれからの進む方向性を述べた。

　時代は，今まで以上に速く進化しつつある。IT（情報技術）とBT（生物学的技術）の融合が可能となり，介護ケアの分野にも直接影響を与え，私たち人間以上に機能があり学習のできる（deep learning）人工頭脳（AI）を持つ各種介護ロボット・センサー，特に介護スーパーヒューマンロボットの登場もそんなに遠くはないと考える。そして新しい革新的技術システムの導入に対応するために，新しい人生哲学や新しい介護のコンセプトを持たなければならない。

5　包括的高齢者ケアとミクロ地域活性化——社会福祉法人市原寮の挑戦

　本節では，地域包括ケアシステムの中での高齢者ケアとミクロ地域の活性化に積極的に取り組み，成果を挙げつつある事例を紹介する。筆者は，この社会福祉法人市原寮（以下，市原寮）の運営マネジメントを直接見聞し，一部それを支える役割も担ってきた。

（1）市原寮の歴史と全体像
　市原寮は，1964（昭和39）年に京都市左京区市原に，京都市で初めての特別養護老人ホームとして開設された。現在，京都市内で介護老人福祉施設（特別養護老人ホーム）を核に高齢者対象の地域包括ケア体制下で組織化された複合高齢者ケアグループである。京都市内に散在する5カ所の介護老人福祉施設（市原寮・花友はなせ・花友しらかわ・花友にしこうじ・花友いちはら），サービス付き高齢者向け住宅（サ高住），養老施設，地域包括支援センター，介護予防推進センター，デイサービス（花友じゅらくだい），通所・施設介護リハビリテーションサービス，有料老人ホーム，訪問介護，小規模多機能型居宅介護などを運営するとともに，3つの小診療所と福祉・医療国際研究センターも付属併設している。そして，このような多地域に展開するケアサービスを，住み慣れた地域での在宅生活の継続支援も行っている（図表3-8）。なお法人市原寮の基本理念は，「明日への希望と喜び」だが，その運営規範は，「高齢者のための国連原則」である。
　図表3-8は，当グループにも適用できるこれからの介護老人福祉施設の地域包括支援体制でのあり方を示している。

（2）地域福祉ネットワークの拠点として
　市原寮では，これからの高齢者介護施設の経営は，地域包括ケアシステムの中でその地域での存在のあり方が問われている点を踏まえ，以下のような地域住民のためのサービスを展開している。これは，介護老人福祉施設を中心とし

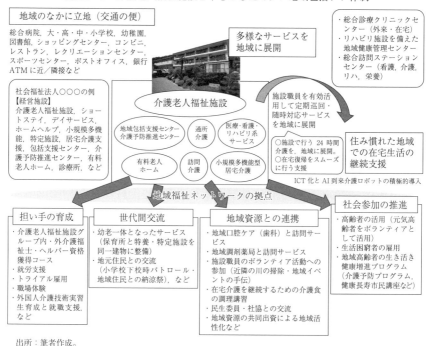

図表3-8　介護老人福祉施設を中心としたミクロ地域包括ケア体制

地域のなかに立地（交通の便）

総合病院，大・高・中・小学校，幼稚園，図書館，ショッピングセンター，コンビニ，レストラン，レクリエーションセンター，スポーツセンター，ポストオフィス，銀行ATMに近／隣接など

多様なサービスを地域に展開

・総合診療クリニックセンター（外来・在宅）
・リハビリ施設を備えた地域健康管理センター
・総合訪問ステーションセンター（看護，介護，リハ，栄養）

社会福祉法人○○○の例
【経営施設】
介護老人福祉施設，ショートステイ，デイサービス，ホームヘルプ，小規模多機能，特定施設，居宅介護支援，包括支援センター，介護予防推進センター，有料老人ホーム，診療所，など

介護老人福祉施設

地域包括支援センター 介護予防推進センター

通所介護

医療・看護・リハビリ系サービス

有料老人ホーム

訪問介護

小規模多機能型居宅介護

施設職員を有効活用して定期巡回・随時対応サービスを地域に展開

○施設で行う24時間介護を，地域に展開。
○在宅復帰をスムーズに行う支援

住み慣れた地域での在宅生活の継続支援

ICT化とAI到来介護ロボットの積極的導入

地域福祉ネットワークの拠点

担い手の育成
・介護老人福祉施設グループ内・外介護福祉士・ヘルパー資格獲得コース
・就労支援
・トライアル雇用
・職場体験
・外国人介護技術実習生育成と就職支援，など

世代間交流
・幼老一体となったサービス（保育所と特養・特定施設を同一建物に整備）
・地元住民との交流（小学校下校時パトロール・地域住民との納涼祭），など

地域資源との連携
・地域口腔ケア（歯科）と訪問サービス
・地域調剤薬局と訪問サービス
・施設職員のボランティア活動への参加（近隣の川の掃除・地域イベントの手伝）
・在宅介護を継続するための介護食の調理講習
・民生委員・社協との交流
・地域資源の共同出資による地域活性化など

社会参加の推進
・高齢者の活用（元気高齢者をボランティアとして活用）
・生活困窮者の雇用
・地域高齢者の生き生き健康増進プログラム（介護予防プログラム，健康長寿市民講座など）

出所：筆者作成。

たミクロ地域包括ケア体制を構築し地域住民の生活全体に対するサポートを実現するだけでなく，「高齢者のための国連原則」を基盤とした「街づくり」の実現を志向した方向に進められている取り組みである。

① 地域で多様なサービスを展開して，住み慣れた地域での在宅生活の継続支援も行っている。たとえば施設職員を有効活用して，京都市北部に位置する山間地区（左京区花背）の高齢者たちの定期巡回，随時サービス（食事配膳・健康管理・高齢者訪問介護ケアなど）を提供している。今後，さらに活動地域を広げ，これからの事業としてこの最奥山間地域（左京区久多・広河原など）での実施も構想している。

② 担い手の育成・就労支援の一環として，介護老人福祉施設グループ内

外の希望者のために介護福祉士・ホームヘルパー資格獲得コースを設置したり，外国人介護技能実習生の育成と就職支援などのためにトライアンド雇用や職場体験などを実施している。

③　社会的交流の促進のために，幼老一体サービス（保育園と介護老人福祉施設を同一建物に整備）を提供したり，地元住民との交流を深めるために，施設職員のボランティア活動（懇談会・納涼祭，隣近の海辺，湖畔，川，道の掃除，地域イベントの手伝いなど）に積極的に参加している。

④　地域口腔ケア・歯科訪問サービス，地域調剤薬局の訪問サービス，そして在宅介護を継続するための介護食の調理講習，地域高齢者の健康栄養教室などを開催して，地域住民の健康維持に貢献することや，民生委員，社会福祉協議会（社協）との密接な協働が取れるよう，定期的に多職種連携会議を開催し，多種多様な地域資源と密接に連携するための取り組みを進めている。

⑤　地元住民の社会参加を推進するために，健康な高齢者がボランティアとして活躍できる場の設定，生活困窮者の雇用，地域高齢者のためのいきいき健康増進・介護予防プログラムの開催といった取り組みを行っている。

（3）市原寮の特徴的な取り組み

現在，市原寮では以下のような特徴的な組織・事業活動をしている。以下，組織・事業別に解説する。

①　福祉・医療国際研究センター

2010年に，国際的視野に立って地域社会に貢献することを目的として設立された。福祉・医療ケアの向上，介護・医療の連携またこれからの介護施設のあり方と質の評価，栄養士の栄養教育，栄養指導者の育成，高齢者難病医療相談，外国人介護技術実習研修生の受け入れと研修教育などを積極的に行っている。法人市原寮高齢者介護福祉施設グループにおける介護量負担軽減と介護の効率化のための各種介護ロボット・センサー，利用者コミュニケーションロボットならびに介護着用センサーの施設内応用テストの提案と施行もその事業として

いる。また，健康長寿推進プログラムの導入，福祉・医療領域テーマトピックスセミナー，出版などの活動もしている。

② 食育サロン

介護予防に役立つ高齢者栄養食，抗加齢食，抗老化新調理の研究，啓蒙活動（講演，セミナー，カンファレンスなど）に取り組んでいる。また，環境食文化領域にも介入し，それに関する著書を出版している。

③ 介護職員養成研修事業

ケアスクールじゅらくだい，ホームヘルパー2級教程を提供して，法人内は勿論，地域の希望者にこれらの資格の獲得を支援している。

④ 「ギャラリーじゅらくだい」

このギャラリーはデイサービス利用者，家族，職員，地域の方，学生，一般の方などどなたでも気軽に活用ができ，入場料は無料となっている。喫茶コーナーも設置されている。

また法人市原寮の組織とは別に，一般社団法人国際高度人材開発センターが関連事業として運営され，外国人（東南アジア）介護技術実習研修生の受け入れと研修教育プログラムが現在進行中である。さらに法人市原寮は互いに地域社会的関係を築き，自立的な日常生活を営むことを支援することも目指している。施設は地域や家族との結びつきを重視したケアを行い，市町村，居宅介護支援事業所，居宅サービス事業所の介護保健施設およびその他の保健医療サービスまたは福祉サービスを提供する団体との密接な関係の構築に努めている。

（4）地域活性化への挑戦的試み

「地域活性化への挑戦的試み」として，現在3つのプロジェクトが進行中である。1つ目はKyoto市原・花背（KIH）統合IT地域複合農園型プロジェクトで，介護老人福祉施設を中心とした地域活性化を目指している。2つ目はこの複合農園型プロジェクトを含んだ統合花背地区「町おこし」活性化プロジェクトで，3つ目は法人市原寮福祉・医療国際研究センター企画の在宅型高齢者持続ケアモデルCCaH（Continuous Care at Home）プロジェクトである。以下，

この3つのプロジェクトに関して解説する。

1）医福食農協働連携事業プロジェクト

①　プロジェクトの概要

Kyoto 市原・花背（KIH）統合 IT 地域複合農園型プロジェクトで，生涯現役・サクセスフルアクティブエイジング CCRC（Continuous Care Retirement Community：持続ケア型退職者コミュニティ）ビジネスモデルとして実現へ目指す事業である。施設入居・利用者と地域住民（アクティブシニアを含めて）の積極的協働によるミクロ地域全体を巻き込んだ医福食農事業連携の新ビジネスモデルの企画・実践を行い，地域ヘルスケア産業協議会の設置，すべての参加者の協働による生涯現役・活き活き健康長寿を目指した地域ネットワーク作りで健康長寿延伸のための産業ビジネスモデルを地域創生の主核とする。したがって，このプロジェクトは，法人市原寮の介護老人福祉施設グループの地域医福食農連携推進の一環として地域住民と施設入居・利用者の生涯現役・活き活き健康長寿を目指す新しい地域創生事業のビジネスモデルでもあるといえる。

加えて，これらの取り組みは，総合土壌マイクロバイオーム制御システムによる食糧生産イノベーションの実現に向けての一環となる。農産現場において，肥料を減らして収量維持と増収，植物体中の硝酸塩の蓄積を抑制ならびに農地の環境負荷の低減が実現できるのではないかと期待されている。

このIT農園のモデル第1号が，現在，上記の市原寮施設内敷地にて「根活力アグリいちはらファーム」として事業を開始している。

②　コンセプトと基本方針

健康長寿を延ばすスマート・ライフ・プロジェクトとして，ミクロ地域住民と施設入居・利用者で新しい総合IT農園を経営して，各々参加者の健康長寿と活き活き生涯現役のライフを全うするように医福食農事業を起こし健康時から医療・介護を必要とする時期，そして看取りまで地域で最後まで満たされて，安心して最後の棲家になるように全ての生活をサポートする，というのがコンセプトである。

③　農園事業内容

　各医療・介護施設，家庭で捨てる生ごみを有機肥料土に変えて，収益性のある農業を企業化する。その作った土で個人所有の畑，法人のハウス温室でのプランター栽培，また同じ土で美味しい収穫性のある稲，野菜，果物，花栽培の一般耕作農業も導入する。

　　肥料・農地と栽培方法　　微生物の激減土壌からいのちを育む豊かな土壌に変換する土地づくりをバイオ細菌発酵機で行い，そして環境制御ハウスにてこの発酵土壌と色々の種からの苗作り，その苗を販売する。主に施設，家庭での農産物収穫へのプロセスとなる。

　さらに，この堆肥は，畜産現場における腸内マイクロバイオーム制御の一環としての役割があり，使用投与によって腸内細菌叢を改善，臭気の劇的改善／事故率の低下，免疫系への働きかけ，などの事業展開も可能となる。

　また市原寮環境改善室による指導と促進のプロモーションによって，法人ハウス温室にて，プランター栽培，水，温度，湿度管理をしている。さらに，協働する農家の普通の農地にても同様の農法を指導している。

　　農作物の活用・販売法　　収穫された農産物は，施設での自給分も含めて地域で一括して地域住民農園推進協議会を通して販売される。その利益は，透明性と公正性を保った上で分配される。

　　介護・高齢者の社会参加につなげる　　健康に恵まれた地域住民は，それぞれの希望によって提供されるIT農園で農業事業に就労する。希望者は彼らの個人所有の畑を基に独立して経営することも可能で，その場でも，それぞれ必要な資材，技術が提供される。さらに，脆弱／介護老人には簡単な農業ができる仕事を創生し，楽しみながら社会参加できるような場を創出する事も，コンセプトの一つである。

２）統合IT地域開発活性化プロジェクト

　これは，京都市左京区にある準限界集落・花背地区の活性化として「生涯活躍のまち」に再生することを目的とした，京都市・花背地区住民・市原寮による官民一体の地域創生のプロジェクトである。子どもから高齢者までのありとあらゆる世代が一つの価値観を共有した上で，伝統・文化を継承していける共

生社会を創る。これは一つの「ブランド」を有した街の創出，いわば「街づくりプロジェクト」である。このプロジェクトは「地域エリア活き活きブランド化ビジネス戦略」に基づき展開されるものであり，この戦略の骨子は次の通りである。

① 地域エリアの特性芸術品・食材・アイテム類のブランド化。

② ダイレクトに地域から都市部へ直接アクセスできるネットワークの構築。

③ ①②を基盤とした企画販売拠点化（都市部店舗連携）の確立。

④ ワークショップセミナー・プロデュース企画の導入と，各種ファーム（花背の鯉／アユ養殖・森林資源の有効活用〔材木・木工〕）・農園（各種ブランド野菜・花・ハーブ）及び観光農園の地域振興のプラットホーム化。

　このプロジェクトは，日本は勿論のこと米国でも注目されている CCaH（Continuous Care at Home）モデル（第4章第4節参照）の創設を目指したものであり，実現すれば，住民は誇りと生きがいを感じられる街となり，私たち子孫に残していく貴重な財産ともなると考えている。また多世代にとって魅力的な街となれば，その街には幅広い人が集まり世代間交流の「場」となる。そして，「健康寿命の延伸」と「希望と幸せの生きがい」を基盤として，自立を可能にする生涯現役で働く場の環境を育むことができる。そのために「農業」「林業」「養殖漁業」「教育」「人口」の課題解決型の地域共生プロジェクトを展開しようと考えている。さらに，「地域エリア活き活きブランド化ビジネス戦略」から派生した以下のような戦略も，合わせて推進していく予定である。

① 地域エリアの国際青少年育成戦略

　花背地区に全寄宿制の小中高一貫校等を設立する等，教育モデルビジネスを核としたこれからの若い年齢層も取り込む事も，地域共生の一環として進めていく。そして，ここで，国際化を目指し英語教育を中核に全国から募集して，国際人にふさわしい人材を育成する。また，この計画は，今後10〜20年先を見据え，福祉・教育を一体的に推進していこうという意図のある戦略である。

② 健康退職高齢者の社会貢献生きがい創生戦略

地域エリア CCaH を構築して，仕事をリタイアした人が第二の人生を健康的で楽しく暮らせるよう，アクティブシニアの活躍の場と生きがいが感じられる「終の棲み処」（収益性のある地域密着型／IT 農業・ブランド化・地域振興携わり老後再生プロジェクト）も創成する。

③ 地域エリア芸術系創作シェアワークスペース提供（共同創作作業場）の拠点化戦略

古民家，長屋を改造して希望あるこれからの若者に創作スペース・環境・就労の機会を提供する。たとえば，前述の花背地区一帯を，創作現場として，そこで見学・体験ができ，また購入は勿論，特注もできるように「新たな芸術の里」に変身させる。

そして，一括ブランド化のために，地域で独特の共生と活性化を目指した上記のプロジェクトを企画・展開・運営を推進して，販促を展開していく体制を構築する。

このコミュニティのスローガンは，「ここで最後の旅立つまで，終の棲家として暮らしたい」と「この人たちと暮らしたい」である。このプロジェクトは花背の人口増加に結び付ける準限界集落打破にもなり，実現に向けて企画がゆっくりと纏まりつつある。そして，現在と未来の日本の超高齢社会の一つの健康で元気な高齢者の胸がわくわくするサクセスフル・プロダクティブな生き方のためのプロダクティブモデルとして実践を目指している。

3）福祉・医療国際研究センターによる花友クラブ CCaH プロジェクト

このプロジェクトは，現在，大手の在宅高齢者の生活サポート関連企業とともに企画されて，花友じゅらくだい都市型デイサービスセンターの施設機能を拡大して，地域在住の通所可能な高齢者を対象にした「高齢者のための国連原則」とサクセスフル・プロダクティブ・エイジングの実現を目的にしたプロジェクトである。そして，「花友クラブ」とは，会員制で包括的に「生きがい」「幸せ」「健康長寿」を享受できるライフスタイルを実現するための各種プログラムを提供する地域 CCaH である。

　このクラブでは，上記デイサービスセンターを中核に，リハビリ・マッサージ施設，各種レクリエーション教室（茶道・華道・書道・和太鼓・能の謡い・楽器演奏・呼吸体操など），還元水素吸入療法，ネイルサロン，ギャラリーじゅらくだい喫茶コーナー，当施設厨房を持つ食育サロンの料理教室，ダイニングルームでの健康長寿食サービス，診療・医療相談クリニックなどの提供もできる。加えて，講演・セミナー・音楽演奏などにも利用できる多目的ホールを持つ総合施設機能を設ける予定である。

6　高齢者の「あり方」——尊厳に基づく人間性と絆

（1）尊厳を中核とした介護ケアと自立支援

　前述したように，高齢社会の基本的なコンセプトは，高齢者一人ひとりが健康でその能力を発揮し，生きがいを感じ，住み慣れた地域で安心して暮らせる高齢者社会の形成である。そのためには，高齢者の尊厳を支えるための介護が必要である。介護の中でも特に重視すべきは自立支援であり，これは，高齢者自らの意志に基づき自立した生活を送ることができるように支援することである。そして，自立支援の根底にある尊厳の保持が介護の基盤となる「哲学」であり，重ねて言うと，高齢者の尊厳を支える介護とは，高齢者がたとえ要介護状態にあったとしても，その人らしい生活を自分の意思で送ることを可能にすることである。その実現のためには，以下の取り組みが重要となる。

① 高齢者が能力を発揮し，社会の活力を支える存在として，活き活きと活動し，健康に暮らせる環境づくりがなければならない。

② 高齢者が尊厳を保ち，住み慣れた土地で安全に生活して暮らせていくための支援策の充実も求められる。高齢者の尊厳が守られるよう，高齢者の権利擁護を推進するとともに，高齢者の暮らしの安全対策も提供しなければならない。

③ 要支援・要介護の高齢者が住みなれた地域で安心して暮らせるよう，介護サービス基盤の整備，促進，介護給付の適正化の取り組みの推進，

医療と介護の連携の強化，リハビリテーションによる自立支援の促進などを積極的に取り組まなければならない。

④　高齢者の認知症の人への支援の充実が求められる。認知症の人やその家族が，安心して穏やかな生活が送れるよう医療や介護に関する支援の充実とともに，認知症の人やその家族の地域で支える体制の充実を図らなければならない。若年型認知症の人やその家族に対する必要な支援も十分に提供する。

⑤　高齢の障害者への支援策の充実も大切になる。高齢者へのケアは，一般的ケアの基本姿勢である全人的ケア，すなわちホリスティックケアであり，ホールパーソンケアともいわれる。利用者の主体性を尊重するために彼らの自己表現・実現ができるように，またできるだけ自己決定権を行使できるように十分な情報を提供し，利用者が自己選択と決定を行うことができるように，介護関連の全スタッフはいつもこの方針を貫かなければならない。

　高齢者介護施設における介護として必要なものは，健やかな長寿のための高齢者健康管理，思いやりのある，優しい，苦痛のない高齢者介護と医療で，どうしても難治性で生命維持に限界を来した場合は，入居者・家族（代理者）と介護・看護・医療ケア提供者（施設医師，看護師，介護福祉士，ケアマネジャーなど）による看取りケアの計画の定期的また必要時の話し合い（ACP〔Advance Care Planning〕：アドバンス・ケア・プランニング）に基づく合意の上の平穏な看取りケアをする必要がある。介護・医療においては，優しい個々別の認知症ケアも必要である。具体的には，口腔・嚥下・栄養管理ケア・個々別のリハビリテーションを可能にするための生きがいを与える身体的・精神的・社会的支援，一人ひとりの決め細やかな思いやりの心のケア，そして周囲の人々との信頼と尊厳の強い絆が求められる。

　私たちが，「人生の完成」を実現するとは，それぞれその人らしく最期まで自らの人生を精一杯輝かせて幸せに暮らすことであろう。それは各自一人ひとりのサクセスフル・プロダクティブ（アクティブ）エイジングでもある。その

図表3-9　ホモ・サピエンスの進化の中で"なみなみ"と
引き継がれてきた人間性（HUMANE）

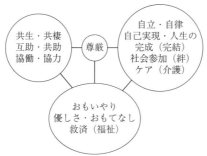

出所：筆者作成。

　中核的概念は，私たち人間の進化の中で，脈々と引き継がれてきた「尊厳」を中核にした人間性（Humane）である（図表3-9参照）。そして，前述したマズローの欲求5段階層のさらなる上にある自己超越（老年的超越）のレベルまで到達すること（第2章第3節（2）参照）が，「人生の完成」を実現するためには重要なステップとなると考えられる。

（2）さらなる5スローガン国連原則の展開

　1991年に制定された「高齢者のための国連原則」の内容は，既に30年近く変更されていないが，その重要性と必要性を持つ普遍的価値は決して変わっていない。しかし，時代とともに拡大され複雑化してきた高齢者の全人的・包括的なケアを踏まえ，以下の2つのスローガンを追加しても良いのではと考えている。

① 共生・互助・協働を基盤に，共有可能なコミュニティの創生。
② 皆で生涯現役としてその地域で共に生きる仲間たちを幸せにする賢老パワーの具現化。

　①は，これからの私たちの社会は，地域包括ケアシステムの中で展開しつつあるが，全高齢者の一人ひとりが，共に生き，住み（共生），お互いに助け合

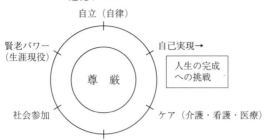

図表3-10 「高齢者のための国連原則」のこれからの
進化7スローガン

出所：筆者作成。

って（互助），周囲の人々と協力して仕事をする（協調）ことが肝心である。そして，シェアリング（共有）もできる地域社会であってほしい。②は，すべての高齢者は，貧老ではなく，賢老としてのパワーを持って共に地域で生きる人々の幸福に寄与できる能力を培ってほしい。これらのスローガンを，「高齢者のための国連原則」に加えることによって，さらなる広い高齢者のための包括的ビジョンとなることを望む。

　そして，この進化した「7つの新しいスローガン」によるこれからの高齢者の「生き方」そして「あり方」をわかりやすく示したのが図表3-10である。しかし前述の「高齢者のための国連原則」が，これからも高齢者社会の基本的原則として，すべての世代のための社会を目指す原則ともいえる。

<table>
<tr><td>第4章</td><td>高齢者のための地域包括ケアへの挑戦
——新しい未来に向けて</td></tr>
</table>

1 地域包括システムの再検討——その必要性とは

（1）地域包括ケアシステムを「さらに理解」する

さて前述の地域包括ケアシステムは，ニーズと需要に応じた住まいを土台にして，そこに介護だけではなく，福祉，幅広い生活支援，医療保険，予防といったものをトータルに提供できる仕組みである。このシステムは5つの構成要素と自助・互助・共助・公助からなっている。この5つの構成要素とは，「介護」「医療」「予防」という専門的サービスの3つと，その前提としての「住まい」「生活支援・福祉サービス」の2つで，この5つが相互に関係し，連携しながら在宅の生活を支えている。

① 介護・医療・予防という専門的サービスの一体化

個々の人の抱える課題に合わせて，「介護・リハビリテーション」，「医療・看護」，「保健・福祉」が専門職によって有機的に連携した一体的に提供可能なケアマネジメントに基づいて，必要に応じた介護予防が下記の生活支援・福祉サービスと一体的に提供されなければならない。したがって，この地域包括ケアシステムの中での在宅・介護（施設も含めて）・医療の充実が可能となる。

② 住まいと住まい方

生活の基盤として必要な住まいが整備され，本人の希望と経済力にかなった住まい方が確保されていることが地域包括ケアシステムの前提となる。高齢者のプライバシーと尊厳が十分に守られた住環境が必要になる。

③ 生活支援・福祉サービス

心身の能力の低下，経済的理由，家族関係の変化などでも尊厳ある生活が継続できるよう生活支援を行う。生活支援には，食事の準備など，サービス化で

きる支援から，近隣住民の声掛けや見守りなどのインフォーマルな支援まで幅広く，担い手も多様である。生活困窮者などには福祉サービスとしての提供も必要となる。

　さらに，本人・家族の選択と心構え，「一人暮らしの高齢者のみの世帯が主流になる中で，在宅生活を選択することの意味を本人・家族が理解し，そのための心構えを持つこと」が重要となる。

　前述したように，地域包括ケアシステム内で住民の自助・互助・共助・公助が中核となるが，介護の視点からは，医療さらに予防との密接な連携が必須であり，これらの協調で，高齢者介護ケアの質は向上され，少なくとも保障される。加えて，この地域包括ケアシステム内での高齢者の絆としての社会参加の積極的推進も今まで以上に求められる。

（2）社会的背景とパラダイムシフトを考える

　前述したように，日本はこれまで経験したことのない超高齢社会となっている。この超少子化と超高齢化がますます進行すると，高齢者の生活を支えきれず，社会の経済構造は不安定，破滅への危険を生じ，重大な問題となる。

　一方，多死時代の到来の問題もある。高齢者の死亡する場所は，8割弱が病院や診療所，1割程度が自宅と，現在はなっており，2025年には年間死亡者数が約170万人と推定されている（総務省統計局編 2017a）。今後，医療機関のベッド数や介護施設が大幅に増えることはなく，自宅で診療・治療・ケアを受け，最期を迎える人は，現在の1.5倍と見込んだ場合で，病院から早く退院することを促されて家に戻ってもケアをする人がいない，いわゆる死に場所難民が約47万人も発生してしまうといわれている（内閣府編 2018b）。2025年に向けて，ヘルスケアシステムが大きく変容している。その一つが前述の地域包括ケアシステムである。

　人間は高齢化により，心身機能の低下などに伴い，当然「医療・看護」「介護・リハビリテーション」などの処置や支援が必要になる。その医療や介護サービスを一体化して適切に受けるためには各地域におけるしっかりとした「保

健・福祉・生活支援・予防」が必要となる。また，安定した住まいと住まい方が確保されなければならない。当然，その大前提となるのが，本人・家族の選択と厳しい心構えである。今まさに，人口の高齢化による医療・介護・予防連携のパラダイムシフトが起きつつある。

　以上，今後の地域包括ケアシステム構築には高齢者の在宅・施設の日常生活を中心にした包括的ケアの充実に向けて取り組みの施策の整備が求められる。そのためには，以下の取り組みが必要である。

① 在宅・施設の単体サービスから包括単位サービス（地域密着型サービス）へのシフト。
② 医療連携の中核となる「訪問看護サービス」「訪問介護サービス」「訪問リハビリサービス」の強化・拡充。
③ 小規模多機能型居宅介護・看護小規模多機能型居宅介護・訪問看護の機能分化と連携。
④ 「訪問看護・介護・リハビリ」の高度化と機能分化・連携への取り組みなどの導入。
⑤ 高齢者介護施設の高度化した包括的ケア（介護・医療・予防の一体化）の充実と地域貢献への役割の拡大。

（3）産業界が担うべき役割

　私たちの国の推計総人口の推移（厚生労働省編 2017c）によれば，2065年には9,000万人を割り込み，高齢化率は38.4％に達する。国民の約2.6人に1人が65歳以上の高齢者になると見込まれ，これまで世界のどの国も経験したことのない社会を迎えようとしている。待ったなしで進行する人口減少と高齢化を踏まえて今後も持続可能な経済社会を維持するために，私たちの社会のすべての年代の人々の間で目的意識が明確に共有されることが求められる。

　経済社会の発展による都市部での人の出入りの活発化，人口減少が進む地方での過疎化の進行等により，地域での触れ合いや助け合いの機会が減少している。人はライフステージとともに，たとえば子育て，疾病，介護の場面で孤立

状態に陥ることもある。また，離別・死別なども生じることもある。65歳以上の一人暮らし高齢者の増加は男女ともに顕著であり，今後は多世代間の協力拡大や社会的孤立防止に留意しつつ，介護の外部化，住居確保，移動支援等に一層の取り組みが求められる。また，高齢社会を理解する力を養い，長寿化のリスク面に備える観点から，社会保障教育等を通じて支え合いの意義に関する個々人の意識も高めなければならない。

　このような社会の変容によって，まず働き手人材の不足化によるこれからの社会の危機が問題となる。前述したように，胴上げ型社会から騎馬（肩車）型社会に変容すると，現役世代がその負担に耐えられない。したがって，社会保障の伸びを可能な限り抑制し，医療・介護の自己負担を増加させなければならない。そうなると，若い世代は消費をできるだけ控え，貯蓄を増やさなければならなくなる。生産年齢人口が高齢者を支える騎馬社会は，国の破綻につながる。就業者1人が支えられる非就業者数は，$\left(\dfrac{非就業者人口}{就業者人口}\right)$で表され，その比は，1970（昭和45）年　1.04，2010（平成22）年　1.05，そして，2050年1.10と，増加の傾向となる（権丈 2016）。したがって，今後必然的に働き手の増加が必要になってくる。働き手を増やすことで高齢者社会を十分に乗り超えることが可能であり，そのためにも，女性や元気な高齢者が働きやすい環境の整備が緊急の課題である。

　高齢者がみずからの希望に応じて十分に能力が発揮できるよう，その支障となる問題（身体・認知能力，各種仕組み等）に対し，新技術が新たな視点で解決策をもたらす可能性に留意し，従来の発想を超えて環境整備や新技術の活用を進めることを含め，それを克服する方策を検討しなければならない。また，こうした目的での技術革新の活用に多世代が参画して，それぞれの得意とする役割を果たすよう促すことが必要となる。

　こうした観点から考えると，産業界が担う役割は大きい。高齢社会に伴う新たな課題に産業界が応えることによって，すべての世代にとっての豊かな社会づくりが実現されるとともに，産業界自身の一層の発展の機会につながり得ると考えられる。行政はこの観点から産業界に参画しやすいよう，環境づくりに

配慮すべきである。急速に進化している IT ビッグデータ分析等により，高齢社会の現況を適切に把握し，エビデンスに基づく行政形成を行う必要がある。

　また，すべての年代の人々が希望に応じて意欲・能力を活かして活躍できるエイジレス社会を目指すとなると，高齢社会では，年齢区分で人々のライフステージを画一化することを見直すことが必要である。年齢や性別にかかわらず，個々人の意欲や能力に応じた対応を基本とする必要がある。また高齢社会化は，今まで述べてきたように，高齢者のみの問題として捉えるべきではない。全世代による全世代に適した持続可能なエイジレス社会の構築が望まれる。こうした中，これからは寿命の延伸とともに，ライフスタイルをはじめとした生き方の多様化が進む時代になると考えられることから，高齢社会への関わり及び自身の生涯設計について，若年期からの意識の向上が求められる。その上で，高齢者の知識や経験など高齢期ならではの強みを活かして社会の各主体が担うべき役割を理解することが必要である。

　次に，地域における生活基盤を整備し，人生のどの段階でも高齢期の暮らしを具体的に描ける地域コミュニティを作ることである。すなわち，人生のどの段階でも高齢期の暮らしを具体的に描くことができ，最期まで尊厳を持って暮らせるような人生を，すべての人に可能にする社会に転換することが重要となる。

（4）悲惨な老後の予防と明るい老後を目指して

　前述の地域包括ケアシステムの最大のポイントは，高齢者が「住み慣れた地域」で介護や医療，生活支援サポート及びサービスを受けられるよう市区町村が中心となり，「住まい」「医療」「介護」「生活支援・介護予防」の体制を包括的に整備していくことである。

　これまでの国主導の高齢者福祉事業やサービスが市区町村主体で行われることにより，高齢者が住み慣れた土地で，且つ行政・民間企業・ボランティア団体がより自由に，自主的に地域づくりをしていくことが必須である。日本人の老後の経済状態が，世界文明国家ランキングで見て最下位に近い状態に置かれている（内閣府編 2018f）。年金支給額を減らすことで，形としての制度を維持

することはできても，日本の年金はすでに半ば破綻している状態である。大半の日本人は優雅な年金生活などという大それた夢はもとより，つつましい隠居生活も望めなくなる可能性がある。

2017（平成29）年5月に報告された経済産業省の次官と若手有志がまとめた提言書（「不安な個人，立ちすくむ国家」）でも，日本が抱える大きな問題が列挙され，高齢者も働かなければならない時代になっている点が指摘されている（経済産業省編 2016，2018a）。私たちが働ける元気な高齢者を支援することで，日本人の個人と国家の諸問題を解決することができるのであろうか。この不安な個人，立ちすくむ国家／モデル無き時代をどう前向きに生き抜くか。この提言のポイントは，以下の通りである。

① 年齢で「高齢者＝弱者」とみなす社会から働ける限り貢献する社会
「現在の社会保障制度は65歳から年金の支給が可能となることや，医療の自己負担率の設計が年齢で異なっているなど，一定の年齢以上の高齢者を弱者，支える側と一括りにしている社会保障制度は年齢による一律の区分を廃止し，個人の意欲や健康状態，経済状況などに応じた負担と給付を行う制度に抜本的に組み替えていくべきである。このことは個人の生きがいや社会のつながりを増やすとともに，結果的に財政負担の軽減にもつながる可能性がある。」

② 子どもや教育への投資を財政の最優先課題
「変化が激しく，特定の成功モデルのない現在，今の子供たちの約6割が大学卒業時には，今存在していない仕事に就くといわれている。20年後には多くの大企業も存在しなくなっている可能性すらある。子供から大人まで自由を行使し，変化を乗り越える力を身に付けることが求められる。誰もが思い切った挑戦ができ，不確実であっても明るい未来が作り出すことが肝心である。」

③ 「公」の課題は，意欲と能力ある個人が担い手
「私たちは，公は官が担うものと思い込みをしている。住民は税金の対価として官からサービスを受けるもの（お客様），さらに民間に任せるか

どうかは官が判断するもの（民営化，規制緩和）といった結果，官業が肥大し，財政負担が増え続けるとともに，公についての個人や地域の多様なニーズに応えられなくなっている。本来，公の課題こそ，多くの個人が生きがい，やりがいを感じられる仕事であり，潜在的な担い手は大勢いる。新しいネットワーク技術を活用することによって，これまで以上に多様な個人が公に参画しやすくなっている。」

④　超高齢社会の少子化課題

「日本はアジアがいずれ経験する高齢化を20年早く経験する。これを解決していくのが日本に課せられた歴史的使命であり，挑戦しがいのある課題であろう。2025（令和7）年には団塊の世代の大半が75歳を超える。これまで高齢者が支えられる側から支える側へと転換するような社会を作り上げなければならない。そこから逆算するとこの数年が勝負ということになる。

かつて少子化を止めるためには，団塊ジュニアを対象に効果的な少子化対策を行う必要があったが，今や彼らはすでに40歳を超えており，対策が後手に回りつつある。いま高齢者が社会を支える側に回れるかは，日本が少子高齢化を克服できるかの最後のチャンスである。」

以上の提案は，すべて首肯できるものばかりである。この提言を踏まえると，これからの社会では就労可能な高齢者には自力で生き抜いていく覚悟が求められるとともに，積極的に若い人々とともに生産性（productivity）の維持・発展に協力する事が求められるようになる。そして同時に，相互扶助という社会貢献は，義務であり生きがいと捉えなければならない。これが賢老社会を導き，これからの日本を救済する要となるであろう。

2　超高齢社会における問題提起

（1）超高齢化による弊害

日本はもうすでに超高齢社会に突入し，人口ピラミッドは騎馬（肩車）型と

なってきた（総務省統計局編 2017a）。さらに少子化が進んだ形態である逆ピラミッド形態（つぼ型）は、いかなる手段を講じても避けなければならない。今後、予測されるさらなる高齢者比率の上昇と人口減少という2つのベクトルは、これからも日本経済にとって大きな懸念材料となってくるのは間違いないからである。日本経済は豊かではあるが、その成長率の伸びはあまり期待できない「成熟の時代」を迎えている。したがって高齢化の進行は、成長性を一段と低下させ、その実現した豊かさをも減退させる可能性がある。

　これだけであれば豊かだが、低成長率という大人の時代の傾向を一段と高めるだけということになる。高齢化の進展は、もう一つきわめて大きい問題を生じさせる。分配の問題、すなわち世代間格差、世代内格差である。単純に人口構成だけを表すと、2010（平成22）年には64人の現役世代が生産した消費サービスを13人の子供と23人の高齢者を合わせて100人で消費する形になっている。子供から高齢者まで均等に分け合うとすると、現役世代は、自分たちの生産物の23％を社会保障や税財政の仕組みを通じて高齢者に分配していることになる。それが2050年には40％にまで上昇し、具体的には年金や医療などの負担の増加や消費税率の引き上げは避けられない（内閣府編 2017e；経済産業省編 2018b）。たとえ平均的な生活水準が向上するとしても、自分の稼ぎのうち40％を何らかの形で主に高齢者に回すというのでは、現役世代の不満がたまる。それは、世代間の対立を軸とした社会不安（階級闘争、嫌老社会）にも結びつく。高齢者時代に向けて最も大きい懸念材料となっていた。これだけでは済まない。同じ高齢者世代内でも、所得格差、富めるもの、富めないものの経済的格差も他の世代に比べて大きい。

　現在の日本の社会保障給付費の推移を図表4－1に示した。1970（昭和45）年から2019（平成31）年（予算ベース）の間であるが、国民所得税（兆円）は、61兆から423.9兆まで増加した。給付費総額（兆円）は3.5兆（100.0％）から2019（平成31）年には123.7兆円（100.0％）に増加し、その内訳は年金が1970年0.9兆円（24.3％）から2019（平成31）年の56.9兆円（46.0％）、医療は1970（昭和45）年2.1兆円（58.9％）から2019（平成31）年の39.6兆円（32.0％）、福祉その他は1970（昭和45）年0.6兆円（16.8％）から2019（平成31）年で27.2兆

図表4-1　社会保障給付費の推移

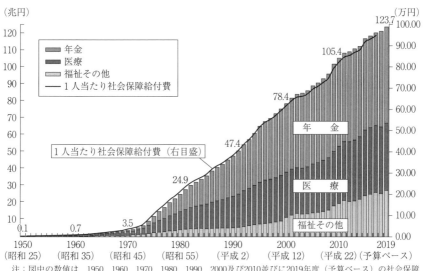

注：図中の数値は，1950，1960，1970，1980，1990，2000及び2010並びに2019年度（予算ベース）の社会保障
　　給付費（兆円）である。
資料：国立社会保障・人口問題研究所「平成29年度社会保障費用統計」，2018〜2019年度（予算ベース）は厚
　　生労働省推計，2019年度の国民所得額は「平成31年度の経済見通しと経済財政運営の基本的態度（平成
　　31年1月28日閣議決定）」。
出所：厚生労働省編（2019b）；内閣府編（2019b）。

円（22.0%），国民所得税に占める給付費総額は5.8%から29.2%に増加してい
る。その後の社会保障給付費の推移は，2025（令和7）年度は，総給付費額は，
2015年116.8兆円から137兆円と膨れ，その内訳は，年金62兆（45.3%），医療
48兆円（35.0%），福祉その他27兆円（19.7%）となると予測されている（財務
省編 2019；三菱・UFJ リサーチ＆コンサルティング編 2020）。以上のように，ま
すます国民の総社会保障給付費額は増加し，歳出過剰となり国家財政を貧迫し，
高齢者に直接影響を与える。

（2）超高齢社会の課題提起と対策

1）高齢者のための社会対策

　2011（平成23）年に，内閣府の高齢社会対策会議で，新しい高齢者社会対策
大綱の検討の開始する方針が提言された。その後，同年から2012（平成24）年

にかけて検討会が開催され，「高齢社会対策の基本的在り方等に関する検討会報告書――尊厳ある自立と支え合いを目指して」が2012（平成24）年3月に公表された。

　この背景には，日本で前例のない速さで高齢化が進行し世界最高高齢率の水準に達し，超高齢社会となったことが挙げられる。その現代の高齢化社会の基本的課題として挙げられたのが，図表4-2に挙げた6項目である。しかし，「人生100年時代」という言葉が人口に膾炙している現在でも，これらの項目の解決は勿論，まだ満足すべき成果を挙げていない。それゆえ，これからの進化する高齢者の捉え方の意識改革は勿論，働き方や社会参加，地域におけるコミュニティや生活環境のあり方，高齢期に向けた備え等といった対策を，「人生100年時代」を前提として捉え直し，全世代の介入した豊かな人生を満足できる超高齢社会の実現をゴールにすることが必要である。また筆者が考える現在の高齢社会の問題点は，図表4-3の通りである。なお，高齢者社会対策大綱（内閣府編 2018e）の基本姿勢では，①従来の画一的な高齢者像を見直し予防・準備を重視する，②地域社会の機能の活性化，③男女共同参画の視点の重視，④医療・福祉などにおける科学技術の活用，の4点であり，また横断的に取り組む課題は，①多様なライフスタイルを可能にする高齢者の自立支援，②年齢だけで高齢者を別扱いする制度慣行性の見直し，③世代間の連帯の強化，④地域社会への参画の促進，⑤ICTの積極的な活用，⑥高齢者の貧困問題と認知症に対する対策の充実，の6点である。

　次に，現在日本社会で高齢者が生活していく上で，現実的な老後の社会問題となっている事態を提起する。

2）下流老人と老人漂流社会

　2015（平成27）年に『下流老人――一億総老後崩壊の衝撃』（藤田孝典著，朝日新聞出版）が出版された。この書籍によれば，老後崩壊の深刻な要因となる高齢者とは，生活保護基準レベルで暮らさざるを得ないか又はその恐れのある高齢者，健康で文化的な最低限度の生活を送ることが困難な高齢者，そしてあらゆるセーフティネットを失った貧困状態の高齢者，のいずれかである。また，この書籍で取り上げられた問題に具体的な資料としては，以下の3点が挙げら

図表4-2　超高齢社会における課題

(1)「高齢者」の実態と捉え方の乖離

　社会の様々な分野の第一線で活躍してきた経験を持つ「団塊の世代」が2012年から65歳になり，団塊の世代には，これまで社会の様々な分野の第一線で活躍してきた経験を活かし，今後の超高齢社会を先導する役割が期待されている。

　また，我が国の平均寿命が延伸を続けるなか，65歳を超えても元気であると認識し，就労や社会参加活動を通じて現役として活躍している人たちが多くなっているため，高齢者を一律に区切って支えられる人と捉えることは実態にそぐわなくなってきていると考えられる。活躍している人や活躍したいと思っている人を年齢によって一律に「支えられている」人であると捉えることは，その人たちの誇りや尊厳を低下させかねないと考えられる。

　また，高齢者を65歳以上の者として年齢で区切り，一律に支えが必要であるとする従来の「高齢者」に対する固定観念が，多様な存在である高齢者の意欲や能力を活かす上での阻害要因となっていると考えられる。

(2)世代間格差・世代内格差の存在

　現行の社会保障制度は，負担を将来世代へ先送りしている点が問題であると指摘されており，世代間格差がこれ以上拡大しないようにするために，現在の高齢者と将来世代がともに納得した，不公平感のない「ヤング・オールド・バランス」の実現が課題となっている。

　従来であれば支えられる側と一律に捉えられていた人々のなかでも意欲と能力のある65歳以上の者には，その活躍を評価するなどして，できるだけ支えてもらい，世代間のバランスを確保して社会のバランスを保つ必要がある。

　さらに，世代間格差のみならず，高齢者の間の所得格差，つまり世代内格差は，他の年齢層に比べて大きいうえに，拡大している。

　社会保障制度は，全世代に安心を保障し，国民一人ひとりの安心感を高めていく制度である。年齢や性別に関係なく，全ての人が社会保障の支え手であると同時に，社会保障の受益者であることを実感できるようにしていくことが，これからの課題である。

(3)高齢者の満たされない活躍意欲

　定年退職した高齢者が引き続き働く環境は整備されつつあるが，必ずしも希望する全ての高齢者の能力や意欲が十分に発揮されているとはいえないため，生涯現役社会の実現を進めていくことが課題である。

　また，働き続けることやNPO等への参加を希望する理由には，収入のみならず，健康維持のため，生きがい，あるいは社会とのつながりを持つため等，様々である。こうした高齢者の意欲をいかにして満たしていくのかを考え，また，そうした意欲を阻む要因を取り除いていくことが課題である。

(4)地域力・仲間力の弱さと高齢者等の孤立化

　都市における高齢化が進行し，生涯未婚率の上昇ともあいまって単身高齢世帯が増加している。高度経済成長をするなかで，都市でも地方でも地域社会が崩壊し，精神的には地域社会全体の地縁，物理的には地域で生活するインフラが失われた。このように，地域社会のなかでの人間関係を含め，地域力や仲間力が弱体化し，喪失するなかで，社会的孤立や孤立死の問題がでてきたといえる。

　このような状況に鑑みると，多様な高齢者の現状やニーズを踏まえつつ，今後の超高齢社会に適合した地域社会における人々の新たなつながりをどのようにつくり出していくのかが，今後の課題としてあげられる。

(5)不便や不安を感じる高齢者の生活環境

　高齢者にとっての地域の不便な点として，日常の買い物，病院への通院，高齢者には使いにくい交通機関等があげられている。地域が一体となって高齢者が生活しやすい環境を整備することが課題である。

　また，高齢者が事件・事故やトラブルに巻き込まれたりすることも多く，家族や地域社会が変化するなかで，高齢者の安心，安全を確保する社会の仕組を構築する必要性が高まっている。

　さらに，高齢者数の増加に伴って，認知症になる65歳以上の高齢者が増加しており，認知症は今後，より一層大きな問題になることから，認知症になっても住み慣れた地域で安心して暮らせる仕組づくりも課題である。

(6)これまでの「人生65年時代」のままの仕組や対応の限界

　健康管理，社会参加，生涯学習など，若年期から高齢期に向けた準備が不足している。現役時代から高齢期に備えて何かしら準備ができる時間，休日等を確保しながら働くということが課題になる。

出所：内閣府編（2014）。

図表 4 - 3　現代の超高齢社会の問題点

```
　1．社会保障費の増大，医療費の増大
　2．生産年齢人口の減少と超少子化
　3．総人口減少と超高齢化の促進（高齢化率の増加）
　4．高齢者の経済的危機と老後保障の不安定
　　　年金給与額の減少
　　　無縁社会，下流老人，老後破産（破綻），独居老人と孤独死の増加
　5．農業／酪業／漁業従事者の高齢化と減少で自給率低下
　6．高齢化による認知症の増加
　7．介護福祉士・看護師の不足
　　　これからの高齢者介護・看護ケアの人材不足
　8．生産性のある，または，それを支援する高齢者就労の必要性
　　　高齢フリーターの増加とペット依存
　　　健康長寿高齢者の増加とその社会的・経済的貢献の機会不足
```

出所：筆者作成。

れる。

① 2017（平成29）年の等価可処分所得の中央値（266.0万円）の半分133万円（相対的貧困率）が貧困の指標であり，収入が著しく少なく生活保護レベルかそれよりも低い状態で一人暮らしの場合，高齢者世帯の相対的貧困率は65歳以上は22.0％，単身男性のみ38.3％，単身女性のみ52.3％と高い（内閣府編 2017e）。

② 約 4 割の人が十分な貯蓄がなくて心配であると答えている。特に高いグループは，男性単身世帯（48.4％），女性の二世代世帯（親と同居）48.1％であった（内閣府編 2018a）。

③ 頼れる人間がいない。社会的孤立，支えになって暮らせない。多病，特に認知症，多薬，無動，廃用が問題であり，核家族により一人暮らしの高齢者の増加が顕著になりつつある（図表 4 - 4 参照）。2010（平成22）年，男性11.1％（高齢者人口に占める割合），女性20.3％；2015（平成27）年，男性12.9％，女性21.3％；2020（令和 2 ）年，男性13.9％，女性21.9％（予測）；2030年，男性15.4％，女性23.1％（予測）となっている（内閣府編 2017e）。

図表4-4　一人暮らし高齢者の動向

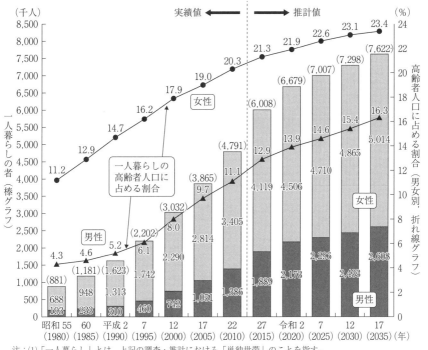

注：(1)「一人暮らし」とは，上記の調査・推計における「単独世帯」のことを指す。
　　(2)棒グラフ上の（　）内は65歳以上の一人暮らし高齢者の男女計
　　(3)四捨五入のため合計は必ずしも一致しない。
資料：平成22年までは総務省「国勢調査」，平成27年以降は国立社会保障・人口問題研究所「日本の世帯数の
　　　将来推計（平成25（2013）年1月推計）」，「日本の将来推計人口（平成24（2012）年1月推計）」。
出所：内閣府編（2017e）。

　ここで特に問題として取り上げるべきなのは，経済的な問題である。2020
（令和2）年度の高齢夫婦無職世帯の家計収入では，実収入（23万7,659円）以
外の不足分（その他の消費支出）は，14％（3万3,269円）などを参考にするの
が良い（総務省統計局編 2019b）。加えて，同世帯の場合，1カ月の生活平均費
は約24万円で，65歳になった時点で仮に年金やその他の収入が月額21万円であ
っても，貯蓄額が300万円では8年で底をつく。60歳以上の世帯主高齢者平均
貯蓄額は2,385万円，その中央値は，1,567万円で，貯蓄なし世帯が16.8％，4
割以上の世帯が貯蓄額500万円以下である（総務省統計局編 2019c）。

では，経済的備えはどうであろうか。内閣府編（2018a）によれば，世帯の高齢化の「経済的備え」では，60歳以上の人の経済的な暮らし向きについてみると，全体の64.6％が，「心配ない」（「家計にゆとりがあり，全く心配なく暮らしている」と「家計に余りゆとりがないが，それほど心配なく暮らしている」の合計）と感じている。年齢階級別にみると，年齢層が高いほど「心配ない」と回答した割合は高い。「80歳以上」は71.5％となっている。60齢以上で足りないとする人の割合が全体で35.4％であり，「80齢以上」は28.6％であった。実際は，私たちが考えている以上に，高齢者の生活は保障されている。しかし，約35％の高齢者が問題となる。

　前述の一人暮らしの高齢者（65歳以上の男女の数）は図表4-4に示したとおりだが，さらに困った時に頼る人がいない高齢者の割合は，一人暮らし世帯では男性（20.0％），女性（9.1％）と高い（国立社会保障・人口問題研究所編 2017）。頼ることができない身寄りのない高齢者が増加している。2040年には，私たちは高齢者世帯の過半数で身内による身元保証人を確保できない可能性も指摘されている（星 2019）。

　また，65歳以上の生活保護者も増加している（内閣府編 2018f）。2015（平成27）年度は約97万人であったが，2017（平成29）年には約164万人と大幅に増加し，全高齢者人口の45.3％を占めている（厚生労働省編 2017d）。前述の高齢者の経済的備えの資料と比較して，やはり貯蓄に相当の差違がある。

　これらの高齢者の老後社会は，老人漂流社会，老後破産につながっている。高齢者人口が3,000万人を突破し超高齢社会となった日本では，とりわけ深刻なのが予測値だが670万人（2020年時点）を超えようとする一人暮らしの高齢者の問題である。その半数およそ300万強の人が生活保護水準以下の年収収入しかない。生活保護を受けているのは約164万人ほど，残り約150万人あまりは，生活保護を受けずに暮らしているといわれている（厚生労働省編 2017d）。

　年金が引き下げられ，医療や介護の負担が重くなるなか，貯蓄を切り崩しながら（場合によっては切り崩せる貯蓄も無い状態で）「ぎりぎり」の暮らしを続けてきた多くの高齢者が破産寸前の状況に追い込まれている。在宅医療や介護の現場では，年金が足りず，医療や介護サービスを安心して受けられないという

問題が相次いでいる。

　総務省統計局編（2019c）によれば，高齢者世帯（2人以上）の貯蓄額が載せられている。400万未満19.5％が一番多い。1,000万～1,400万円10.8％，1,400万～1,800万円7.8％，1,800万～2,000万円3.3％，2,000万～2,500万円7.5％，2,500万～3,000万円6.2％，3,000万～4,000万円8.5％，4,000万円以上17.3％で分布している。平均値は，2,285万円であった。100万円未満が，8.5％もいることは特筆すべき点である。

　現在就労している世代でも，年収400万円（月33万円）以下は下流化のリスクが高い（藤田 2015, 2016）。経済の衰退，そのセーフティネットの脆弱性，老後年金の支払金額の減少，上記に記載したように老後の貯蓄額が十分でない退職者が多い。すなわち一億総下流の時代がやってくることになるかもしれない今後，日本人の多数が，緩やかに，しかし確実に貧困に足を進めていることになる。平均年収400万円では，高齢者にぎりぎりの生活を強いる危険性が多い。さらに，年収400万円以下で暮らしている生産年齢人口も多くいる（日本年金機構編 2020）。むしろ多数派である。

3）老後破産とその対策

　団塊世代に忍び寄る老後破産は深刻である。一人暮らしの高齢者の増加により，病気などのため一人で生活できない多くの高齢者は自ら死に場所すら決めることができず，一時的に入院・入居できる病院・介護施設を「漂流」している可能性がある。老人漂流社会，すなわち老後破産の現状はNHKスペシャル取材班（2013）でも言及されている。ここで取り上げられているのは，貧困により破産状態（またはその可能性がある）の生活を送らざるを得ない「一人暮らしの高齢者」の事である。

　この老後破産は，現代社会において増加し続けてきた事実があり，2014（平成26）年の時点で約200万人の老人が老後破産のような状態で老後を過ごしていると見られる（厚生労働省編 2017g）。前述の如く，2020年時点では一人暮らし高齢者の人数が約670万人，そのうちの約300万強の人が貧困状態，ここから生活保護を受給している人数（約160万人）を差し引いた人数が約150万人となる。確かに，2014（平成26）年よりは減少しているが，満足できるレベルでは

ない。

　このような150万人の老後破産の可能性がある一人暮らしの高齢者の多くは，自身が得られることができる年金のみを生活の糧にしている。老後破産となるような人たちは，かつては企業で働いており，そこからの貯蓄や退職する時の退職金も得られており，老後の備えがあると思われた人たちである。公的年金の経時的減額の現実をみても希望も持てず，金融資金も十分でない。資金不足を心配している危機感を持つ高齢者も少なくない。

　実際，現実に老後に必要であろうと思われる貯蓄の金額のみでは，老後を過ごすというのは不可能に近い高齢者は多い。たとえ老後に体を壊して，医者に頼ったならば，そこから多額の医療費により貯蓄は減少する。他にも，息子がいてその息子が働いていなければ，面倒をみなければならない。このことから老後の貯蓄はさらに減少することになる。「1億総老後崩壊」を防ぐには，下流老人は国や社会が生み出すものなので，政府による貧困を防ぐための政策が必要になってくる。「支援制度をわかりやすく，受けやすくすること，生活保護の保険化も一つの対策であろう（藤田 2015, 2016）」。

　またヨーロッパ・カナダなどで，実験的に導入が進められている「ベーシックインカム」，すなわち最低限の生活を送るのに必要とされる現金を，国民に一律・定期的に支給する最低限所得の保障システムの導入も検討する必要性がある。これが導入されれば，生活の一部を賄う最低保障になる。また，住まいの貧困をなくすことや，若者の貧困にも介入しなければならない。貧困と格差の不平等の矯正が必要であり，人間が暮らす社会システムをつくるのは，私たち人間である。

　このように，貧困は社会・政策が大きな要因となっているといえるのだが，その一方で，私たち一人ひとりが自分でできる自己防衛策も考えるべきであろう。どうすれば安らかな老後を迎えられるのか。まず，知識の問題（対策として）として，生活保護を正しく知ること，ならびに生活費の支給額の内容と受給要件が大切である。これは意識の問題であり，そもそも社会保障制度とは何であるかを考え直す必要がある。できるだけ早くから経済的自立をする。医療の問題（対策として）は今の内から病気や介護に備える必要がある。お金の問

題ではいくら貯めるべきかが，それぞれ20〜30代から計算して必要なだけの額を貯めるように人生を設計する必要がある。若い働きざかりの頃からの計画的老後貯蓄が求められる（藤田 2015，2016）。

　日本は現在（2020〈令和2〉年），世界で第1位（MEMORVA/WHO 2018時点では）か第2位の「長寿国」であり，この長寿に当然費用を必要とする。年金制度は，1942（昭和17）年に成立した労働者年金法に基づき1954（昭和29）年に開始され，その後，1961（昭和36）年に国民年金制度が施行された。しかし，少子高齢化の問題で支給額が減少してきた。加えて，定年後に受け取る予定の退職金も住宅ローン等に利用してしまうなど，余裕をもって資金計画を立てられなかったことに加え，浪費癖や子供の教育，親の介護などの要因がある。

　このような老後破産に陥らないためには，資金を退職まで少なくとも3,000万〜4,000万円を手元に用意することが必要であろう。年金だけで，一切支出をカバーして暮らしていくのは大変難しい。この公的年金で「足りない額」は親からの相続，現役時代から「こつこつ」と貯蓄，資産運用で自分の財産を作り上げていく必要がある（藤田 2015，2016）。

　これらは，各所帯の生活費の水準，マイホーム，マイカーなどの有無，公的年金の受給額，勤務先の退職金の額による。可能だったら現役時代から老後貯蓄を熟考して，少しでも継続的に貯金しておくことは最低求められる。因みに，2020（令和2）年度の国民年金受給額（満額の1人分）は，6万514円（月額）となっていて，厚生年金受給額（夫婦2人分の老齢基礎年金を含む標準的な年金額）では，22万724円（月額）となる（日本年金機構編 2020）。

　以上を考慮して，まず，年金以外の収入を得ることである。厚生労働省の「人生100年時代構想会議」で，対応として，高齢者雇用の促進がその1つに挙げられている（厚生労働省編 2017h）が，元気な後期高齢者であっても，まず働き場がないのが現状である。パートタイムでも，働けたら幸運であろう。しかし，なにか，差別化可能な特技ともつことが重要となる。

　そして次に，出費節減であろう。医療費を含めて，可能な限り「むだ」使いはやめなければならない。子供への必要以上の援助は避けることである。老後の生活は質素剛健で，お金のかからない趣味と友人と「つきあう」のが良い。

そして，健康は身体を維持するために，規則正しいリズミックなライフスタイルを習慣づけ，適切な睡眠（6～7時間）をとり，運動を毎日30分以上と腹8分目のバランスよい健康食に徹し，体重をBMI23～25位と少し太り目に維持して，適度なアルコール（1日お酒：男性1合位，女性その半分）にして，禁煙を保持したいものである。

　また，できるだけ多くの友人との結びつき（絆）を継続するのがよい。そしていつまでも相互扶助を実践し，お互いに助け合って楽しく生活を送りたいものである。「格好」よく生き，自立して「格好」よく老い，そして「格好」よく逝きたいものである。これが私たちのスマートな老いの生き方であり，賢老ライフであり，下流老人や老後破綻を防止する対策でもある。

　孤立や心の問題は，地域社会にできるだけ積極的に参加して，しっかり地域の住民と絆を構築することで，解決すべきである。また，いざという時の問題として，受援力を身に付けておくべきである。この地域の孤立化の問題に関しては，さらに次項で具体的に述べる。

4）高齢者の社会的孤立の問題とその対策

　認知症などにより，介護保険や生活保護などの行政サービスを理解できない者やこれらの行政サービスを拒否する者など，健康に問題がある，生活が困窮している状況にもかかわらず，介護保険や生活保護などの必要な行政サービスを受けず，また，家族や地域社会との接触もほとんどないなど，社会から「孤立」する高齢者が存在している。

　昭和50年代後半から，一人暮らしの高齢者が，死後かなりの期間を経過して発見される事例がマスコミ等に取り上げられるようになった。その後，阪神・淡路大震災の仮設住宅における誰にも看取られない高齢者の死亡に関する報道や，さらに2005（平成17）年の千葉県松戸市の常盤平団地での孤立死問題を取り上げたテレビ放送などにより，高齢者の孤立死問題に対する社会的な関心は高まっている。近時においても，高齢者単身世帯や高齢夫婦世帯等において，死後相当期間が経過してから発見される悲惨な孤独死が発生しており，この中には，健康状態や経済状況に問題があるにもかかわらず，必要な行政サービスを利用できず，電気・水道・ガスなどの公共料金や家賃を長期間滞納するなど，

社会的に孤立した末に病死，餓死に至るケースがみられる。

　内閣府編（2010）では，「死後，長期間放置されるように悲惨な孤立死は，人間の尊厳を損なうものであり，また，死者の親族，近隣住民や家主などに心理的な衝撃や経済的な負担を与えることから，孤立死を，生存中の孤立状態が死によって表面化したものとして捉え，生きている間の孤立状態への対応を迫る問題として受け止めることが必要である」とされている。このため国や地方公共団体が，これら孤立死について事例を把握し，行政として，これを防ぐ手立てはなかったのか，どのような対応をとるべきであったのか，今後どのような対応を強化・推進する必要があるのかを検証し，社会的孤立の防止対策をいかにしていくかが重要となる。

　また内閣府編（2010）では「社会的孤立」を，こうした「家族や地域社会との交流が客観的にみて著しく乏しい状態」という意味で用いている。さらに内閣府編（2010）では，「社会的孤立に陥りやすい高齢者の特徴として，単身世帯の者，暮らし向きが苦しい者，健康状態がよくない者などが挙げられており，さらに，高齢者の社会的孤立の背景には，高齢者単身世帯及び高齢夫婦世帯の増加といった世帯構成の変化や雇用労働者化の進行，生活の利便性の向上等が関係するとして，このような経済・社会の変化により，現実に，社会的孤立のリスクは高まっているなど」と言及している。

　高齢者の社会的孤立が生み出す問題の要因として，内閣府の「高齢者の地域社会への参加に関する意識調査」（2008年）の結果等に基づき，『高齢社会白書平成22年版』において，生きがいの低下，孤立死の増加，消費者契約のトラブルの発生等が，すでに挙げられている（内閣府編 2008b, 2010）。

　さらに，高齢者の孤立死問題について，たとえば，東京23区内において，65歳以上の一人暮らしの者が年間3,000人を超えて，自宅で死亡しているが，この多くが孤立死であるとするものや，これに基づく推計によれば，全国において，年間1万5,000人程度の高齢者が死後4日以上を経て発見されている（内閣府編 2018a, 2018h）。また，この調査によると，誰にも看取られることなく，亡くなった後に発見されるような孤立死を身近な問題だと感じる人（「非常に感じる」と「まあまあ感じる」の合計）の割合は，60歳以上の高齢者の4割を超

え，その単身世帯では6割を超えるなど，その後も高齢社会が抱える問題として国民の関心も高くなっている。『高齢社会白書　令和元年版』の報告でも，ほぼ同じ結果となっている（内閣府編　2019a）。

　高齢者の社会的孤立はこれからますます深刻になり，その防止の必要性がますます高まる可能性が高い。高齢化社会が進展してきて，前述の如く高齢者単身世帯及び高齢夫婦世帯が増加する。したがって，介護保険サービスの利用者数及び生活保護の受給者数も増加し，多発する孤立死が目立ってくる。特に社会的に孤立している高齢者への対策が緊要の問題である。高齢者の社会的孤立が生み出す問題が深刻であり，高齢者の社会的孤立を防止する対策が早急に求められる。

　このように，高齢者の社会的孤立は，孤立死などの問題を生み出すとされていることから，高齢社会対策基本法第6条の規定に基づき，その予防対策が定められている。さらに，内閣府の高齢社会対策大網にも，「地域における高齢者やその家族の孤立化を防止するためにも，いわゆる社会的に支援を必要とする人々に対し，社会とのつながりを失わせないような取組を推進していくものとする」とされている。続けて，「一人暮らし高齢者等が住み慣れた地域において，社会から孤立することなく継続して安心した生活が営むことができるような体制整備を推進するため，民生委員，ボランティア，民間事業者等と行政との連携により，支援が必要な高齢者等の地域生活を支えるための地域づくりを進める各種施策を推進していくこととされる」（内閣府編　2018e）など，高齢者の社会的孤立を防止することが定められている。しかし，まだまだ時間が必要で，これから進化していく現地域包括ケアシステムの中で解決しなければならない。

3　技術的特異点革命・スーパーヒューマン化・超スマート社会の出現
　　──これからくる革新的社会改革

　この進化していく社会で，次の時代の社会体制の予測と計画的順応に準備しなければならない。情報技術と生物的技術の融合により，生活の便利の良さ，迅速さ，豊富な食物，高度のケアスキル，時間の余裕，生き甲斐と楽しい生活，

健康長寿，病気にならない，などが日常生活を革命的に変革する。人類の行動範囲も無限の可能性を秘めて，このプラネットから，宇宙へ展開していく。この遥か未来，実現できる進化の予測プロセスのなかでの，私たちのより良い社会を構築していく。

（1）人類社会の新しい次時代革命が到来する

カーツワイル（Kurzweil, R., 1948年～）の著書『シンギュラリティは近い──人間が生命を超越するとき』（*The Singularity is Near; When Humans transcend Biology*, 2005年）が，私たち人類の新しい革命的社会進化を目指す次代の幕開けの予想をした創始である。そして日本では，その特異点を齊藤（2014）は，要細にこれからの進展を紹介している。これは新しい世界と秩序を意味する。10～20年後には，プレ・シンギュラリティ（前技術的特異点），そして20～30年後にはシンギュラリティ（技術的特異点）が予測される（カーツワイル 2007a）。私たちの深刻な高齢者問題の究極的解決策の可能性は，次のこの「プレ・シンギュラリティ」から「シンギュラリティ」の時代には十分に考えられる。

現代は，DNA の発見以来，トランジスターの発明，LED の利用など，どんどん進化して，情報 ICT 革命そして，一方ではバイオロジー革命，すなわち Biological Technology（BT）が台頭してきた。この ICT と BT の革命がさらに進化しつつあるポスト資本主義の時代である。この次の時代は，技術的特異点（シンギュラリティ）革命といわれ，新しい科学技術革命すなわち ICT と BT 革命が癒合して人間の頭脳が AI 化されて，さらに一方ではスーパーコンピュータのビッグデータの処理能力も進化し，新しい社会秩序が始まろうとしている。ここには新しい人生哲学が求められ，老いない・死なないホモ・サピエンス，スーパーヒューマン人型ロボット自身の自己複製が可能な人工生命体（稲見 2016），そして宇宙への本格的進出で，地球外人口移動で，次の時代，すなわち新しい共存共栄革命へとつながっていくと推測されている。

さて，シグナルインパクト・オブ・エクサスケール・コンピューティング，すなわち超能力を持つ現在進化しつつあるエクサスケールのコンピューター技術であり，近い将来，次時代の扉が開き，人類は全く新しい世界と秩序で不老

と豊かさの恩恵を手に入れられる可能性がある。そして，これまで私たち人類が経験してきたあらゆる改革よりもはるかに巨大で，本格的で，根源的なものになる。私たち人類が体験したコンピューティングがもたらした恩恵とは完全に次元の異なるものである。また，「それによってもたらされる変革は，これまで私たち人類が経験してきたあらゆる変化よりもはるかに巨大で，本質的で根源的なものである。しかもその変革は，単一のものではなく多様で広範であり，私たちの生活や社会全体の仕組み，そして人間の価値観や尊厳のあらゆるものまで含み，それらすべてを一気に変えてしまうだけの衝撃を持つエクサスケールレベル」(齊藤 2014) とも考えられている。

このエクサスケールコンピューティングによってもたらされる前特異点の変革としてまず挙げられるのが，エネルギー問題の解決となる無限のエネルギーを自然エネルギーから変換する技術である。コストも僅少かフリーとなる。またこれによって，食糧問題の解決の糸口も明らかにされる。安全性が十分に担保された遺伝子組み換え技術，特に最近の確実な遺伝子組み換え，しかもピンポイントで遺伝子の構成を変える遺伝子編集技術などはそれを示唆している。高度に進化した生産，栽培，養殖，収穫技術によって野菜，果物，穀物，糖類，蛋白質，EPA，DHA，魚介類，家畜など全てが最大化された効率で私たち人類を養っても，余りある食料が安定して確保，提供されることになる。つまり，地球の自然環境の保全にも貢献し，重要な生物界の生命の維持が，より容易となるのである。これは，これからの社会の革命的変革により，生活のために働く必要のない生活が到来することも意味している。

さらに，遺伝子診断，遺伝子治療はもちろんのこと，これから，プロテオミクス，さらに，メタボロミクスも十分に解明され，ゲノム編集技術はさらに進化し，しかもそれが実用的に利用され，肉体と技術の融合となり，予想以上の早期に老化から開放される可能性は否定できない。エクサスケールコンピューティングがリンクした不老不死の時代の到来が予測されうるのである。

以上とは対照的に，2019 (令和元) 年末近くなってから2021 (令和3) 年初頭にかけて，地球規模で第3波が猛威をふるっている新型コロナウイルス感染症 (COVID-19) によるパンデミックで，多くの感染者と死亡者が出ており，

それによる経済不況も深刻な問題となっている。しかし，私たちは，このような世界的恐慌を何度か過去に制御してきたように，いずれこのコロナショックを終息させ，私たちの社会の存続には問題とならないであろう。しかし，今度の感染パンデミックは，私たちの生活様式の変容は勿論，新しい世界の秩序に相当影響を与えるであろう。そして，人的，物的交流がグローバルに依存し合って，世界経済は動いていることの重要性を身に沁みて深く理解した。

　一方，私たちがこれからも存続の危機に晒される点において，これが序の口かもしれない。これから来る地球温暖化のさらなる深刻さ，新しいもっと強力な未知のウイルスを含めての微生物伝染病，巨大自然災害，地球外宇宙からの強力な放射線暴露，巨大隕石との衝突などの試練が発生する可能性が考えられるからである。これら未共有の危機に準備，対抗するには，私たち人類全体でグローバルな共通の目的をもって全面的に協調・協働することが必須となる。このためにも，シンギュラリティの時代，次代の革命的総合テクノロジーが必要になろう。

（2）シンギュラリティとスーパーヒューマンの出現

　人間拡張（オグメンテルヒューマン）工学は，器具や情報システムを用いて，私たちがもともと持っている運動機能や感覚機能を拡張することで，工学的にスーパーマンを作り出そうとする試みである。つまり，人間にとって，新たなアート芸術感を生む技術，現在浸透しつつあるバーチャルリアリティとしてどこまで人間が身体から離れられるかという「実験」でもある。人型ロボットのあり方は人間の副の身体（個体）になれるのかは疑問であるが，この試みのスーパーヒューマンというビジョンは魅力的であり，人間はSF（Scientic Fiction）を越えることができるかという問いかけでもある。

　カーツワイル（2007a）は，前述したように2045年問題としてこのシンギュラリティ（技術的特異点）の時代を予言した。「GNR」要素が鍵といわれ，Gはジェネティクス（遺伝学），Nはナノテクノロジー，Rはロボティクス（ロボット工学）である。そして，彼は，以下のような進化可能な6つのエポックスを提案している（カーツワイル 2007a；齊藤 2014）。

① 「物理学（物質とエネルギーの段階であり，基本的宇宙の法則に基づくエネルギーの存在に関する証明とその応用である）。」

② 「生命とDNA（自己複製機能を有する分子集合体とDNAのしくみにより，より複雑な組成の再現が可能となる）。」

③ 「脳（生物はパターンや誤認，創造力や想像力を獲得してきた。これがAIの機能の中にも組み込まれ，それを発揮する可能性〔Advanced Deep Learning〕がある）。」

④ 「テクノロジー（機械や自動装置，コンピュータの開発はさらに進化していく）。」

⑤ 「人間のテクノロジーと人間の知性が融合することによって人間の肉体や思考力の限界が科学技術によって超越的となる。不老不死や，人間自身と機械の融合は可能か，それらも彼は予測している。」

⑥ 「宇宙の覚醒といわれるもので，人間知能とテクノロジーの存在可能性が極限となり，宇宙の中にある物質エネルギーを効率よく利用することが可能となる。知能は物質とエネルギーを再構成し，コンピューティングの最適なレベルの実現をし，地球から宇宙への進出をより日常化することが可能となる。情報伝達の限界が，光速を乗り越える可能性もあり，これまた宇宙パターンの進化につながる。」

　カーツワイルは，「実現が達成できる情報を示した各段階の一貫性と各段階に必要なそのツールを明確化している点が次代へのプロセスの可能性を高めている。それを実現していくことが進化である」（カーツワイルほか 2007b）と言及している。図表4-5は，第1の進化段階から第6の進化段階までを示したものである。現在，日本では政府の誘導で，すでに脱スマホ社会の未来の生活に向けての第5世代移動通信システムを構築する次世代の5G（Generation）（ドローンの一般化・遠隔手術・8K映像の伝達・AIロボット・自動運転などの次世代技術進化）が開発，実現化されつつある。加えて，この5Gを基盤に未来の産業創造に向けた社会改革に新しい価値の取り組みとして，Society 5.0（先端技術を全産業や社会生活に取り入れて，イノベーションから新しい価値を創造して，

図表 4-5　6つの進化段階——情報の秩序を増すパターンをつくりだすプロセス

第1の進化段階：「物理と化学」（原子レベル構造内の情報）
　　↓　　　　　　DNA が進化
第2の進化段階：「生命」（DNA 内の情報）
　　↓　　　　　　脳が進化
第3の進化段階：「脳」（神経系パターン内の情報）
　　↓　　　　　　テクノロジーが進化
第4の進化段階：「テクノロジー」（ハードウェアとソフトウェアのデザイン内の情報）
　　↓　　　　　　テクノロジーが生物学的手法を取得する
第5の進化段階：「テクノロジーと人類の知性は融合する」
　　　　　　　　　（人間がつくりだした指数関数的に拡張しつづけるテクノロジー群に人間の知性を
　　　　　　　　　含む生物学的手法が統合される）
　　↓　　　　　　大幅に拡張された人間の知性（多くが非生物的）が，宇宙全体に拡散される
第6の進化段階：「宇宙は覚醒する」（宇宙の物質とエネルギーのパターンが，知的プロセスと知識に
　　　　　　　　　より飽和する）

出所：齋藤（2014）。

快適で質の高い生活を保障する人間中心の社会〔内閣府編 2019c〕）の構築で世界に先駆した超スマート社会の実現を目指して進められている。

（3）次代革命システムの介護領域への影響

　以上の知見に踏まえて，これから到来する人類社会の新しい次代革命システムでは，この国の介護領域においてどのような利点があるのだろうか。現在とこれからの高齢者介護（福祉）分野での，最も深刻な課題となっている人材不足の問題である。政府（衆院法務理事懇談会）は，2018（平成30）年11月14日新たな在留資格が創設され，出入国管理法改正により，2019（平成31）年度からの5年間で最大34万5,150人の外国人労働者を受け入れると発表した。対象となるのが，人手不足が顕著な14業種，その一つが介護分野の約6万人（業種内最大数）である。数年に分割して受け入れ人数を達成される見込みである。加えて，2019（平成31）年4月より介護現場での外国人採用制度も開始され，受け入れ体制は徐々に本格化される見通しである。

　近い将来，現在急速に進化している次代型の AI を搭載する人型ロボット（人間の身体的弱点を十分にカバーするばかりでなく，精神的，心理的な領域も理解して，介護される高齢者の方々に思いやり一杯の優しい心配り，目配り，気配りのできる正確な介護関連技術が可能にセットされたロボット）が製造され，介護が必

要な高齢者には，一人ひとりがこのロボットを持つ事ができている可能性が高い。さらに，それぞれの業務目的に即する AI 化された各種介護補助器具，リハビリ PT・OT・ST 支援人型ロボットも利用可能となる。

　介護施設もすべて，スーパーコンピュータが導入され最新の ICT 化を通して，運営管理される。したがって，介護人材不足の解消ばかりでなく，最高の介護の質も保障される。その間に日本が受け入れた多くのアジアからの外国人介護研修実習生の中から，母国に帰り日本の卓越した介護の心とスキルを自国の遅れてくる高齢社会の介護に貢献する者も現れてくるだろう。

　それまでに至るには，いろいろの困難な問題があるとしても，時間がかかりそうである。でも将来，きっと解決され，その始まりを経験するであろう。

4　地方創生の生涯活躍の‘まち’（街）づくり
──新しいコンパクトスマートシェア・コミュニティの展開

　本節では，現在歩み出した地方再生の生涯活躍の‘まち’の創生とその展開の必要性について解説する。本節で取り上げる‘まち’づくりは，多くの孤立する高齢者ばかりでなく，すべての年齢層の共生，共棲，協調による新しい活力と生産性のあるコミュニティが基盤となるであろう。また，この取り組みは，取りも直さず「新しい展開となる持続性の地域包括ケアシステム」を構築するのに重要な役割を果たすと，筆者は考える。まずこのコンセプトを理解することから始めよう。

（1）日本版「地方創生の生涯活躍のまち構想」の現状

　2014年閣議決定した，まち・ひと・しごと創生総合戦略（内閣官房まち・ひと・しごと創生本部編 2014）において，都会の高齢者が地域に移り住み健康状態に応じた継続的なケア環境の下で自立した社会生活を送ることができるような地域共同体（日本版 CCRC〔Continuous Care Retirement Community〕：退職者のための持続型ケアを提供するコミュニティ）についての検討を始めることになった。その後に日本版 CCRC 構想有識者会議は基本コンセプトに継続的ケアの確保を打ち出した（内閣官房まち・ひと・しごと創生本部編 2015b）。つまり，

日本版CCRCも単なる町づくりではなく，米国のCCRC［本節（3）参照］のように医療と介護が最期まで保障されなければならない，というコンセプトを明確にしたのである。

（2）日本版CCRC構想

　2013（平成25）年の日本版CCRC構想有識者会議で5回の審議を経て，日本版CCRC構想の基本コンセプト具体像がまとめられている。以下は，その「概要」である。

1）日本版CCRC構想が目指すもの

　このCCRC有識者会議にて検討された日本版CCRC構想は，「東京圏をはじめとする高齢者が，自らの希望に応じて地方に移り住み，地域社会において健康でアクティブな生活を送るとともに，医療・介護が必要な時には継続的なケアを受けることができるような地域づくり」を目指すものである。そして，本構想の意義として，「①高齢者の希望の実現，②地方へのひとの流れの推進，③東京圏の高齢化問題への対応」，の3つの点が挙げられている。

　　①　「高齢者の希望の実現」
　　当時の意向調査（内閣府編 2013b）によれば，「東京都在住者のうち地方へ移住する予定又は移住を検討したいと考えている人は，50代では男性50.8％，女性34.2％，60代では男性36.7％，女性28.3％にのぼっている。こうした高齢者においては，高齢期を‘第二の人生’と位置づけ，都会から地方へ移住し，これまでと同様，あるいは，これまで以上に健康でアクティブな生活を送りたいという希望が強い。また，地方は東京圏に比べて，日常生活のコストが大幅に低いという点で住みやすい環境にある」。その後も，この傾向は続いている。日本版CCRC構想は，こうした大都市の高齢者の希望を実現する取組として，大きな意義を有している。
　　②「地方へのひとの流れの推進」
　　近年，東京圏への人口集中が進む中で，地方創生の観点から地方への新しいひとの流れをつくることが重要な課題となっており，高齢者の地方移

住は，そうした動きの一つとして期待されている。日本版 CCRC 構想は，「移住した高齢者が地方で積極的に就労や社会活動に参画することにより，地方の活性化にも資することを目指している」。

　「また，地方には，長年にわたって医療・介護サービスを整備してきた地域が多く存在している。こうした地域では，人口減少が進むなかで，高齢者の移住により医療・介護サービスの活用や雇用の維持が図られる点で意義が大きい」。

　さらに，東京圏からの移住にとどまらず，地方の高齢者についても，効果的・効率的な医療・介護サービスの確保等の観点から，集合住化や『まちなか居住』の推進が重要となっている。こうした地方の住み替えにおいても，「日本版 CCRC 構想の空き家や空き公共施設などの地域資源を活用することにより，地域の課題解決にも資することを目指している」。

　③　「東京圏の高齢化問題への対応」

　「一方，東京圏は今後急速に高齢化が進むこととなる。特に75歳以上の後期高齢者は，2025年までの10年間で約175万人増えることが見込まれている（東京都政策企画局編 2015）。その結果，医療・介護ニーズが急増し，これに対応した医療・介護サービスの確保が大きな課題となってくる。「東京圏においては，医療・介護人材の不足が深刻化するおそれがあり，このまま推移すれば，地方から東京圏への人口流出に拍車がかかる可能性が高い」。

　こうした状況下で，日本版 CCRC 構想は，「地方移住を希望する東京圏の高齢者に対して，地方で必要な医療・介護サービスを利用するという選択肢を提供する点で，東京圏の高齢化問題への対応方策として意義がある」と考えられる。

2）7つの基本コンセプト

　こうした基本理念を踏まえ，日本版 CCRC 構想は，以下の7つの点を基本コンセプトとすることが考えられた（内閣官房まち・ひと・しごと創生本部編 2016a；内閣官房まち・ひと・しごと創生本部事務局・内閣府地方創生推進事務局編 2017）。

①　「東京圏をはじめ大都市の高齢者の地方移住の支援」

「東京圏をはじめ大都市の高齢者が，自らの希望に応じて地方に移住し，『第二の人生』を歩むことを支援する。このため，移住希望者に対しては，地元自治体を中心に，ニーズに応じたきめ細かな支援を展開し，入居・定住にむすびつけること」が重要である。

②　「健康でアクティブな生活の実現」

「高齢者が，健康づくりとともに，就労や社会活動・生涯学習への参加等により，健康で活動的に生活することを目指す。このため，課題解決型のプランではなく，シニアライフを通じて何がしたいか，どのような人生を送りたいかという「目標志向型」のプランを策定し，PDCA（Plan〔計画〕・Do〔行動〕・Check〔検証・課題修正〕・Act〔再実践〕）サイクルにより実現を図る。」

③　「継続的なケアの確保」

「医療・介護が必要となった時に，人生の最終段階まで尊厳ある生活が送れる『継続的なケア』の体制を確保する。このため，地域の医療機関と連携するとともに，要介護状態等になった場合には，居住者の希望に応じて CCRC 内部または地域の介護事業者からの介護サービス提供を確保する。重度になっても地域に居住しつつ介護サービスを受けることを基本とする。」

④　「地域社会（多世代）との共働」

「従来のように高齢者だけで生活するのではなく，高齢者が地域社会に溶け込み，子どもや若者など多世代との共働や地域貢献ができる環境を実現する。このためには，居住者や地元住民が交流し活動できる多様な空間を形成することが望まれる。」

また「高齢者の『健康でアクティブな生活』や『地域社会（多世代）との共働』を実現するために，ソフト面全般にわたって開発・調整を担う『司令塔機能』の充実を図る」。

⑤　「IT 活用などによる効果的なサービス提供」

「労働力人口が減少する時代の到来を踏まえ，医療・介護サービスにお

ける人材不足に対応するため，IT 活用や多様な人材の複合的なアプロー
チ，高齢者などの積極的な参加により，効率的なサービス提供を行う。」

⑥「居住者の参画・情報公開等による透明性の高い事業運営」

「事業運営においては，居住する高齢者自身がコミュニティ運営に参画
するという視点を重視する。また，事業運営が外部から的確にチェックで
きるようにするため，基本情報や財務状況のほか，居住者の要介護発生状
況や健康レベルなどのケア関係情報などについても積極的に公開する。」

⑦「関連制度や地方創生特区等の活用による政策支援」

「関連制度等のほか，地方創生特区や地域再生計画の活用による政策支
援を検討する。」

　しかし，日本ではこの米国型 CCRC また現在少ない地域でその建設に取り
組まれている日本版 CCRC コンセプトはあまり将来必要としない可能性もあ
り，これから米国のように全国的に発展するかは，まだわからない。日本では，
政府の主導している地域包括ケアシステムが導入されて以来，年々と少しずつ
充実され地域に浸透し，多くの地域住民はそれを理解するようになってきた。
日本の高齢者は家族との絆が強い。また，その地域に愛着が非常に強くなるな
か重度高齢者になってから，住居を他方へ移動することは難しい。すなわち，
エイジング・イン・プレイス，住んでいる場所や地域で老いていくことを望む
場合が普通である。地域包括ケアシステムがより進化してきたのは，地域の互
助，共助，公助がより徹底化し，それにこの国の優れた医療保険と介護保険が
それをバックアップしているからである。この地域包括ケアシステムの中で，
これらを活用，応用することで，いま現在住んでいる場所や地域で医療や介護
を受け，穏やかに最期を迎えることは当然難しくはない。新たなコミュニティ
を作るということも選択肢としては必要であろうが，それはその人の生き方の
選択となり，決して現在提案されている日本型 CCRC は，必ずしも積極的に
歓迎すべき選択肢とはいえない，と筆者は考える。

（3）米国の CCRC と CCaH の現況

前述した日本版 CCRC の手本となった米国における CCRC を理解することは，今後の「日本版」の発展に役に立つ。その歴史は古く19世紀以前に遡る。家や資産を寄付した高齢者に対して，協会や友愛結社が見返りとして提供したのが CCRC の起源で，1970年代以降に CCRC が急速に普及しはじめ，2017年現在では全米に少なくとも2,000以上の CCRC が存在するといわれている（馬場園ほか 2015；プラチナ社会研究会編 2015）。現在は，恐らく3,000以上と推測される。

筆者は，米国で臨床卒後教育研修を終え，数カ所の大学附属病院で約27年間以上教職につき，1995（平成7）年に帰国した経歴があるので，1〜3年毎に米国の高齢者医療と教育を視察・研修をしてきた。偶然に，1998（平成10）年にメリーランド州にあるジョンズ・ホップキンス大学附属病院老年内科に短期留学していた時に，ボルチモア郊外にある米国でも3本の指に入る巨大さをほこる CCRC, Charlestown Retirement Community を視察した。

この日本の常識では考えられない程の広い旧大学キャンパス内の敷地に建築されていて，当時，自立型住居型1,599室，支援型132室，介護型260ベッドから構成された総合高齢者施設である。多くの数階の煉瓦建物群がブリッジで連絡されて，移動は廊下を走る超小型のオープン車であった。銀行，郵便局，理髪・美容店，雑貨店，本屋，花屋などを備え，大きな古い教会がフォーマルなレストランとなり，その他に様々なタイプのレストランも見られた。驚くほどに整備された健康ジムには，専用トレーナーたちが常勤していた。キャンパスの中にある独立した附属建物は，ほぼ全科を診る外来クリニックと5つのベッドを備えた重症患者と終末期看取りのための小病棟が整備されていた。また，運動場，ゴルフ場，白鳥が浮かぶ湖，小型の数カ所の森，散歩道，サイクリング道なども，キャンパス内にあった。しかも，この広大なキャンパスは壁によって取り囲まれていて，メイン・エントランスには，24時間体制の警備詰所があり，すべての出入りが管理されていた。

その後，筆者は興味から，特に今後の日本での高齢者の生き方，生活のあり方に示唆するところが多いと考え，いろいろな都市，町の CCRC を見学した。

そして，日本型の CCRC を模索しだした。2015年の米国ニューヨーク・ニュージャージー州内の高齢者ケアの視察では，既存の拡大しつつある一部のCCRC の周辺部にこの米国型在宅ケア CCaH（Community Care at Home）が造設され，中核としての CCRC と連携して包括的に地域高齢者ケアが行われるようになっていた。一般的な CCRC は300棟以下である場合が多い。さて，日本にその米国型 CCRC を導入する基本的なシステムは，入居者の健康レベルに応じて以下の３つのレベルの住まいが必要になる（筆者の直接調査）。大規模なコミュニティであれば，同じ敷地内にあるのが普通である。

① 自立型住まい（IL；Independent Living）とは，健常で自立している人々の居住者域であり，自立型住まいは独立した生活住居スペースで共同生活形式が主流である。ここでは，食事サービス，さまざまな娯楽文化サービスと病気，寝たきりにならないための保健医療サービスが提供される。

② さらに介護支援が必要になってくると，「支援型住まい」（AL；Assisted Living）で，低～中介護度で，日本でいうと要支援１～２から要介護１～２のレベルであり，特に独身高齢者が多くなる。この「支援型住まい」には，入居者が生活支援，介護支援が必要になってきた時，健康型住まいから移り住む施設が提供される。また衣服の着替えや，投薬，入浴介助，その他生活に必要なサービスも提供される。

③ 介護度が段々と大きくなり，基礎日常生活が一人ではほとんどできないような状態になってくると，「介護型住まい」，すなわちナーシングホーム（Nursing Home）で，常時介護が必要な入居者（日本の要介護３～５レベル）のためのものである。24時間体制を必要とする短期及び長期の介護・看護・医療サービスを提供する施設で，日本の介護老人福祉施設に類するものである。

この CCRC 構想は，在宅ケアとともに地域福祉の拠点としての機能を果たす。在宅型 CCaH は，介護・看護スタッフによる看取りまでの持続的ケア可

能な在宅ケアであるが，CCRC と密接な連携にある。

（4）「未来を考える超高齢社会の3つのビジョン」と日本の新しい CCRC と CCaH の創設

　内閣府が目指す「超高齢社会に関する3つのビジョン（内発的・自律的・持続的な未来の地域社会）」（内閣府編 2013c）を踏まえて，これを実現するための8つの提言が総務省より超高齢社会構想として「スマートプラチナ社会の実現」に関しての基本的視点を提言（総務省編 2013b）している。以下は，この「提案の概要」である。現在でもこの「提言」は，そのまま持続していくものに相応しい。

　　① 「目指す超高齢社会のビジョン1」
　「全ての国民が可能なかぎり健康を維持し，自立して暮らすことのできる（健康長寿の延伸）また，病気になっても質の高い医療・介護サービスを享受し，住み慣れた地域で安心して暮らせる社会の実現となる。」
　「提言1．国民のライフスタイルに適応した ICT を活用した健康モデル（予防の確立）」
　「生活習慣病等の発症・重症化の「予防」による健康寿命の延伸を図るためには，国民のライフスタイルに適応した健康維持・増進の仕組みを確立していくことが必要である。」
　「ICT は，国民の健康や生活に関する情報を適切に集積・管理・分析して疾病管理を行う等，健康に対する国民の気づき（見える化）を持たせ，その気づきを『行動』に変容させ，更にその行動を『継続』させるための有効なツールになると期待される。本会議では，先進的な自治体が運用する遠隔健康相談システムや民間企業の ICT を活用した健康増進プロジェクトの取組が紹介され，住民や社員の健康状態の向上や医療費の削減効果が確認されている。」

　今後は，このような「予防」のための取り組みを更に広げる必要があると思

う。具体的には，保険者としての地方自治体や企業が主体となる ICT システムや健診データ等を活用した健康モデルや高齢者の就農による健康増進効果が実証された等の過去の取り組みを踏まえた健康モデルを確立・普及していくための施策展開を推進すべきであること，その際には，インセンティブのあり方についても，あわせて検討を行う必要があることは，この提言でも言及されている。

> 「提言２．医療情報連携基盤の全国展開と在宅医療・介護のチーム連携を支える ICT システムの確立」
> 「医療・介護・健康分野のデータを，本人や医療従事者等の関係者間で共有・活用するための基礎的インフラとなる医療情報連携基盤の構築により，継続的かつエビデンスに基づく医療・介護サービスの提供，本人の自らの健康状態に対する理解促進，重複検査の防止等を通じた医療費の抑制，救急医療時における迅速な対応や災害時のバックアップ機能といった効果が期待されるほか，これらのデータの２次利用により，自治体の健康施策の立案や疫学研究等に役立てることも期待されている。」

このため，今後は，かかる基盤の全国展開に向けた本格的な取り組みを開始することが重要であり，具体的には，全国展開に向けて必要となる技術検証や運用ルールの確立等に早急に取り組むとともに，財政措置等についても検討することが望まれる。医療関連情報の共有については，個人情報の漏洩の防止等について万全の措置を施すことが重要であることは言うまでもない。

また，多職種の専門家がチームを組んで患者（施設入居者も含めて）を24時間体制で支える在宅医療・介護の現場においては，ICT を活用し，情報を共有することが質の高いサービスの提供のため不可欠であり，このようなシステムの標準化に向けた取り組みを推進すべきである。具体的には，医療・介護間で共有すべき情報の特定介護分野におけるデータやシステムの標準化，在宅におけるモバイル端末やセンサー技術等の活用方策の明確化を図るための取り組みを推進するとともに，それらの取り組みの持続性を担保するための仕組みに

ついても検討を進める必要がある。

　「提言3．高齢者の安心，安全を日常生活で支えるライフサポートビジネスの創出」

　「分断している個々のサービスや高齢者のニーズとサービスをスムーズにつなぎ，医療・介護サービスにとどまらず，民間事業者のサービスが効率的に連携して，それぞれのサービスが最適のタイミングで高齢者に提供されるような仕組みを実現するためには，ICTの有効活用が不可欠である。あわせて，地域で信頼を得ている人材が，高齢者やその家族に対して適切なサポートやアドバイスを行うといったコーディネイターの役割も重要であり，新たな‘ライフサポートビジネス’に対する国民の信頼が醸成されるような仕組みについても検討を行う必要がある。これらの民間事業者と自治体，たとえば，ライフライン事業者が市町村の福祉部局等とICTを活用して適切に連携することにより，高齢者の安心・安全のための取組につながることも期待される。」

　② 「目指す高齢社会のビジョン2」

　「健康で意欲のある高齢者がその経験と知恵を活かし，現役世代と共生しながら生きがいをもって働き，コミュニティで生産活動や社会活動ができる社会の実現をする。

　活力ある超高齢社会の実現のためには，これまでの高齢者に対する意識を根本的に転換し，現役世代と高齢者を年齢で画一的に線引きするのではなく，健康で働く意欲のある高齢者は年齢に関係なく働き，また，地域コミュニティで活躍できるような環境整備を社会全体で進めていく必要がある。」

　「提言4．コミュニティ活性化につながるICTリテラシーの向上」

　「高齢者がコミュニケーションツールとしてのICTの使い方をともに学び，教え合う場を確保（公民館，学校や大学，空き施設等）するとともにこのような場からユーザニーズを吸い上げる仕組みを構築し，このような活動を支援するサポーターの配置，学ぶためのカリキュラムやテキストの整

備，高齢者の ICT リテラシーの向上に資する ICT 習熟度についての評価指標の策定等を一体的に進めることが重要である。その際には，シニアボランティアの協力を得ながら進めていくことも有効な方策である。

また，大学改革の一環として，地域再生を担う人材の育成や高齢者・社会人の学び直し，交流の場の提供等といった，地域の課題解決に取り組む大学を支援するセンター・オブ・コミュニティ（COC）事業が開始されたところであり，これらの取組とも連携を図る等，効果的な施策展開を進めていくことが必要である。」

「提言5．高齢者と現役世代との共生——ベストミックスモデルによる新たなワークスタイルの実現」

「働く意欲やスキルを持っている高齢者は多い一方，身体的理由等からフルタイムで働くことを負担と感じる場合も多く，ICT を活用した時間や場所にとらわれない柔軟なワークスタイルは，今後の一つの有望なスタイルになると考えられる。

介護のために現役世代が離職を余儀なくされること等もあることから，支える側の人々が，テレワーク等の活用により，引き続き就労の機会が確保される環境を整備していくことも重要である。

今後は，ICT を活用した新しく柔軟なワークスタイルを社会に定着させるための施策を更に推進するとともに，その際には，たとえば夜間でも昼間と同様の労働条件で在宅勤務を実施できる等，ワークスタイルに対する制度的課題の解消，企業の労務管理やライフスタイル等に関する社会全体の意識改革も同時並行で進めていく必要がある。」

「提言6．高齢者の社会参加を促す ICT システム（ロボットやセンサー技術などの開発，実用化）」

「一般に，高齢者は加齢により短期的記憶力や視聴覚機能・運動機能が低下するものの，最近では，このような機能の低下を補完できる ICT システムが登場している。たとえば，スマートフォンやタブレットの文字拡大表示機能や音声応答機能，生活支援ロボット，外出や移動をサポートするモビリティシステム等の開発が進んでおり，EU（欧州連合）では FP7

プロジェクト（7th Framework Programme；研究・技術革新のための資金ファンド計画）等を通じ，これらの技術の開発・実用化に向けた戦略的投資が行われている。」

③「目指す高齢社会のビジョン3」

「世界に先駆けて，超高齢社会を迎えた私たちの国が課題解決先進国としてその解決方策とする ICT システムサービスの日本モデルをいち早く確立し，新産業（スマートプラチナ産業）の創出と，グローバル展開を実現，2020年には23兆円の新産業の創出を予測している。

諸外国においては，世界で最初に超高齢社会に直面した私たちの国が確立した「日本モデル」を参考とし，自国の社会，経済，文化等を考慮したモデルを構築することにより，超高齢社会の課題の克服が容易になると考えられる。」

「提言7．ICT を基点としたスマートプラチナ社会の創出」

「世界は，21世紀の持続可能な社会モデルを模索している。いま，関心の高いのは地球環境問題であるが，もう10年もすると世界中で高齢化が進行し，超高齢社会の関心が高まる。」高齢化が，人類の末路でなく，進化としなければならない。これからの数十年が正念場であろう。「地球環境問題を解決した元気な超高齢社会」がこれからの世界が必要としている社会モデルとなる。「この2つの課題を高いレベルで解決した社会を‘プラチナ社会’と命名することが提案されている。このプラチナという言葉は，金よりも高価で，品格を感じさせ，輝きの失せない元気なイメージが出るということから，プラチナ社会がよく使われるようになった」。

プラチナ社会の実現は，新産業の創造を必要とする。需要不足の問題で，減税などで消費財の需要を喚起する方法は長続きしない。この社会の実現を通じて新たな産業を創ることと，快適な社会を創ることを目的としている。そのためには，環境，医療・健康，教育，インフラ整備・維持管理等の分野で解決すべき課題が多くある。その社会モデルの実現を後述のコンパクトプラチナ・スマートシェア社会（第5節）で具体的に紹介する。「より快適な社会を創るために使うお金は，コストではなく，投資と考え

る。そして，その投資が持続するには産業として成立するようにすること
が必要となる。それには，民の活力を活用することはもちろん，規制緩和，
制度や技術基準の見直し，利子増生資金の調達や公的助成，既得権益者と
の調整等，官の役割も重要となる。ここに，賢い政府が求められる。18世
紀以降，農業社会から工業社会へ転換することで，多くの産業が生まれ，
今日の産業社会を創った。そこでフロントランナーを努めた欧米諸国は，
多大な先行者利益を享受した。しかし，もうその時代は終わろうとしてい
る。世界は次のステージに移行しつつある。」

「提言8．ICT システムの標準化活動を進めると共に，システムサービ
スをパッケージ化してグローバル展開と各国の協働実証連携」

今後の具体的なプロジェクトとして掲げられているのは，上記の提言であり，
① ICT 健康モデル（予防の確立），②医療情報連携基盤の全国展開，③ライフ
サポートビジネスの創出，④ ICT リテラシーの向上，⑤新たなワークスタイ
ルの実現，⑥人工知能（AI）ロボット・センサーとさらなる ICT の開発，実
用化，そしてスマートプラチナ産業に集約される。

日本では，地域包括ケアシステムの構築を推進する観点から高齢者介護施設，
たとえば介護老人福祉施設については様々な施設内外の活動が必要となる。介
護サービスが必要になる重度の要介護者や低所得高齢者の「終の棲家」として
の役割を果たし，これからもそれが必要となる。また，この介護老人福祉施設
は，その有する資源やノウハウを最大限に活用し，地域の拠点として，在宅サ
ービスの提供，地域の生活困難者への支援，さらには地域活性化にも取り組み，
地域包括ケアが実現される「まち創り」に貢献していくことを目指すべきであ
る。したがって，この介護老人福祉施設は，高齢者の最期の施設看取りを可能
にして，CCRC & CCaH においての「まち創り」を支え，必要欠くべからずも
のである。この活動は，他の高齢者介護施設にもほぼ共通する。

地方創生をめぐる動向と生涯活躍のまち構想については，2016（平成28）年
12月22日に改訂版が発表された（内閣官房まち・ひと・しごと創生本部編 2016a）。
この改訂版は，地方性の現状を踏まえ検証した結果，改訂されたものであり，

内容は，政策メニューの拡大（地方創生の進化），ローカルアベノミクスの実現，政府関係機関の移転，生涯活躍のまちの構想，地域アプローチによる少子化対策，連携中枢都市圏，さらに小さなまちの形成（集落生活圏の維持）であり，また，地方への支援（地方創生版三本の矢〔情報交換の矢・人的支援の矢・財政支援の矢〕）も盛り込まれている。

　東京から一極集中がさらに加速しているのが現状である。地域経済と大都市経済での格差も，拡大の一途を辿っている。地域では雇用面は悪化し，消費回復に遅れ，生産性の低下などに関して，大都市圏に比べてより大きな影響が出ているからである。したがって，「地方創生は創生戦略策定から，地域推定の段階へと進み，具体的な事業の本格的推進が主眼点となって，基本目標はKPI（Key Performance indicator；企業などの組織における重要業績評価指標）の向上という点を踏まえ，仕事をつくり，人の流れを変え，結婚，子育ての希望をかなえ，そして町づくりということになる」（内閣官房まち・ひと・しごと創生本部事務局・内閣府地方創生推進事務局編 2017）。

　次に必要となるのは，政策メニューの拡大（地方創生の進化）である。そのためには，「地域に仕事をつくり，安心して働けるようにし，ローカルアベノミックスの実現を図る。すなわち，地域の技の国際化（ローカルイノベーション），地域の魅力ブランド化（ローカルブランディング），地域のしごとの高度化（ローカルサービスの生産性の向上と人材の地方還流），地方への新しい人の流れをつくる政府関係機関を移転，企業の地方拠点化し，生涯活躍のまち構想で，若い世代の結婚，出産，子育ての希望をかなえ（「地域アプローチ」による少子化対策・働き方改革），そして時代に合った地域をつくり，安心な暮らしを実現することに地域と地域が連携する」（内閣官房まち・ひと・しごと創生本部事務局・内閣府地方創生推進事務局編 2017）といった善後策が求められる。これは，地域連携の推進でコンパクトシティの形成となり，さらに小さな拠点の形成ともいえる。

　財政支援の矢として「新型交付金の補正と予算であり，まち・ひと・しごとの創生事業費地域財政処置で地方公共団体が地域創生に取り組み，きめ細やかな施策を可能にする観点から地域財政計画（歳出）に計上（2017年度は1兆円），

さらに，地域への地方創生関連補助金などの改革であり，適切な KPI や PDCA サイクルの整備，手続きのワンストップ化などによる縦割りの弊害防止など」（内閣官房まち・ひと・しごと創生本部事務局・内閣府地方創生推進事務局編 2017）が，重点的に述べられている。

　以上の中で，この地域への新しい人の流れをつくることで，生涯活躍のまち，新しい改訂日本版 CCRC・CCaH 構想がさらに進化して，有識者会議の報告等のまとめから，制度管理，支援システム，支援チームの創設などが期待され，さらに資金調達，投資の可能な事業家によるこの「まちづくり」への積極的参加の必要性を示している。これは，地域創生の観点から，中高年齢者が希望に応じて地方や街中に移り住み，地域の住民（多世代）と交流しながら健康でアクティブな生活を送り，必要に応じて医療・介護を受けることができる地域づくりを目指すものである。これが新しい改訂日本版 CCRC・CCaH 構想であるが，必ずしもその導入は簡単ではない。

　筆者が課題として考えているのは，①中高年齢者の希望に応じた住み替えの支援，②健康でアクティブな生活の実現，③地域住民との多世代協働，④継続的なケアの確保，⑤地域包括ケアの連携である。2015（平成27）年11月 1 日時点で，「生涯活躍のまち構想」など調査結果（内閣官房まち・ひと・しごと創生本部事務局編 2015a）によると，「推進意向ありのうち地方版総合戦略に盛り込み済みまたは盛り込み予定が220団体となっていた」。しかしその後，地域への公的資金の投入，また事業者による投資も少なく，初期の地域の積極的期待とこのまち創りの推進力は低下してきて，あまり積極的にメディアにも取り上げられなくなった。さらに，新たな創造的，戦略的発想への転換とその提案・導入されたプロジェクトの持続性が求められるのであろう。

（5）新しい日本版スマートシェアタイプ・グリーンイノベーション・プラチナ生涯現役まち構想──その導入を考える

　現在日本では，スマートシェア社会の実現，すなわち ICT でつくる安全，元気な暮らしが提起されている。ミッションは，スマートシェア社会の実現で

あり，ICT でつくる安心，元気な暮らしである。ビジョンは，健康を長く維持して，自立的に暮らし，生きがいをもって働き，社会参加する，そして新産業創出とグローバルの展開である。課題としては，労働人口の減少と医療の増大，コミュニティ意識の希薄化に対する対策が求められる。このプラチナ「シェア社会」の取り組みの方向性は，予防による健康長寿の延伸であり，高齢者の知恵と経験を活用し，スマート産業の創出にある。特徴の1つ目は，健康を長く維持して自立して暮らすために，ICT 健康モデル（予防の確立），医療情報連携基盤の全国展開，ライフサポートビジネスの創出である。特徴の2つ目は生きがいをもって働き，社会参加することであり，ICT リテラシーの向上であり，新たなワークスタイルの実現を可能にすることである。そして，特徴の3つ目は，各種ロボット・センサーへの応用のための ICT・AI 開発の実用化である。この領域では，スマートプラチナ産業ならびにオープンイノベーションによる現在を越えた新しい産業群の創出が期待されている。それは，ICT（Information Communication Technology）と BT（Biological Technology：バイオ技術）との融合した技術分岐特異点への変革である。そして，グローバル展開と国際連携が必要になり，フロンティアランナーとしての世界に貢献するための ICT & BT システムの標準化，各国との共同実施の連携が必要になる。

（6）地域在宅・施設居住者を中核とした医療・介護ケアサービス
—— PCMH コンセプトで地域包括ケアセンターのケアの機能改善

　高齢者の新しい生き方を提供する医療保険と介護保険で支えられた「ミクロ地域包括ケアシステム」としての日本版 CCRC の構築のためには，次の3点を整備する必要がある。

①　バリアフリーの CCRC でサービス付き高齢者向け住宅〔サ高住〕，または CCaH（在宅持続ケア）型住宅で高齢者になっても住み続けることができる「バリアフリー・高齢者住まい（ネットワーク型複合施設）」の整備の保障。

②　ワンプレイス型住宅も自立型（CCaH）であり，ADL の状態により，

既述の3種類の住宅（自立型）（CCaH），介護支援型（CCaH），さらにユニット型老人介護施設（ホーム）もしくは老人ケア施設（ホーム）として要支援，要介護を中心としている施設などが提供され，一貫性をもって最後の看取りケアまで行うシステムの構築。

③　医療並びに介護保険サービスが地域包括ケアシステムの内部で提供され，介護予防推進，各種居宅サービス，各種施設サービス等々が連携して支援するための体制の構築。

　これら3点が，患者（居住者）中心の医療ホーム（PCMH：Patient Centered Medical Home）の根幹を為すものである。この施設には在宅療養支援診療所が設置され，すなわち医師が主導する医療・介護を行う患者（居住者）中心の医療・介護が受けられる在宅ケアプログラム（PDMP：Physician-directed Medical Practice）が行われる。このプログラムのリーダーは「かかりつけ医」で，医療の質と安全（定期的に第三者評価システムの介入）が管理・提供する際に，主な役割を果たすとともに，単独開業医院や診療所の「かかりつけ医」は地域の医療に責任を持つ。その結果，医療・介護・生活サービスを包括して多職種の連携を強化して，すべての人にそのサービスが確保され，権利を擁護するような共助並びに公助が提供されることになる。

　すなわち前述のネットワーク型にせよワンプレイス型にせよ，両者に日本版CCRC（持続型ケア退職コミュニティ）とCCaH（自宅）があり，在宅支援診療所，高齢者介護施設，デイケア・デイサービスなどの複合施設を中心とした地域の高齢者住宅ネットワーク内で行われる。また，このプログラムにおいては，自助・互助が必要であり，地域の特性を持ち合わせた地域ケア推進の最も基本の小地域となる。

　もう少し説明しよう。このネットワーク内には，日本版機能強化型多サービス小規模訪問看護ステーションが設置されることになる。このステーションは，オランダ（ビュートゾルグ）で一般的に施行されている小地域ケアモデル（堀田 2016；秋山ほか 2016）の模倣だが，地域包括システムケアの重要な役割を演ずる中核として地域ケアマッピングにおいて重要な役割を果たすと考えられ

る。また，このステーションは，看護師を中心とする小規模チーム（12人前後）によるケアマネジメントを提供でき，訪問看護・介護・リハビリ等を一体化して提供する総合的看護ステーションとしての機能を持つ。そして，地域臨床看護ケアに経験のある看護師を多く含む自律型フラット組織チームで運営され，地域クリニック（在宅療養支援診療所）との密な連携をとって医療・看護・介護・リハビリまで提供ができる。

　一方，医療面・生活面を総合的に包括して，老年診療・看取り・認知症ケアのできるプライマリ・ケアの理念を基礎とした総合診療医も必要となる。包括的 ICT-アセスメントシステムを導入し，情報共有ツールを持ち，地域ケアマネジャーと協働，連携する。既述の PCMH の中心的存在となる小地域の在宅チームとしてのミッションの機能を持つ総合クリニックで，診療所勤務医と開業している地域かかりつけ医がこのチームに含まれて一端を担うことになる。

5　コンパクトスマートシェア・コミュニティへの挑戦

　本節では，これからの高齢者は，一体どのように生きていったらよいのであろうかを考える。まず言えるのは，未来をよく考えて，一人ひとりがあらかじめその「生き方」とその「老い」に覚悟を持たなければならない，ということである。私たちは，第1章で言及したような歴史が証明しているように，今までも，そして，これからも，お互いに助け合い，協働し合って地域共生社会を作らなければならない。この点に鑑みると，高齢者・若者の区別なく，フレイルな人々をもっと支援する義務があると思う。健やかで長寿の高齢者も，フレイルな高齢者を積極的に助けなければならない。そこで，まず，私たちが「幸せ」で「生きがい」ある「健やか」な長寿社会を設計するには，何をすればよいのかについて，地域で暮らす高齢者に焦点を合わせ，この課題を論じる。

（1）活力ある新しいタイプの長寿社会を目指して
　前節で取り上げた「新しい日本版スマートシェアタイプ・グリーンイノベーション・プラチナ生涯現役"まち"」の整備は，ただ長生きするのではなく自

立した長生き・健康な長生き・社会に参加できる生産性のある長生きという広い意味での人生を，個々別が「生きがい」をもって送ることが可能な社会の実現のために行うものである。これまでも先進国では，QOL（Quality of Life）の向上を社会目標としてきた。量的な豊かさをほぼ達成した先進国に加えて，あと数年で量的豊かさを急速に獲得するであろう中国をはじめとする開発途上国が求めるものもやはりQOLであり，このような願望がさらなる新しいビジネスを生み出し，結果的にGDP（Gross Domestic Product；国内総生産）を増大させる。

　このQOLの向上において重要なのが，健康な高齢者のすべてがリタイアメントすることなく，生涯現役化してプロダクティブ・ライフを遂行できる基盤を整理することである。将来高齢者の人口が増えてくる統計上のデータ（国立社会保障・人口問題研究所編 2017）を見てもわかるように，前述の如く現役時代が少なくとも10年延びて高齢者を75歳以上にする案が最も適切であると，筆者は考えている。また2050年の高齢者つまり75歳以上の比率は26％となり，現在65歳以上の比率とほぼ同じ水準となる（国立社会保障・人口問題研究所編 2017）。そこで75歳までが現役となる社会であれば，社会保障負担や消費税率の引き上げも小幅で済む。高齢者側も仕事の中に生きがいを見出し，生きる意義のある張りのある日々を送ることで健康の維持がより可能となる。すなわち，高齢者のどの年齢層であっても健康で仕事を可能にする身体能力を持つすべての者は生産部門もしくはサービス部門に属して働き，生産性の減少しつつある若い年齢層を支えることができる。

　このような社会こそが「地域共生社会」であり，すなわち地域住民や地域の多様な主体が，「自分の事」として参画し，人と人，人と資源が世代や分野を超えて統括的につながることで住民一人ひとりの暮らしと生きがい，地域とともに創っていく社会である。したがって，このコンセプトは地域包括ケアシステムで主核となるものである。そして地域包括ケアシステムは，この地域共生社会の実現のための仕組みともいえ，この両者は「車の両輪」ともいえるものである。

　そして，このような社会を実現していくために必須となるのが，今まで取り

上げてきた「生涯現役化」であろう。「生涯現役社会」のコンセプトは，高齢者も各々の事情や意欲に合わせて，誰もが何らかの仕事を続けられるようにしていこうという考え方である。老後暮らしていくのに必要な資金を，一部でも自力で稼げるようになれば，現役世代の所得の中から高齢者に分配する割合は小さくてすむ。

　では，介護に携わる人々は，このような社会の実現に向けて何をすべきだろうか。前述のようにスーパーコンピュータの応用，進化するAIの一般化，それらを駆使するいろいろの機能を持つ人型ロボット，センサーの登場により，少しずつ介護職の需要性は減少すると考えられる。将来はごく少数の介護福祉士だけで，多数の高齢者の介護ケアが可能となるであろう。

　確かに一方では，私たち人間にとって「尊厳」「絆」が大事だが，将来これらロボットに工場で製品を生産している時のような「流れ作業」で，衣食住に関する介護支援をまかせると，利用者のQOLは低下することは十分に考えられる。しかし，現在，進化しつつあるディープラーニングの可能なロボットが，私たちの思いやり・優しさの情緒，感情，表現を理解し，それらに適した行動も可能になるスーパーロボットの開発も少しずつは進んでいる。私たちの能力は，将来この障壁を乗り越えて次代に繋がれていくと信じたい。しかし介護人材不足問題は，まだまだ20〜30年という長さの準備対応期間が必要となろう。

（2）超高齢社会への挑戦——人生「100年時代」の私たちの生き方

　健康な高齢者が増加しつつある現在，退職（引退）後，高齢者はどのように準備し，生きていったらよいのかの1つの指針として，リンダ・グラットンほかの『LIFE SHIFT（ライフシフト）——100年時代の人生戦略』（2016年）が役に立つ。この書籍に掲載されている様々な提案を，引用しつつ今後の高齢期の生き方を，共に考えてみよう。

　前述したように，これまでの社会は，私たちの人生のステージを，①ファーストステージ（22齢までの少年〜青年初期の教育に専心するライフ段階），②セカンドステージ（22齢から定年退職65齢までの就労（仕事）期），③サードステージ（65齢以上の引退期〔老後〕），という3段階に分けた。この著書では，さらに

「マルチステージ」を紹介していて、「この人生ではエイジ（＝年齢）とステージが一致しなくなり、大人が若々しく元気よく、そして永らく生きるようになる結果、世代間の関係に大きな変化が生まれる」という。

　これまでグローバル化とテクノロジーの進化が少しずつ確実に人々の生き方を変えてきたように、長寿化も人々の生き方を大きく変えることになる。そして、社会と経済に革新的な変化がもたらされる。では、100年以上生きる時代、言うなれば100年プラスライフの恩恵を最大化するためには、私たちの人生がどのように変わるか予測されていることをいくつか、この著書を通して紹介しよう。このことは、私たちが老化していく過程でこれからの時代を生き抜いていく上での人生設計に役に立つことは間違いがない。グラットンらは、次のように大人の人生のステージの変化と対応を述べている。

① 「一応65歳定年までの‘就労（仕事）期ステージ’〜これからの数十年で、労働市場に存在する職種は大きく入れ替わる。古い職種が消滅し、新しい職種とスキルが出現する。

　70代さらには80代まで働くことが可能になり、古い雇用の多くの割合を占めていた農業と家事サービスの職が大きく減り、ロボットと人工知能によって代替されるか補完される可能性をもつ事務・管理業務、セールスとマーケティング、マネジメントなど、の割合が大幅に増加してくる。一方で、20代で知識とスキルを身につけただけでは、その後はキャリアを生き抜くことが難しくなる。したがって、70代、80代まで働くようになれば、旧式の知識だけでは最後まで生産性を保てない。時間を取って、学び直しとスキルの再習得に投資しなければならない。

　充実した人生を望むなら、よく考えて計画を立て、金銭的要素と非金銭的要素、経済的要素と心理的要素、理性的要素と感情的要素のバランスをとることが必要となる。100年プラスライフでは、金銭的資源が最も重要なものではなく、家族、友人関係、精神の健康、幸福などもきわめて重要な要素となる。しかし、金銭面で健全な生活を送れなければ、お金以外の重要な資源に時間を投資するゆとりをもてない。スキル、健康、人間関係

といった資源が無くなれば，長いキャリアで金銭面の成功を得ることは不可能となる。

　そこで，前述の引退後のサードステージの人生に代わって登場するのがこの‘マルチステージ’の人生であるという。ここでは生涯に２つもしくは３つのキャリアをもつようになる。まず，金銭面を最も重視して長時間労働をおこない，次は，家庭とのバランスを優先させたり，社会への貢献を軸に生活を組み立てたりする。」

このいろいろのキャリアの選択を可能にできるのは，寿命が延びることによると考えられる。

②　「‘マルチステージ’の人生が普通になれば，私たちの社会システムは変容し，人生で多くの移行を経験するようになる。

　上述のサードステージの人生では，大きな移行は教育から仕事へ，そして仕事から引退への２回である。問題は，ほとんどの人が生涯で何度も意向を遂げるための能力とスキルをもっていない。‘マルチステージ化’する長い人生を意義あるものにするためには，上手に移行を重ねることが必須となる。柔軟性をもち，新しい知識を獲得し，新しい思考様式を模索し，新しい視点で世界を見て，力の所在の変化に対応しなければならない。時には新しい人的ネットワークを築く必要がある。」

　さらに，「こうした臨機対応に‘変身’のためのスキルをもつためには，ものの考え方を大きく転換し，未来を真に見通す先見の明がなくてはならない。」

③　「今後は，人生の新しい多くのステージが出現する。20世紀，寿命の延びと学校教育の長期化によりティーンエージャーという概念が誕生したように，思春期後の年齢層に新しい動きが生まれている。この年齢層はすでに長寿化時代への適応を開始し，選択肢を縮小せず，新しい選択肢を模索，追求するようになってくる。」

④「引退後の平穏な非生産（レクリエーション）から再創生（リ・クリエー

ション）への変容が求められる。そのためには，新しい役割に合わせて
自分のアイデンティティを変えるための投資，新しいライフスタイルを
築くための投資，新しいスキルを身に着けるための投資が必要となる。」

「寿命が延びて人生が 'マルチステージ' 化すれば，生涯を通して投資
が行われる。それゆえに，100年プラスライフを生きるためには，有形資
産と３つの無形資産を獲得するのがよいと提言している。この無形資産の
１つが生産性資産（スキルと知識），次に活力資産（身体的，精神的健康と幸
福），そして変身資産である。」

「変身資産は，自分自身に大きな変革を促す要素であり，自分の得意能
力をよく知っていること，変身を可能にする人的ネットワークをもってい
ること，新しい経験に対して開かれた姿勢をもっていることが大切とな
る。」

⑤「これまでの３ステージから 'マルチステージ' の時代のために，この
　新しい退職後ステージに，選択肢（オプション）をもっておくことに価
　値があるという。人生が長くなり，人々が人生で多くの選択を行うよう
　になれば，選択肢をもっておくことの価値が勿論大きくなる。」

⑥「これからの定年退職後は，若々しく生きる変容が重要になる。これま
　では，寿命が延びるとは，老いて生きる期間が長くなることではなく，
　若々しく生きる期間が長くなる。この変化は３つの形で実現する。」

そして，「第１に前述したように，18〜30歳の層の一部が年長世代とは
異なる行動を取り，選択肢を狭めないように，将来の道筋を固定せずに柔
軟な生き方を長期間続けるようになる。

第２に，人々は人生で移行を繰り返す結果，生涯を通じて高度な柔軟性
を維持するようになる。大人になっても思春期的な特徴を保ち続けて，高
度な柔軟性と適応力を維持することにより，固定した行動パターンは避け
る。

第３に，年齢とステージが一致しなくなれば，異なる年齢層の人たちが
同一のステージを生きるようになり，さまざまな年齢層の人たちが混ざり
合う。世代間の交流により相互理解が促進され，年長者が若々しさを保ち

やすくなる。」

⑦「これからの人生設計で，家庭と仕事の変容も求められる。長寿化により，子育て後の人生が長くなれば，男女の不平等が縮小し，私的な人間関係や結婚生活，子育てのあり方が大きく変わる。この変化は，男女の平等を後押しする。これまでのサードステージの人生は，仕事とキャリアに対する柔軟性を欠いた態度を生む土台になってきた。このサードステージの人生が過去のものになれば，男性たちも人生の新しいステージを実践し，柔軟な働き方とキャリアを求めるようになる。」

⑧「これからの未来の人生設計で‘実験的トライアル’が普通となる。今生きている私たちは，長寿を前提に人生の計画を立てなくてはならない。若い人ほど，実験をおこない，新しい生き方を目指す可能性が大きくなる。人生が長くなればサードステージの人生は快適でなくなり崩れていかざるを得ない。」

⑨「これからの人生設計はアイデンティティ・選択・リスクを考慮しなければならない。アイデンティティ，選択，リスクは，長い人生の生き方を考える上で中核的な要素になる。人生が長くなれば，経験する変化も多くなる。」つづけて，「人生で経験するステージが多くなれば，選択の機会も増える。そのような時代に生きる私たちは，年齢別世代とは異なる視点で自分のアイデンティティについて考えなくてはならない。」

　以上，こうした「新しいマルチステージ」の出現は，長寿化の恩恵または結果であるが，一人ひとりが自分の望む人生を築く道を開く新しい人生設計が必要になってくる。上記のグラットンほか（2016）も指摘しているように，「100年プラスライフを生きる人々は，人生が長くなるので，変化を経験する機会が多い。サードステージの人生は，若者と中年と老人の分離を固定してきた」。しかし，「人生の『マルチステージ』化，家族のメンバー同士の関係の変化で，世代の分離が消滅しはじめる。この変化は，四世代同居が当たり前になる」（グラットンほか 2016）という。家族の構造はいまよりずっと複雑になり，世代に関する人々の態度が変わらざるを得ない。

そして彼らは，「私たち一人一人が，この急激に変革していく新しい長寿社会でどの様に適応していくべきか」について，前述の如く教示している（グラットンほか 2016）。すべての成人の年齢層に大変に参考になる。中でも，これから老いていく人，また老いた人たちにとっても強いインパクトを与え，老いのあり方も問われている。

（3）未来アドバンス・ケア・プランニングの必要性と実践

1）未来アドバンス・ケア・プランニング（ACP）

　在宅療養支援診療所の制度が始まってから10年，医療や介護サービス，社会環境は大きく変貌を遂げてきた。今後の超高齢社会を迎えるにあたり，どのような医療・介護体制を整えていけばよいのであろうか。そこで重要になるのは高齢化に伴う負担増に対し，納得できる医療・介護が一体化されて提供され，そして誰もが生活者として生ききることができることである。生活の場である地域で医療・介護の壁を越えて生活を支え，療養の質を高める。そして社会全体で戦略的に予防に取り組み，それを社会の分化に高めていくことが大切である。

　人が生きることの全体を支える医療・介護は，地域と一体化して地域包括ケアシステムの中に取り込まれている。医療者・介護従事者は悩める患者（サービス利用者も含めて）の本当のニーズに気づき，それに応える努力をしなければならない。それは医療に依存させることではなく，患者の主体性を活性化することである。そして地域の専門職やインフォーマルサービス，住民自身とともに支える地域を作ることが必要となる。すなわち，徹底した「互助」のネットワークが求められる。そして，私たち一人ひとりの意識改革が必要になる。特に高齢者は，社会で役に立つ，利他の精神に生まれる価値観を持ち，それを履行することである。そして，医療・介護者の本当の仕事は，地域住民の自立支援であることは間違いない。

2）相互扶助の精神の必要性

　新しい地域活力を生み出せるコミュニティであり，年齢を重ねても病気や障害があっても地域社会の中に活躍の場があることが必要である。超高齢社会で

は，高齢者も生産者となり社会資源とならなければならない。これからの医療・介護の仕事は，地域の中にその人が生きる理由と場所を探して，新しく視野を広げ未来を見据え，生活者が地域に必要とする場やサービスの創造を作らなければならない。それには，互助が必須となる。

3）高齢者に求められる「賢老」となる努力

第1章で取り上げたキケロの論にあったように，高齢者になることは「衰弱」するのではなく，「成熟」すると捉える視点を，今後，重視すべきである。いつまでも人間として成長を続けることが，これからの私たちの高齢者に求められる生き方である。必要なのは社会環境を整え，そして個人一人ひとりがいつまでも社会に必要とされる価値に加えて，尊厳と敬意をもって人生を終えるような社会を整備しなければならない。一方で，これは高齢者が社会に頼るのではなく自力でも努力で自立（自律）・自己実現を獲得しなければならない。より自立（自律）してポジティブな自己実現できる生き方を支える健康サービス産業ももっと造成しつつ，これからの超高齢社会を問題なく自分たちへの直接支援をできるだけ減少させて，可能ならば彼ら自身で，若い人々をもバックアップして嫌老ではなく，役に立つ，頼りになる賢老として成長しなければならない。

4）介護は家族ではなく「地域コミュニティ」が担う

家族による介護は，逆に高齢者の尊厳や自立（自律）を侵害する危険も当然ある。これまでの在宅介護は家族介護で支えられていたが，介護保険制度により完全な分離も可能となってきた。医療・介護専門職も国民も制度リテラシーを高め，社会保障制度をしっかりと使いこなし，またそれを必要時に適宜に改善して，実用的なものを作り上げ，社会の誰もが自立して幸福を追求できる社会の実現を目指さなければならない。これからの高齢者への支援は，家族ではなく「地域コミュニティ」が担うべきである。

5）地域における介護は包括的に行う

高齢者が求めているのはリスクの排除だけではなく，自分の力で生きて行く自立（自律）の可能性であり，本人のニーズを理解し意思決定支援を行い，それぞれの生活の個性を守るために，業務追従だけではなく，対話コミュニケー

ションが重要である。脆弱高齢者の一般的ケアは勿論のこと，看取りケアも，いつでも，どこでも，誰にでも，安心して質の高い緩和・終末期医療・介護ケアが提供されなければならない。医療，看護，介護それぞれ分担して役割を果たし，連携一体化として機能し，高齢者の生きる力を支えなければならない。

6）認知症になっても困らない社会を作る

認知症に対する誤った固定概念は，少しずつ社会的啓蒙によって改善されつつある。将来，2060年，65齢以上の高齢者の25〜34％が認知症になると推測されている（厚生労働省編 2014b）。誰もこの予想可能な未来から逃げることはできない。一人ひとりが当事者意識をもって，認知症とともに生きる人たちと手を携えて新しい地域社会を作るための取り組みの実施が早急に求められている。認知症になっても困らない社会とは，誰にとっても快適な社会だからである。現場で横行する主体性・人間の尊厳を尊重しない支配・管理は，将来認知症になる私たち自身の未来を破壊するものである。医療・介護専門職ばかりでなく一般の健康な高齢者も認知症に対する正しい知識を身に付け，同年代の人への支援を実践できるようなスキルを身に付けサポートしなければ，高齢者社会を乗り切ることは難しい。

（4）新しいミクロ地域での CCRPSmC と CCaHcPSL の創生

以下の提言は，前述してきた現在進行中の地域包括ケアシステムで構築されつつある生涯現役共有コンパクトコミュニティとその中での在宅型生活における生活スタイルを，具体的にまとめたものである。したがって，以下に掲載している内容を，よりよく理解して頂くために重複しているところが多いが，話を進めたい。

1）これからの日本版コンパクト高齢者ミニコミュニティ

現在日本で，進化しつつある地域包括ケアシステムの中で，ややコンパクトで小さい新しい日本版 CCRPSmC（Continuous Care Retirement Productive, Sharing miniCommunity）ならびに CCaHcPSL（Continuous Care at Home with Productive, Sharing Life）の選択肢は可能である。スマートコンパクトで，ミクロ地域包括ケアシステム機構（小学校区の10％以下；住民約500人以下の地域）を，

この日本版CCRC並びにCCaHは備えているからである。これら「日本版ミニ・コンパクト高齢者コミュニティ」の特徴は，以下の6点である。

①　医療と連携を強化。

②　介護サービスの充実。

③　健康長寿ライフスタイルの実践と介護・疾患予防の推進。

④　多様な生活支援サービスの確保や権利擁護。

⑤　高齢期でも住み続けることができるユニバーサルデザイン（バリアフリー）の高齢者住まいの整備。

⑥　CCRPmCまたはCCaHcPSLのコンパクトなミニコミュニティでも，最後まで持続的ケア（介護・看護・医療）が可能であり，また看取りと認知症のケアも，住民に安心感を与えて提供できる。

　筆者の米国CCRCの視察調査によれば，一般的に，CCRCには2種類の可能性がある。すなわち，1つ目は単独ネットワーク（Single Network）型CCRCであり，在宅支援診療所，介護施設，デイケア／サービスセンターなどの複合施設を中心とした地域の高齢者住宅ネットワークCCRCのような様々な住宅サービスを提供していくものである。

　2つ目は，ワンプレイス（One Place）型CCRCである。1カ所に自立型住宅を中心として3種類の住宅（バリアフリー高齢者住宅・サービス付き高齢者向け住宅・看取り可能な老人ケアホーム）を作り，医療・介護・生活サービスを充実し，高齢者の新しい生き方を提供して，しかも持続的にフレイルの状態に応じて住宅を移動できる体制を構築する。さらに，医療並びに介護保険がそのCCRC & CCaH内で提供され，可能な限り最後の棲家としての満足すべき看取りケアもなされることになる。

　したがって，日本版ミニ・コンパクト高齢者コミュニティには，この米国式CCRCの2種類のいずれか，折衷・改変型か，その地域に適したスタイルを採択するとよい。

①健康でアクティブな生活の実現と継続的ケア（看取りまで）の提供，②自立した生活ができる互助の居住環境の提供，
③居住者の参画の下，透明性が高く安定した事業運営によるコミュニティの形成を一体的に実現。
④収益事業の多様なバリエーション（就職），⑤第三者評価

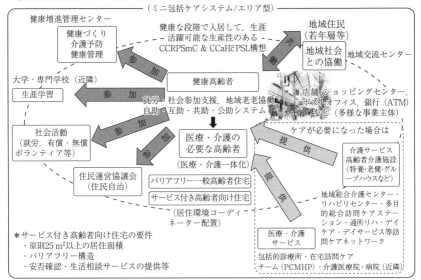

注：PCMHP：患者中心メディカルホームプログラム（Patient Centered Medical Home Program）。
出所：筆者作成。

2）活き活き生涯現役サクセスフル・プロダクティブエイジング CCRPSmC or CCaHc̄PSL 構想──高齢者のプロダクティブ・コンパクト共有ミニコミュニティライフの創生へのパス

①　CCRPSmC と CCaHc̄PSL

　本項では，筆者の提案してきた「活き活き生涯現役サクセスフル・プロダクティブエイジング CCRPSmC or CCaHc̄PSL 構想」について総括する。はじめに，新しい「退職者持続型ケア・生涯現役共有ミニコミュニティと在宅持続型ケア・プロダクティブ共有リビング」（CCRPSmC〔Continuous Care Retirement Productive, Sharing miniCommunity〕&CCaHc̄PSL〔Continuous Care at Home c̄ Productive Sharing Life〕）における健康高齢者の生活イメージは，図表 4-6 の通りである。

　このコンセプトは，地域在住の健康高齢者のあり方を提案するもので，健康でアクティブな，生きがいのある生活の実現と看取りまでの継続的ケアの提供を可能にすることである。自立した，生産性のある生活ができる互助の居住環境を提供し，居住者の参画の下，透明性が高く安定した事業運営による信頼と絆のコミュニケーションの形成を実現する。多様な就職のバリエーションによる収益事業の健全化が必須であり，経営コンサルタントとこの事業プロジェクトの包括的第三者評価が必要となる。

　筆者の考える新しい日本における CCRC or CCaH は，スマートコンパクトで生産性のミクロ地域包括共有ケアシステム機構を備えなければならない。医療と連携強化，介護サービスの充実，予防の推進，多様な生活支援サービスの確保や，権利擁護，そして高齢者になっても住み続けることができるユニバーサルデザインの高齢者住まいの整備などが求められる。そして自助・相互扶助の持続的ケアも可能な包括的共有・生産性のある在宅ケア拠点も一つの miniCommunity（前述した小学校区の10%以下の地域）の中核基本構成とならなければならない。

　このシステムが目指しているのは，退職した高齢者が人生の最期を迎えるまで幸せと生きがいを持てるライフの創造であり，活き活き健康長寿100歳プラスアクティブエイジング CCRPSmC or CCacHPSL は，高齢者のための国連原則が基盤とならなければならない。それは，信頼のできる親しい人々と共生，自助，互助，共助，公助，協力，協働のコネクションであり，自主運営が基本となる。また，生涯現役シルバー就労の機会（プロダクティビティ），生きる意味，ミニコミュニティの運営参加，さらに収益性のあるベンチャービジネスのチャレンジを目指す。「CCRPSmC or CCaHcPSL 構想」とは，一人暮らし高齢者でも活き活きと暮らしていけるコミュニティづくりであり，生きる幸せを感じつつ，信頼，安心と希望が持て，「その人らしい人生の完成」に向けて意義のある暮らしのできるコミュニティ（生きがいと自己実現）を可能にするための取り組みである。

　私たちはすべて高齢者になる。人生の中で，幸福をどう捉えるかは個人次第である。最低限度の生活保障は必要ではあるが，それと同時に，文化的暮らし

を維持できるかにおいては，老後の人間関係が大きく作用する。私たちは老後になっても付き合いたいと思う人，また側にいてくれる人が身近にいるのだろうか。そのような人々との出会いは，今からでも遅くないと思うし，そのような人々が身近にいてくれたらきっと絶望や優しさを分かち合える。そしてこの分かち合いが，人生の幸せや満足度に大きく影響することは言うまでもない。

　また，このことが高齢者の社会的孤立を防止する対策にもなり，多発する孤立死，社会的に孤立している高齢者また彼らの社会的孤立が生み出す問題，そしてそれを防止する必要性などを真剣に考えなければならない。

　②　ビジネス主導型コンパクト地域活性化高齢者持続ミニコミュニティ＆在
　　宅モデル

　本項では①で取り上げた内容の具体例を取り上げる。取り上げるのは，「新しい食の革命的進化を目指すビジネス主導型コンパクト地域プロダクティブ CCRPSmC or CCaHc̄PSL モデル」を基にした事例である。

　まず，組織化することから始める。地域行政の積極的な協働のもと，推進組織化計画と事業化役割分担を決める創設準備組織（勉強会も含めて）を作る。次に，事業推進協議会を創設し，CCRPSmC or CCaHc̄PSL の意義，KPI（Key Performance Indicator；重要業績評価指標）の設定，DPDCA（Deming's Plan-Do-Check-Act）（デミングサイクル・PDCA）実施方針などを決議する。さらに，地域団体協議会，共同運営，既存施設との連携調整をして，経済特区を申請し，税制優遇処置などを採択することになる。

　資金ルートとして，資金調達のルート並びに投資ルートの開拓は，このプロジェクトの準備タスクフォースとしての民・公・産の共同参画型の統括経営管理センターが中核となる（図表4-7参照）。目的は，地域・社会との共働によりミニ生涯現役コンパクト地域づくりである。このプロジェクトを協働するのが，地域再生活性化計画，地方創生特区などを支援する地方行政，地域産業活性化のベンチャービジネス，地元産物のブランド化を目指す地域産業，土地・建物を売買する不動産業，地域創生・再生を目指す地方大学・専門学校，加えて医療・看護・老化予防領域で医療・介護の一体化した総合在宅ケアセンターの役割を担う診療所などの機能が重要である。

図表4-7　生涯現役 CCRPSmC&CCaHcPSL プロジェクト準備タスクフォース

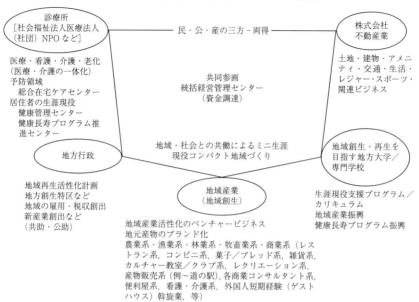

出所：筆者作成。

　そして，特に CCRPSmC 並びに CCaHcPSL 関連企業誘致などを積極的に行い，実践可能なマスタープランを作って具体的なプランを作成する。それには，事業実施運営組織（施設整備，運営，プロモーションなど）を組織化して，大都市での説明・勧誘会並びに情報提供戦略（広報活動）を行って，移住促進事業（お試し住居，マッチング，住居者サポートなど）が含まれる。雇用創造，事業効果推定などはあらかじめ具体的に設定する。第一期 CCRPSmC or CCaHcPSL の完了は，事業開始後5年以内とする。

　次代の食文化ビジネスの可能性への挑戦として，成功の可能性が他と比して高い「食文化ビジネス分野」で，有志と共同出資によるビジネスモデルを立ち上げる。それは，これからの革新的国際総合 IT 農園ファームのあり方と経営，徹底的に世界的な視野で独創的アプローチの調査に基づく収益性のある企画と実践を目指すものであり，ブランド化して新しい食の革命的進化をテーマにビジネス主導型プロダクティブ CCRPmC or CCaHcP の創設へと展開する。また，

大学・専門学校農学部と共働ネットワーク連携の構築を視野に入れる。

　次に，ターゲット CCRPSmC 並びに CCaHcPSL 住民の選択が，求められる。投資可能な退職中産階級上位以上のレベルの移住者を優先して希望と能力にマッチングしたビジネス並びに就労を策定する。退職前の職業の継続的就労グループ，新しくビジネスにチャレンジしたい就労グループ，ワークライフバランススタイル就労グループ，そして悠々自適なライフスタイルを希望するグループなどの4つのグループに分けて能力と適正マッチングを行う。

　ここで，CCRPSmC or CCaHcPSL 本部統括事務局の創設が必要となる。居住者（住民）の自治協議会を立ち上げ，事務局とともに CCRPSmC or CCaHcPSL 施設・住宅企画，整備（電気・ガス・水道など）と運営を包括的に管理する。ビジネス事業の管理と資金調達，投資にも重要な役割を担う。

　施設関連として，CCRPSmC または CCaHcPSL 地域総合交流サービスセンター，そしてその他の関連施設を整備する。このサービスセンターは，特にアメニティを配慮した魅力的内外部構造で一般市民，訪問者にも開放し，広報活動，イベントなどの業務の企画，遂行，運営をする。CCRPSmC or CCaHcPSL 住民の住宅に関する提案では，私たち一人ひとりが住んでみたくなる魅力ある住宅設計と自然環境が最も大切なファクターとなる。

　さらに，CCRPSmC or CCaHcPSL，医療，看護，介護関連施設ネットワークを構築する。敷地内に総合地域診療センター（CCRPSmC or CCaHcPSL 住民，周辺一般市民に開放）を創設することになるが，このセンターは，住民，周辺市民の健康管理，疾病ケア（終末ケアも含めて）と予防を目的として，上記のプロジェクト内で医療と介護の包括化を目指す重要な役割を担う。

　この施設は，専従の老年専門医になる総合老年医療専門クリニック（入院設備なし）を中核にした診療活動（外来クリニック・在宅ケアチーム，高齢者介護施設との連携ネットワーク）を提供する（図表4-8参照）。

　前述の患者中心メディカルホームプログラム（PCMHP）の導入である。神経内科，精神科，皮膚科，眼科，耳鼻咽喉科，婦人科などの診察科は非常勤医師でまかなうことになる。そして，地域基幹総合医療施設との連携，地域医療ネットワークの整備なども必要となる。

図表 4 - 8　総合地域診療センターのミッションと機能——PCMHP の導入

(1) ミッション
CCRPSmC＆CCaHc̄PSL 居住者とその周辺住民の人生を地域で最後まで徹底的に健康から看取りまで支える総合クリニックと在宅ケアサービスである。

(2) 機　能

老年・総合診療・緩和ケア・在宅包括ケア，健康管理・デンタル	高齢者専門診療 高齢者救急，認知症など 地域包括在宅訪問ケアセンター	エンド・オブ・ライフケア ・緩和・終末期ケア ・がん・非がん
健康づくり・健康管理 総合ジム並びにリハビリテーション施設 介護予防，デンタルケア医療・介護総合相談 地域ケアマネ・総合居宅サービス・デイサービスセンターなど；各高齢者施設との包括的連携	リハビリテーション ・健康・生活維持リハ ・呼吸リハビリ ・嚥下リハビリ ・脳卒中リハビリ ・運動器リハビリ 　　　　など	精査・人間ドック ・単純 X 線 ・標準心電図，Holter24 時間心電図 ・CT（MRI/A，PET など外注） ・内視鏡（上部・下部消化器系） ・多目的超音波検査 ・嚥下造影・嚥下内視鏡検査 ・観察・処置室

出所：筆者作成。

　この総合地域診療センターのミッションは，CCRPSmC or CCaHc̄PSL 居住者とその周辺住民の生活・人生をミクロ地域で最後まで徹底的に健康から認知症，看取りまで支える総合クリニックと在宅ケアサービス機能である。多機能として老年総合診療（認知症，緩和ケアも含めて），在宅ケア，健康管理，歯科（デンタル）の機能を持つ。高齢者専門診療では高齢者救急，認知症にも対応。さらに地域の在宅ケア機能の拠点を持つ。リハビリテーション——健康生活維持リハ・呼吸リハ・嚥下リハ・脳卒中リハ・運動器リハ——などが行われるよう整備する。エンド・オブ・ライフケア（終末期ケア）も問題なく，質の高いケアをがん，非がん，双方に提供する。精査人間ドック，単純X線，標準心電図，ホルター24時間心電図，CT（MRI/MRA/PET などは外注），内視鏡（上部・下部消化器系），多目的超音波検査，嚥下内視鏡検査，ならびに観察・処置室も整備する。一般・特殊血液検査，また尿検査は外注が原則となる。

　加えて，総合地域診療外来センターと付属包括訪問ケアセンター（看取りケアも含む）を設立し，後者では，訪問診療，訪問看護，訪問介護，訪問リハ，訪問栄養，訪問歯科などを提供する。

　付属デンタルクリニック，付属人間ドック施設＆医療相談専門クリニック，

そして健康管理，健康づくり，介護予防，認知症予防啓蒙活動などを行う。付属スポーツ・リハビリテーション施設／センター，プール併設25 m（50 m），運動関連教室（水泳，スキー，スケート，スノーボードなど），通所リハビリテーションサービスなども，可能として整備する。院外調剤薬局との連携ネットワークも追加する。

　そして，ミニ地域小規模多機能強化型訪問ステーション拠点（看護，介護リハ，栄養，歯科衛生など）では，上記総合地域診療センター内の付属地域包括在宅訪問ケアセンターとの密な連携をする。通所デイサービス／デイケアセンター，有料老人ホーム（施設），介護老人保健施設，老人介護福祉施設，グループハウスなどとの連携も視野に入れる。地域（基幹）総合病院との密接な連携に，国際メディカルチューリズムビジネスとして短期宿泊施設を備えた人間ドック，検診とその地域の観光資源の開発と連携も可能にする。

　前述したように，以上の「ビジネス主導型地域コンパクト高齢者ミニコミュニティ・在宅モデル」は，地域包括ケアシステム内で機能する生涯現役・サクセスフル・プロダクティブエイジング「CCRPSmC」並びに「CCaHcPSL」構想であり，このケアシステムとはお互いに密接な連携と協働することが重要となる。

　最後に，前述の如くCCRPSmC or CCaHcPSLの建設は，官，民，産，三者の協働が必要であろう。しかし，資金調達も含めてコスト的に難しいのが現状である。可能性として考えられるのは，現在すでに存在するミクロ地域にある空き家のCCaHcPSL群への改築，改造により上記の構想・ネットワークの最少減オペレーションに必要な部分的設備を整備することではなかろうか。そして，それぞれのコンパクトミニコミュニティに適応し機能する経済的に運営可能なシステムを構築することによって，実現に向けての可能性にチャレンジできる。私たちのこれからのコミュニティ開発の一つの魅力あるプロジェクトと考える。

注
(1)「所得」とは厳密には等価可処分所得（世帯の可処分所得を世帯員数の平方根で

割った値）である。「可処分所得」とは，家計収入から税金や社会保険料などの非消費支出を差し引いたものとなる（以下の式を参照）。

可処分所得　＝　家計収入　−　非消費支出　＝　消費支出　＋　貯蓄

家計収入　＝　非消費支出　＋　消費支出　＋　貯蓄

　この可処分所得を基に，世帯員の生活水準を表すよう調整したものが「等価可処分所得」となる。一番単純な方法は世帯員数で割ることで，以下のように，次の2世帯の所得が計算される。

可処分所得 600万円の2人世帯　−＞　600/2　＝　300万円

可処分所得 300万円の1人世帯　−＞　300/1　＝　300万円

　この式では，1人当たりの所得は同じ値になる。しかし，実際には前者の2人世帯の方が豊かな生活を送っているように思われる。そこで，世帯員の生活水準をより実感覚に近い状態で判断するために，家計の可処分所得を世帯員数の平方根で割ったものが使用される。これが等価可処分所得である。可処分所得 600万円の場合の等価可処分所得は次のようになる。

1人世帯　−＞　$600 / \sqrt{1}$　＝　600

2人世帯　−＞　$600 / \sqrt{2}$　＝　424

3人世帯　−＞　$600 / \sqrt{3}$　＝　346

4人世帯　−＞　$600 / \sqrt{4}$　＝　250

　たとえば，可処分所得500万円の2人世帯は可処分所得354万円の単身世帯と同じ生活水準ということになる（所得分布（6）：等価可視分所得，総務省統計局編〔2019d〕）。

(2)　所得を世帯人数に振り分けて高さ順に並べたときに真ん中の所得（中央値＝メジアン，2007年で254万円）を基準に，その半分（127万円）に満たない人が占める割合を示すものです（OECD 経済協力開発機構の定義）。すなわち，所得がメジアン＝254の1/2である127未満の人々の割合であり，全体に対する比率（％）が相対的貧困率になる（周藤 2018）。

あとがき

　私たちは来る高齢化のさらなる進展が現実となる時代状況を踏まえ，本書で取り上げた「高齢者のための国連原則」に基づいて超高齢化問題に真剣に取り組み，しかもそれに対しての「老い」の心構えと覚悟を持たなければならない。同時にそれぞれの地域において，この原則に適した方向性に基づく改革，改善が必要となる。

　本書は，社会福祉法人市原寮の創立60周年事業の一環として企画されたものである。当法人理事長の森京子氏は2000年に就任されて以来，高齢者のための国連原則を基盤とした介護の実現に大変な情熱をもって取り組まれており，筆者は，この「情熱」に感銘と敬意を表明し，この高齢者のための国連原則に新しい光を入れ，現代社会で求められている「老い」のあり方と介護の真髄に本書の中で迫ってみようと思ったのが執筆の契機である。

　森理事長は社会福祉法人市原寮の基本的行動理念として「高齢者のための国連原則」を採択して以来，少しの「ぶれ」もなく，法人の運営にあたられ今日に至っている。この「高齢者のための国連原則」は，今も変わらず私たちの高齢者介護の基本原則となる普遍的なものである。

　さて本書では言及しなかったが，もう一方で2012年のリオデジャネイロで開催された国連持続可能な開発会議がある。そこで議論が始まり，その後「持続可能な開発目標（SDGs；Sustainable Development Goals）」が設定されている。

　この「SDGs」には，①貧困をなくそう，②飢餓をゼロに，③全ての人に健康と福祉を，④質の高い教育，⑤ジェンダー平等を実現しよう，⑥安全な水とトイレを世界中に，⑦エネルギーを皆に，そしてクリーンに，⑧働きがいと経済成長も，⑨産業と技術革新の基盤をつくろう，⑩人や国の不平等をなくそう，⑪住み続けられるまちづくりを，⑫つくる責任，つかう責任，⑬気候変動に具体な対策，⑭海の豊かさを守ろう，⑮陸の豊かさを守ろう，⑯平和と公正をす

べての人に，⑰パートナーシップで目標を達成しよう，の17のゴールが採択された。この達成のためには，将来の世代によりよい地球を残そうとする政府，民間，市民社会，そして市民の一人ひとりによるパートナーシップが求められる。

　筆者が興味を持つのは，本書で論じた高齢者のあり方と生き方，さらにケアのあり方の基本である高齢者のための国連原則を軸に目指すこれからの地域共生社会の実現は，取りも直さず，これらの「SDGs」目標ゴールに直接的，間接的に関連していることである。

　したがって，私たち上記のこれからの多くの地球上の問題の解決としての「SDGs」は，本書でも少し述べた私たちの国がこれから推進していくデジタル革新，イノベーションを最大限に活用して実現する新しいスマート社会（Society 5.0）と密接に連携している。すべて包括的に，また有機的な連携の中で，それぞれのゴール達成に重要なファクターとなっていて，これからの私たちの進化する持続社会の方向性をはっきりと示している。

　2019年の12月に中国湖北省武漢市から新型コロナウイルス感染症の拡大が始まり，全世界がパンデミックとなった。2020年5〜6月にアジア諸国の中国，台湾，韓国，日本などは，主に強制または自粛国家緊急事態宣言が施行されたが，解除され，ソーシャルディスタンス，換気，密集集会の禁止，手洗い，マスクなどの衛生的対策と個別COVID-19接触追跡アプリで，やや封じ込めに近いか，まだ不十分な状態であった。しかし，依然この新型コロナウイルス感染症が燻り続け，日本では，2020年6月下旬から第2波が到来し，さらに，2020年11月頃から第3波が急にこれまで以上に爆発的猛威をふるい，数大都市とその周辺は，医療崩壊の寸前にまで追い込まれている。これらの場所には，第2回目の非常事態宣言が2021年の1月上旬に公布もされた。

　一方，米国，ヨーロッパ諸国などでは，一応そのピークは過ぎたが依然その感染防止対策に困難を経験している。世界経済への影響も甚大で，諸外国は失業者で溢れている。消費，購買も極度に落ち込み，生産性も同様である。世界経済のマイナス成長も当分続きそうであり，社会的不安が重要な問題となってきた。

　いま高齢者は，このコロナクライシスで最も犠牲の多いターゲットとなっている。この経済的不況とともに，生産性のない脆弱高齢者の感染と貧困の拡大などを危惧する。しかし，「高齢者のための国連原則」の重要性は変わらない。むしろ，これからも高齢者の「あり方」と「生き方」の基本的原則でもあると考えられる。

　現在，新型コロナウイルスとの共存が求められ，賢い新しい生活様式と新しい日常ノルマルが必須となっている。まさに「ウィズ・コロナ時代」となった。一方，新型コロナウイルス感染症（SARS-CoV-2）ワクチンも米国では，2020年12月に，英国では2021年1月から接種が開始され，日本も，2月中旬には，接種が始まった。しかし，ワクチンの国外からの供給が遅れている。変異株も増加，拡大して問題となりつつある。現パンデミックが終息の方向に転ずるのは，先に延びそうである。そして，この社会の行動変容が大きく変わる中でも，本書で述べたこれからの高齢者のあり方は，これまで以上に持続可能な，そして十分準備しての健康長寿を目指しての生活スタイルの改善，病気にならないよう体調の自己管理，生活習慣病を含めの疾病予防，早期発見・治療に目を向けることが大切となる。これらのために，同じ社会，コミュニティに住むすべての健康な老若男女は，同胞としての脆弱老人に，常時優しい，心配り，気配り，目配りの支援を，もっと効果よく提供されるよう協働がなされなければならない。

　最後に，「まえがき」にも記したように，本書が，これからの超高齢社会を生きるすべての方々に，現代と未来の私たちの国の高齢者のあり方，生き方，高齢者の処遇，そして高齢者に対する私たちの考え方をもう一度見直す機会となり，また介護ケアに携わる専門職の方々をはじめ，それに興味ある一般の方々にも，もう一度「老い」と「介護」のあり方とその本質を考える機会となり，各自のこれからの人生設計と行動に役立てて頂ければ幸いと思う。

　本書の執筆に当たっては，森京子社会福祉法人市原寮理事長ご自身から多くの施設ケアのあり方をお聞きした。加えて，この著作の機会を頂き，こころから感謝したい。また並々ならずの理解と便宜の機会を与えて頂いた，社会福祉法人市原寮・花友いちはら介護老人福祉施設長の長伊温子氏にも感謝したい。

原稿の整理作業をして頂いた，社会福祉法人市原寮事務局の吉永健一氏と本書ができあがるまでいろいろなアドバイスを頂いたミネルヴァ書房編集部音田潔氏に深くお礼を申し上げねばならない。

2021年3月

著　　者

参考文献

相川圭子（2017）『八正道』河出書房新社。

アイゼレ，ペトラ／岡淳訳（1982）『バビロニア文明——古代メソポタミア文明の栄光』佑学社。

會田範治（1964）『注解養老令』有信堂。

秋山直美・秋山智弥（2016）「超高齢社会に対応した地域ケアシステムの構築を目指して——オランダ在宅ケア組織ビュートゾルフ財団からの学び」『仏教大学保健医療技術学部論集』10(3)，105-116頁。

アメリカセンター JAPAN 編『独立宣言（1776年） 国務省出版物，米国の歴史と民主主義の基本文書』(https://americancenterjapan.com/aboutusa/translations/2547/#jplist，2018年1月17日アクセス)。

荒井秀典編（2018）『フレイルとどのように診断するか。フレイル診断ガイド 2018年度版』第1版，ライフサイエンス。

e-Gov 法令—日本社会福祉会（1987；2007）「社会福祉士及び介護福祉士法」(https://www.jacsw.or.jp/01_csw/04_cswtoha/law02.html，2019年1月17日アクセス)。

池内健次（2008）『カント哲学』ミネルヴァ書房。

池崎澄江（2012）「アメリカのナーシングホームにおけるケアの質の管理」『社会保障研究』48(2)，165-174頁。

石井哲也（2017）『ゲノム編集を問う——作物からヒトまで』岩波書店。

市原寮 HP（https://www.itihara.or.jp/，2019年1月18日アクセス)。

五木寛之（2015）『嫌老社会を超えて』中央公論新社。

伊藤美智予・近藤克則（2012）「ケアの質評価の到達点と課題——特別養護老人ホームにおける評価を中心に」『社会保障研究（季刊）』48(2)，120-132頁。

伊藤翠（2016）『自分を受け入れるためのマインドフルネス』文芸社。

稲見昌彦（2016）『スーパーヒューマン誕生！人間は SF を超える』480，NHK 出版新書。

井上薫（1987）『行基 新装版』吉川弘文館。

井上光貞ほか校注（1976）『律令』（日本思想大系3）岩波書店。

上田敏（2005）『ICF（国際分類）の理解と応用——一人が「生きること」「生きること

の困難（障害）」をどうとらえるか』きょうされん。

上野千鶴子（2011）『ケアの社会学——当事者主権の福祉社会へ』太田出版。

Well-Being-Doctor 編（2016）『ジュネーブ宣言の概要と全文（世界医師会）』（https://wellbeingdoctor.wordpress.com/declaration-of-geneva/，2018年1月17日アクセス）。

ウォード，ピーター・カーシュヴィンク，ジョセフ／梶山あゆみ訳（2016）『生物はなぜ誕生したのか——生命の起源と進化の最新科学』河出書房新社。

梅原猛（1993）『聖徳太子』集英社。

梅原猛（2003）『聖徳太子』小学館。

ACP（American College of Physicians）／宮田靖志・向原圭訳（2015）「シリーズ：患者中心のメディカルホームとは何か？〜ヘルスケア供給システム再構築への示唆〜患者中心のメディカルホームネイバー——患者中心のメディカルホームと専門医療機関のインターフェース」『日本内科学会雑誌』104(6)。

NHK「無縁社会プロジェクト」取材班（2010）『無縁社会——“無縁死”三万二千人の衝撃』文藝春秋。

NHK「ゲノム編集」取材班（2016）『ゲノム編集の衝撃——神の領域に迫るテクノロジー』NHK 出版。

NHK スペシャル取材班（2013）『老人漂流社会』主婦と生活社。

NHK スペシャル取材班（2015）『老後破産——長寿という悪夢』新潮社。

NHK スペシャル取材班（2017）『人工知能の「最適解」と人間の選択』（NHK 出版新書534）NHK 出版。

MUFG 三菱 UFJ リサーチ＆コンサルティング編（2017）『地域包括ケア研究会報告書——2040年に向けた挑戦　平成29年3月27日』（地域包括ケアシステム構築に向けた制度及びサービスのあり方に関する研究事業報告書），平成28年度老人保健事業推進費等補助金老人保健健康増進等事業』（https://www.murc.jp/sp/1509/houkatsu/houkatsu_01/h28_01.pdf，2018年1月21日アクセス）。

MUFG 三菱 UFJ リサーチ＆コンサルティング編（2020）『社会保障の現状と課題』（https://www.murc.jp/wp-content/uploads/2020/01/report__200128.pdf，2020年7月8日アクセス）。

江本秀斗（2015）『ヒポクラテスと医の倫理』（日本医師会会員の皆様へ基本事項 No.3），日本医師会。

エリクソン，H.E.・エリクソン，M.J.・キヴニック，Q.H.／朝長正徳・朝長梨枝子訳（1990）『老年期——生き生きとしたかかわりあい』みすず書房。

エリクソン，H.E.・エリクソン，M.J.・エリクソン，Q.H.／村瀬孝雄・近藤邦夫訳（2001）『ライフサイクル，その完結』みすず書房。

大川弥生（2007a）「ICF 国際生活機能分類——「生きることの全体像」についての「共通言語」 国立長寿医療センター研究所　生活機能賦活研究部（資料2-2，第1回社会保障審議会統計分科会，生活機能分類専門委員会参考資料3）」（https://www.mhlw.go.jp/stf/shingi/2r9852000002ksqi-att/2r9852000002kswh.pdf，2018年3月18日アクセス）。

大川弥生（2007b）『生活機能とは何か——ICF：国際生活機能分類の理解と活用』東京大学出版会。

大久保良峻編（2004）『山家の大師　最澄』（日本の名僧③）吉川弘文館。

大熊房太郎（1960）「江戸期前・日本救療施設小史」順天堂医学会編『順天堂医学雑誌』7，341-349頁。

大河内二郎ほか（2014）「要介護高齢者における余暇および社会交流ステージ分類の開発」『日本老年医学会雑誌』51(6)，536-546頁。

大貫義久（2009）「ルネサンスにおける〈人間の尊厳〉について」法政大学言語文化センター編『言語と文化』(6)，178-197頁。

オスラー，ウィリアム／日野原重明・仁木久恵訳（2003）『平穏の心——オスラー博士講演集』医学書院。

岡戸順一・星旦二（2002）「社会的ネットワークが高齢者の生命予後に及ぼす影響」厚生労働統計協会編『厚生の指標』49(10)，56-57頁。

沖守弘（1984）『マザー・テレサ——あふれる愛』講談文庫。

小田利勝（2001）「いま，なぜサードエイジか」『人間科学研究』8(2)，1-7頁。

オッペンハイマー，スティーヴン／中村明子訳（2007）『人類の足跡，10万年前史』草思社。

小沼正編（1982）『社会福祉の課題と展望』川島書店。

カーツワイル，レイ／井上健監訳，小野木明恵ほか訳（2007a）『シンギュラリティは近い——人間が生命を超越するとき』日本放送出版協会。

カーツワイル，レイ／井上健監訳，小野木明恵ほか訳（2007b）『ポスト・ヒューマン誕生—コンピュータが人類の知性を超えるとき』日本放送出版協会。

貝塚茂樹（1951）改訂『孔子』岩波書店。

学術文庫編集部編（2013）『日本国憲法 新装版』講談社。

梶田昭（2003）『医学の歴史』講談社。

加地伸行（2016）『孔子　新訂版』角川書店ソフィア文庫。

梶原博毅（2006）『医史概観』東京六法出版株式会社。

片桐恵子（2017）『「サードエイジ」をどう生きるか——シニアと拓く高齢者先端社会』東京大学出版会。

金治勇（1886）『憲法十七条——聖徳太子のこころ』大蔵出版。

金森修（2014）「人間の尊厳——概念の超越的性格の根源性」『生命倫理』24(1)，68-75頁。

神谷美恵子（1966）『生きがいについて』みすず書房。

河上徹太郎（2009）『吉田松陰——武と儒による人間像』講談社。

川口雅昭（2013）『吉田松陰』致知出版社。

川嶋みどり（2012）『看護の力』岩波書店。

カント，イマヌエル／篠田英雄訳（1961）『純粋理性批判』岩波書店。

カント，イマヌエル／篠田英雄訳（1964）『判断力批判　上・下』岩波書店。

カント，イマヌエル／波多野精一ほか訳（1979）『実践理性批判』岩波書店。

キケロ／八木誠一・八木綾子訳（1999）『老後の豊かについて』法藏館。

キケロ／中務哲郎訳（2004）『老年について』岩波書店。

岸本正義（2009）「大乗仏教における福田思想の研究」『龍谷大学大学院研究紀要。人文科学』21，174-178頁。

北川省一（1983）『漂白の人　良寛』朝日新聞社出版局。

京極高宜（2000）『社会福祉学小辞典』ミネルヴァ書房。

九州シニアライフアドバイザー協会編（2008）『輝くサードエイジへ——シニア世代の羅針盤　書き込み式』石風社。

グラットン，リンダ・アンドリュース，スコット／池村千秋訳（2016）『LIFE SHIFT（ライフシフト）——100年時代の人生戦略』東洋経済新報社。

黒澤貞夫・鈴木聖子・関根良子・吉賀成子・小櫃芳江（2007）『ICF を取り入れた介護過程の展開』建帛社。

黒澤貞夫（2008）『ICF を取り入れた介護過程の展開』建帛社。

経済産業省編（2015）『生涯現役社会実現のための検討材料（資料４）　平成27年12月18日』（https://www.meti.go.jp/committee/kenkyukai/shoujo/jisedai_healthcare/sinjigyo_wg/kankyo_seibi/pdf/001_04_00.pdf，2019年１月21日アクセス）。

経済産業省編（2016）『21世紀からの日本への問いかけ（ディスカッションペーパー）　平成28年５月　次官，若手未来戦略プロジェクト（資料３）』（https://www.meti.go.jp/committee/summary/eic0009/pdf/018_03_00.pdf，2017年10月10日アクセス）。

経済産業省編（2018a）『不安は個人，立ちすくむ国家——モデル無き時代をどう前向きに生き抜くか　平成29年５月　次官・若手プロジェクト』（産業構造審議会　第20回配布資料）。（https://www.meti.go.jp/committee/summary/eic0009/pdf/020_02_00.pdf，2018年10月10日アクセス）。

経済産業省編（2018b）『2050年までの経済社会の構造変化と政策課題について』

（https://www.meti.go.jp/shingikai/sankoshin/2025_keizai/pdf/001_04_00.pdf, 2020年7月8日アクセス）。

権丈善一（2016）『医療介護の一体改革と財政――再分配政策の政治経済学Ⅵ』慶應義塾大学出版会。

源信（985）／田瑞麿訳（1992）『往生要集　上巻・下巻』岩波書店。

厚生労働省編（2003）『2015年の高齢者介護――高齢者の尊厳を支えるケアの確立に向けて』（https://www.mhlw.go.jp/topics/kaigo/kentou/15kourei/, 2018年3月1日アクセス）。

厚生労働省編（2005）『高齢者虐待防止法の基本』（https://www.mhlw.go.jp/topics/kaigo/boushi/060424/dl/02.pdf, 2018年2月16日アクセス）。

厚生労働省編（2009）『看護師が行う診療の補助について（資料3）』（https://www.mhlw.go.jp/shingi/2009/08/dl/s0828-1c.pdf, 2018年8月1日アクセス）。

厚生労働省編（2012）『平成24（2012）年度版日本の人口の推移』（https://www.mhlw.go.jp/seisakunitsuite/bunya/.../dl/07.pdf, 2020年7月2日アクセス）。

厚生労働省編（2014a）『高齢者向け住まいについて（平成26年）』（https://www.mhlw.go.jp/file/05-Shingikai.../0000048000.pdf, 2020年7月2日アクセス）。

厚生労働省編（2014b）『日本における認知症の高齢者人口の将来設計に関する研究』（https://www-grants.niph.go.jp/niph/research/NIDD00.do?..., 2018年2月13日アクセス）。

厚生労働省編（2015a）『資料1．地域包括ケアシステムの構築』（https://www.mhlw.go.jp/stfx/seisakunitsuite/.../chiiki-houkatsu/, 2017年3月15日アクセス）。

厚生労働省編（2015b）『特定施設入居者生活保護等について』（https://www.mhlw.go.jp/file/05-Shingikai.../0000051825.pdf, 2018年4月21日アクセス）。

厚生労働省編（2015c）『地域包括ケアシステムの構築（平成27年度地域づくりによる介護予防推進支援事業）（第1回都道府県介護予防担当者・アドバイザー合同会議　H27.5.19）（資料1）』（https://www.mhlw.go.jp/file/05-Shingikai-12301000-Roukenkyoku-Soumuka/0000086355.pdf, 2017年10月10日アクセス）。

厚生労働省編（2015d）『2015年の高齢者介護――高齢者の尊厳を支えるケアの確立に向けて」高齢者介護研究会報告書』（https://www.mhlw.go.jp/topics/kaigo/kentou/15kourei/3.html, 2017年10月10日アクセス）。

厚生労働省編（2015e）『地域包括支援センターに求められること――地域包括ケアシステム＝住民参加の地域づくり（平成27年度地域包括支援センター職員研修Ⅰ；資料01-1)』（https://www.kaigoshien.org/pdf/2016kensyu1_2.pdf, 2017年10月10日アクセス）。

厚生労働省編（2016a）『平成28年度版老保険健康促進事業・地域包括ケアシステム機構に向けた制度及びサービスのあり方に関する研究事業報告書』（https://www.murc.jp/sp/1509/houkatsu/.../h28_03.pdf，平成29年8月20日アクセス）。

厚生労働省編（2016b）『介護予防と自立支援の取組み強化について』（https://www.mhlw.go.jp/file/05-Shingikai.../0000d126549.pdf，2018年2月1日アクセス）。

厚生労働省編（2016c）『高齢者の自立を支援する取り組みについて（資料8）』（https://www.mhlw.go.jp/file/04.../0000168194.pdf，2018年2月1日アクセス）。

厚生労働省編（2016d）『地域包括ケアシステム』（https://www.mhlw.go.jp/stf/seisakunitsuite/bunya/hukushi_kaigo/kaigo_koureisha/chiiki-houkatsu/，2018年3月18日アクセス）。

厚生労働省編（2016e）『厚生労働白書 平成28年版　第一部人口高齢化を乗り越える社会モデルを考える』（https://www.mhlw.go.jp/wp/hakusyo/kousei/16/，2018年6月1日アクセス）。

厚生労働省編（2017a）『介護保険制度の概要 平成29年版』（https://www.mhlw.go.jp/stf/seisakunitsuite/bunya/hukushi_kaigo/kaigo_koureisha/gaiyo/index.html，2018年2月1日アクセス）。

厚生労働省編（2017b）『地域包括ケアシステム 2017年版』（https://www.mhlw.go.jp/stf/seisakunitsuite/bunya/hukushi_kaigo/kaigo_koureisha/chiikihoukatsu/，2018 年2月1日アクセス）。

厚生労働省編（2017c）『日本の将来推計人口（平成29年度推計）の概要』（https://www.mhlm.go.jp/file/05-Shingikai.../0000173087.pdf，2020年7月19日アクセス）。

厚生労働省編（2017d）『生活保護制度の現状について』（https://www.mhlw.go.jp/file/05-Shingikai.../0000164401.pdf，2020年7月21日アクセス）。

厚生労働省編（2017e）『介護老人福祉施設（参考資料）』（https://www.mhlw.go.jp/file/05-Shigikai.../000017814.pdf，2019年12月18日アクセス）。

厚生労働省編（2017f）『第11回医療計画の見直し等に関する検討会　PDF 資料1』（https://www.mhlw.go.jp/stf/shingi2/0000170248.html，2018年2月25日アクセス）。

厚生労働省編（2017g）『高齢社会白書 平成29年版』（https://www.mhlw.go.jp/，2018年3月18日アクセス）。

厚生労働省編（2017h）『人生100年時代——人生100年時代構想会議』（https://www.mhlw.go.jp/stf/seisakunituite/bunya/0000207430.html，2020年7月19日アクセス）。

厚生労働省編（2018a）『介護・高齢者福祉　平成30年版』（https://www.mhlw.go.jp/toukei/saikin/hw/kaigo/kyufu/2018/05.html，2018年8月20日アクセス）。

厚生労働省編（2018b）『介護サービス施設・事業所調査の概況，2018年9月20日』

（https://www.mhlw.go.jp/toukei/saikin/hw/kaigo/service17/index.html，2018年2月24日アクセス）。

厚生労働省編（2019a）『介護・高齢者福祉』（https://www.mhlw.go.jp/…，2020年5月18日アクセス）。

厚生労働省編（2019b）『社会保障給付費の推移』（https://www.mhlw.go.jp/content/00065/378.pdf，2020年8月22日アクセス）。

高齢者介護・自立支援システム研究会編（1995）『新たな高齢者介護システムの構築を目指して高齢者介護・自立研究会報告書』ぎょうせい。

高齢者住宅財団編（2017）『医療・介護ニーズがある高齢者等の地域居住のあり方に関する調査研究事業報告書　平成28年3月』（https://www.koujuuzai.or.jp/wp-content/uploads/…/20160428.pdf，2018年2月11日アクセス）。

国際連合広報センター編『国連世界人権宣言（1948）』（https://www.unic.or.jp/activities/humanrights/document/bill_of_rights/universal_declaration/，2018年1月17日アクセス）。

国際連合広報センター編（1999）『今年は国際高齢者年　1999年2月11日』（https://www.unic.or.jp/news_press/features…/1490/，2018年1月17日アクセス）。

国立社会保障・人口問題研究所編（2017）『資料1 国立社会保障・人口問題研究所の将来人口・世帯推計』（https://www.8.cao.go.jp/shoushi/shoushika/meeting/…/s1.pdf，2018年5月14日アクセス）。

小長谷陽子・渡邉智之・小長谷正明（2013）「地域在住高齢者の認知機能と社会参加との関連性——社会活動および社会ネットワークを中心として」『Dementia Japan』27，81-91頁。

齋藤元章（2014）『エクサスケールの衝撃——次世代スーパーコンピュータが壮大な新生会の扉を開く』PHP研究所。

斉藤慶典（2003）『ルネ・デカルト——「われ思う」のは誰か』（シリーズ哲学のエッセンス）日本放送出版協会。

財務省編（2019）『社会保障』（https://www.mof.go.jp/budget/fiscal…/201910_kanryaku.pdf，2020年7月8日アクセス）。

桜井万里子・本村二（2017）『集中講義！ギリシャ・ローマ』筑摩書房。

佐藤一斎／川上正光訳注（1979-1981）『言志四録Ⅰ，Ⅱ，Ⅲ，Ⅳ』講談社。

佐藤一斉／久須本文雄訳（1994）『座右版　言志四録』講談社。

佐藤一斉／久須本文雄訳（2004）『「言志四録」心の名言集』講談社。

更科功（2016）『爆発的進化論——1％の奇跡がヒトを作った』新潮社。

柴田博編（1992）『老人保健活動の展開』医学書院。

柴田博（1996）「高齢者 Quality of Life（QOL）」『日本公衆衛生雑誌』43(11)，941-945頁。

柴田博（2002）「サクセスフル・エイジングの条件（第2回日本老年学会総会記録）」『日本老年医学会雑誌』39(2)，152-154頁。

清水幹夫（1966）『生命の本質と起源』共立出版社。

社会保障・人口問題研究所編（2017a）『将来統計人口・世代数』（https://www.ipss.go.jp/kourei/Mainmenu.asp，2018年8月16日アクセス）。

社会保障・人口問題研究所編（2017b）『日本の将来推計人口──平成28（2016）〜77（2065）　平成29年推計』人口問題研究資料第336号，Population Resarch Series No. 336（https://www.ipss.go.jp/pp.../j/zenkoku2017/pp29suppl_report2.pdf，2018年8月16日アクセス）。

ジャパンナレッジ編（2017）『ワイマール憲法（1919）　改訂新版・最大百科事典　第2版』平凡社（https://japanknowledge.com/introduction/keyword.html?i=429，2018年3月17日アクセス）。

周藤純（2018）「政府統計の所得集計データからの相対的貧困率の推定」（https://www.jfssa.jp/taikai/2018/table/program_detail/.../J10107.pdf，2018年5月14日アクセス）。

シュミット，カール／阿部照哉・村上義弘訳（1974）『憲法論：［付録］ワイマール憲法』みすず書房。

障害者福祉研究会編（2008）『ICF 国際生活機能分類──国際障害分類改訂版』中央法規出版。

障害保健福祉研究情報システム編（1987）『日本の障碍者の歴史』（https://www.dinf.ne.jp/doc/japanese/prdl/jsrd/rehab/r054/r054_002.html，2019年1月16日アクセス）。

小学館編（1994）「悲田院，施薬院，四箇院」『日本大百科全書』。

白川靜（2012）『常用字解　第二版』平凡社。

進士慶幹（1981）『江戸時代　武士の生活』（生活史叢書①）雄山閣。

新村出編（2018）『広辞苑　第7版』岩波書店。

新村拓（1991）『老いと看取りの社会史』法政大学出版局。

新村拓（1992）『ホスピスと老人介護の歴史』法政大学出版局。

新村拓（2006）『日本医療史』吉川弘文館。

末廣貴生子（2012）「日本における介護福祉の歴史(1)──介護福祉の思想と実践の考察」『静岡福祉大学紀要』8，134-150頁。

末廣貴生子（2013）「日本の介護福祉の歴史(2)──平野重誠著「病家須知」に学ぶ介護福祉思想と介護福祉実践」『旭川大学短期大学部紀要』48，21-30頁。

杉浦日向子（2005）『隠居の日向ぼっこ』新潮社。

鈴木隆雄・峰山巌・三橋公平（1984）「北海道入江貝塚出土人骨にみられた異常四肢骨の古病理学的研究」『人類學雜誌』92(2)，87-104頁。

鈴木隆雄（2016）「介護予防とフレイル――科学的根拠に基づく健康維持と予防対策」『Anti-Aging Medicine』12(5)，27-32頁。

鈴木文孝（2015）『カントの批判哲学と自我論―― *The Critical Philosophy of Immanuel Kant and His Theory of the Ego*』以文社。

鈴木征男・崎原盛造（2003）「精神的自立性尺度の作成――その佼成概念の妥当性と信頼性の検討」『民族衛生』69(2)，47-56頁。

鈴木征男（2005）「中高齢者におけるソーシャル・サポートの役割――孤独感との関連について」第一生命経済研究所ライフデザイン研究本部『MONTHLY REPORT』通号168，4-15頁。

関口健二（2017）「米国で推進されている「患者中心のメディカルホーム」から我々は何を学ぶか」『日本老年医学会雑誌』54(4)，499-506頁。

関根透・北村中也（1997）「看病用心抄に見る鎌倉時代の看病僧の倫理観」『日本歯科医療管理学会雑誌』32(2)，99-106頁。

セネカ／大西英文訳（2010）『生の短さについて　他2篇』岩波書店。

全国老人福祉施設協議会編(1995)「高齢者の〈介護〉のあり方について」『施老協』13，46-47頁。

全国老人福祉施設協議会編（2014）『老人保健事業推進費等補助金（老人保健康増進等事業分）事業　特別養護老人ホームにおける看取りの推進と医療連携のあり方調査事業［平成27年度介護報酬改定対応版］』&「看取り介護指針・説明支援ツール』」，全国老人福祉施設協議会HP（https://www.roushikyo.or.jp/，2018年3月18日アクセス）。

全国老人福祉施設協議会編（2015）「看取り介護指針・説明支援ツール：平成27年度介護報酬改定対応版；平成26年度老年保健事業推進費等補助金（老年保健健康増進等事業分）事業特別養護老人ホームにおける看取りに推進と医療連携のあり方調査研究事業」。

全国老人福祉施設協議会編（2016）『全国老人福祉協議会，別添』（https://www.roushikyo.or.jp，2018年3月1日アクセス）。

全国老人福祉施設協議会編（2018）「介護の未来をつくるべく活発に議論――全国老施協平成29年度近畿ブロックカントリーミーティングin奈良」『JC Weekly』622，2-3頁。

総務省編（2013a）『ICT超高齢社会構想会議　基本提言（基本的視点）（平成25年4月

19日）』（https://www.soumu.go.jp/main_content/000219886.pdf，2017年3月1日アクセス）。

総務省編（2013b）『ICT超高齢社会構想会議（報告書）（案）――「スマートプラチナ社会」の実現　平成25年5月（資料2）』（https://www.soumu.go.jp/main_content/000224730.pdf，2016年8月15日アクセス）。

総務省編（2013c）『超高齢社会構想会議　基本提言　基本的視点　平成25年4月19日』（https://www.soumu.go.jp/main_content/000268318.pdf，2017年12月24日アクセス）。

総務省編（2016）『平成28年度版情報通信（人口減少社会の到来)』（https://www.soumu.go.jp/johotsusintokei/…，2018年4月6日アクセス）。

総務省編（2019）『我が国における総人口の長期的推移』（https://www.soumu.go.jp/main_content/000272900.pdf，2020年7月2日アクセス）。

総務省統計局編（2000）『統計局ホームページ/4.　高齢者無職世帯』（https://www.stat.go.jp/data/kakei/2000np/gaikyo/241gk.html，2020年7月21日アクセス）。

総務省統計局編（2015）『家計調査報告（家計収支編）平成27年』（https://www.stat.go/jp/data/kakei/2015np/index.html，2018年6月20日アクセス）。

総務省統計局編（2017a）『平成29年（2017年）平均（速報）結果　統計データ，人口統計』（https://www.stat.go.jp/data/roudou/sokuhou/nen/ft/index.html，2017年12月14日アクセス）。

総務省統計局編（2017b）『家計調査年報（家計収支編）平成29年』（https://www.stat.go/jp/data/kakei/2017np/index.html，2018年6月20日アクセス）。

総務省統計局編（2019a）『1．高齢者の人口』（https://www.stat.go.jp/data/topics/topi1131.html，2020年7月10日アクセス）。

総務省統計局編（2019b）『家計調査報告（家計収支編）――2019年（令和元年）平均結果の概要』（https://www.stat.go.jp/data/kaikei/…pdf/fies_gaikyou2019.pdf，2020年7月19日アクセス）。

総務省統計局編（2019c）『家計調査報告（貯蓄・負債）――2019年（令和元年）平均結果（二人以上の世帯)』（https://www.stat.go.jp/data/sav/sokuhou/nen/index.html，2020年7月21日アクセス）。

総務省統計局編（2019d）『統計局ホームページ／家計調査用語の説明』（https://www.stat.go.jp/data/kakei/kaisetu.html，2019年2月15日アクセス）。

ソンダース，シシリー編／岡村昭彦訳（2006）『ホスピス――その理念と運動』復刊版，雲母書房。

ソンダース，シシリー／小森康永訳（2017）『ナースのためのシシリー・ソンダース――ターミナルケア・死にゆく人に寄り添うということ』北大路書房。

第197回衆院法務委員会編（2018）『法務委員会理事懇親会第6号，平成30年11月22日』
　（https://www.shugiin.go.jp/intemet/tdb.../0004197201811006.htm，2019年1月21日ア
　クセス）。

高橋庄次（2008）『良寛　伝記考説』新装普及版，春秋社。

高橋通規（2013）「総説　緩和ケアのこれまでとこれから」『仙台医療センター医学雑
　誌』3，21-32頁。

竹内孝仁（2012）『自立支援ハンドブックレット』筒井書房。

地域包括ケア研究会編（2013）『地域包括ケアシステム構築における今後の検討のため
　の論点（https://www.murc.jp/report/rc/policy_rearch/public_report/koukai_130423/，2018年3月18日アクセス）。

地域包括ケア研究会編（2015）『地域包括ケアシステムと地域マネジメント　平成27年
　版』厚生労働省HP（https://www.mhlw.go.jp/，2018年3月18日アクセス）。

地域包括ケア研究会編（2018）『平成30年度地域包括ケアシステム研究会報告書——
　2040年：多元的社会における地域包括ケアシステム（三菱UFJリサーチ＆コンサル
　ティング）』（https://www.murc.jp./sp/1509/houkatsu/houkatsu_01.html，2018年7
　月26日アクセス）。

千葉茂樹（1980）『マザー・テレサとその世界』女子パウロ会。

長寿科学振興財団編（2017）『健康長寿ネット「サクセスフル・エイジングとは」』
　（https://www.tyojyu.or.jp/net/kenkou-tyoju/tyojyu-shakai/successful.html，2018年
　2月17日アクセス）。

長寿社会開発センター編（2013）『平成25年度プロダクティブ・エイジング（生涯現役
　社会）の実現に向けての取り組みに関する国際比較研究報告書』（http://www.ilcjapan.org/study/doc/all_1302.pdf，2018年2月17日アクセス）。

津田理恵子（2005）「介護福祉士の構成要素に関する研究」『関西福祉科学大学紀要』9，
　269-286頁。

筒井孝子（パネリスト発表）（2014）「地域包括ケアシステムにおけるIntegrated care
　理論の応用とマネジメント　医研シンポジウム2014講演録（Adobe PDF）」（https://
　www.iken.org/symposium/iken/past/pdf/2014_tsutsui.pdf，2018年3月18日アクセ
　ス）。

ティク・ナット・ハン／島田啓介・馬籠久美子訳（2015）『ブッダの幸せの瞑想 第2
　版』サンガ。

デカルト，ルネ／山田弘明訳（2011）『方法序説』ちくま書房。

東京都政策企画局編（2015）『2060年までの東京都の人口推計』（https://www.seisaku
　kikaku.metro.tokyo.lg.jp/.../honbun4_1.pd...，2018年6月22日アクセス）。

ドゥブレイ，S.／若林一美訳（1989）『シシリー・ソンダース──ホスピス運動の創始者』日本看護協会出版会。

鳥羽研二（2015）「フレイルの概念と予防」『Jpn J Rehabil Med』5，51-54頁。

ドライデン，W.・ミットン，J.／酒井汀訳（2005）『カウンセリング──心理療法の4つの源流と比較』北大路書房。

内閣官房まち・ひと・しごと創生本部編（2014）『まち・ひと・しごと創生総合戦略──概要（2014年12月27日閣議決定）』（https://www.kantei.go.jp/jp/singi/sousei/pdf/20141227siryou4.pdf，2017年11月3日アクセス）。

内閣官房まち・ひと・しごと創生本部編（2015a）『生涯活躍のまち構想（最終報告）日本版 CCRC 構想有識者会議　平成27年12月15日』（https://www.kantei.go.jp/jp/singi/sousei/meeting/ccrc/h29-10-20-sankou1.pdf，2018年2月13日アクセス）。

内閣官房まち・ひと・しごと創生本部編（2015b）『日本版 CCRC 構想有識者会議（第1回）議事次第・まち・ひと・しごと創生──生涯活躍のまち構想中間報告　平成27年2月15日』（https://www.kantei.go.jp/jp/singi/sousei/meeting/ccrc/chukan-houkoku.html，2016年8月15日アクセス）。

内閣官房まち・ひと・しごと創生本部編（2016a）『まち・ひと・しごと総合戦略の変更について（平成28年12月22日）まち・ひと・しごと創生総合戦略（2016年改定版）』（https://www.kantei.go.jp/jp/singi/sousei/info/pdf/h28-12-22-sougousenryaku2016hontai.pdf，2018年3月1日アクセス）。

内閣官房まち・ひと・しごと創生本部事務局編（2016b）『地方創生を巡る動向と「生涯活躍のまち」構想について　平成28年1月8日　講演2　地方創生を巡る動向と「生涯活躍のまち」構想』（https://www.pref.akita.lg.jp/uploads/public/archive_0000010356_00/kouen2.pdf，2018年6月1日アクセス）。

内閣官房まち・ひと・しごと創生本部事務局・内閣府地方創生推進事務局編（2017）『関係法令・閣議決定等・まち・ひと・しごと創生本部　まち・ひと・しごと創生基本方針2017（概要版）──地方創生の新展開に向けて』（https://www.kantei.go.jp/jp/singi/sousei/info/，2018年3月1日アクセス）。

内閣官房まち・ひと・しごと創生本部編（2018）『生涯活躍のまち（日本版 CCRC）の推進　平成30年12月5日版』（https://www.kantei.go.jp/singi/sousei/about/ccrc/，2018年12月24日アクセス）。

内閣府編（2008a）『これからの社会の変化と医療・介護・福祉サービスについて　第2回サービス保障（医療・介護・福祉）分科会（資料3）　平成20年4月9日』（https://www.kantei.go.jp/jp/singi/syakaihosyoukokuminkaigi/kaisai/service/dai02/02siryou3.pdf，2017年10月10日アクセス）。

内閣府編（2008b）『高齢社会白書 平成20年版』（https://www8.cao.go.jp/kourei/…w-2008/…/20pdf_indexg.ht…, 2018年 7 月15日アクセス）。

内閣府編（2010）『高齢社会白書 平成22年版』」（https://www8.cao.go.jp/kourei/…w-2010/…/22pdf_indexg.ht…, 2018年 7 月20日アクセス）。

内閣府編（2011）『平成23年度版「高齢者の経済生活に関する意識調査」結果（概要版）』（https://www8.cao.go.jp/kourei/ishii/h23/sougou/…/index.html, 2018年 6 月20日アクセス）。

内閣府編（2012）『高齢社会白書 平成24年版』（https://www8.cao.go.jp/kourei/white paper/w…/s1_1_1_02.htm, 2018年 7 月15日アクセス）。

内閣府編（2013a）『平成25年度高齢期に向けた「備え」に関する意識調査結果（概要版）』（https://www8.cao.go.jp/kourei/ishki/h25/kenkyu/…/index.html, 2018年 6 月20日アクセス）。

内閣府編（2013b）『高齢者の地域社会への参加に関する意識調査（概要版）平成25年度』（https://www8.cao.go.jp/kourei/ishiki/h25/sougou/gaiyo/index.html, 2018年 2 月 1 日アクセス）。

内閣府編（2013c）『概観——選択する未来 人口統計から見えてくる未来像』（https://www5.cao.go.jp/keizai-shimon/kaigi/special/future/sentaku/s1_0.html, 2019年 1 月21日アクセス）。

内閣府編（2014）『高齢社会白書（全体版）平成26年版』（https://www.cao.go.jp/kourei/whitepaper/w-2014/index.html, 2018年 7 月13日アクセス）。

内閣府編（2016a）『高齢社会白書 平成28年版』（https://www.8.cao.go.jp/kourei/white paper/w…/s1_2_6.html, 2018年 6 月20日アクセス）。

内閣府編（2016b）『平成28年度版「高齢者の経済・生活環境に関する調査」結果（概要版）』（https://www8.cao.go.jp/kourei/ishii/h26/sougou/…/index.html, 2018年 6 月20日アクセス）。

内閣府編（2017a）「高齢者の健康・福祉」『高齢社会白書 平成29年版』（https://www8.cao.go.jp/kourei/whitepaper/w-2017/gaiyou/29pdf_indexg.html, 2018年 2 月 1 日アクセス）。

内閣府編（2017b）『高齢者の健康に関する調査結果（概要版）平成29年版』（https://www8.cao.go.jp/kourei/ishiki/h29/gaiyo/index.html, 2018年 2 月17日アクセス）。

内閣府編（2017c）『高齢社会対策大綱』『高齢社会白書（全体版）平成29年版』（https://www8.cao.go.jp/kourei/whitepaper/w-2017/html/zenbun/index.html, 2018年 9 月 2 日アクセス）。

内閣府編（2017d）『閣議決定「ニッポン一億総活躍プラン（概要） 平成28年 6 月 2

日」（https://www.kantei.go.jp/jp/singi/ichiokusoukatsuyaku/pdf/gaiyou1.pdf，2017年1月7日アクセス）。

内閣府編（2017e）『高齢社会白書 平成29年度版』（https://www8.cao.go.jp/kourei/whitepaper/w-2017/gaiyou/29pdf_indexg.html，2018年7月15日アクセス）。

内閣府編（2018a）『高齢者社会白書 平成30年版』（https://www8.cao.go.jp/kourei/whitepaper/w…s1_2_2.html，2019年4月2日アクセス）。

内閣府編（2018b）『高齢社会対策大綱 平成30年版』（https://www.cao.go.jp/，2018年3月18日アクセス）。

内閣府編（2018c）『平成30年度の経済見通しと経済財政運営の基本態度（平成29年12月19日閣議了解）』（https://www5.cao.go.jp/keizai1/mitoshi/…/h291219mitoshi.pdf，2018年7月14日アクセス）。

内閣府編（2018d）『高齢社会対策の基本的在り方に関する検討会——すべての世代にとって豊かな長寿社会の構築に向けて』（https://www8.cao.go.jp/kourei/kihon-kentoukai/…/h29-houkoku.pdf，2018年2月13日アクセス）。

内閣府編（2018e）『高齢社会対策大綱（平成30年2月16日閣議決定）』（https://www8.cao.go.jp/kourei/measure/taikou/h29/hon-index.html，2018年5月4日アクセス）。

内閣府編（2018f）「第1章第2節高齢者の暮らしの動向」『高齢社会白書 平成30年版』（https://www8.cao.go.jp/kourei/whitepaper/w-2018/gaiyou/30pdf_indexg.html，2020年7月19日アクセス）。

内閣府編（2018g）『平成30年度高齢者の住宅と生活環境に関する調査結果（概要）』（https://www8.cao.go.jp/kourei/ishiki/h30/gaiyo/index.html，2020年7月19日アクセス）。

内閣府編（2019a）『高齢社会白書 令和元年版』（https://www8.cao.go.jp/kourei/whitepaper/w…/index.html，2020年7月5日アクセス）。

内閣府編（2019b）『高齢社会対策の基本的在り方等に関する検討会 報告書（平成29年10月）——すべての世代にとって豊かな長寿社会の構築に向けて』（https://www8.cao.go.jp/kourei/kihon-kentoukai/h29/pdf/h29_houkoku.pdf，2019年1月21日アクセス）。

内閣府編（2019c）『Society 5.0——科学技術政策』（https://www8.cao.go.jp/cstp/society5_0/，2020年6月23日アクセス）。

ナイチンゲール，フローレンス／湯槇ます・薄井坦子訳（2011）『看護覚え書——看護であること看護でないこと 改訳第7版』現代社。

長崎陽子（2008）「病を癒す佛教僧——日本中世前期における医療教済」『龍谷大学人間科学・宗教オープン・リサーチセンター '佛教生命観に基づく人間科学の総合研究'

研究成果報告書』365-371頁。

中嶌洋（2011）「'介護'の語源に関する歴史的再検討」『日本獣医生命科学大学研究報告』60，127-136頁。

中野明（2016）『マズローの心理学入門――人間性心理学の源流を求めて Kindle 版』Amazon Services International, Inc.。

中村元訳（2003）『ブッダのことば――スッタニパータ』岩波書店。

中村元訳（2010）『ブッダ最後の旅――大パリニッバーナ経』岩波書店。

中村美知夫（2009）「霊長類の文化」『霊長類研究』24，229-240頁。

仲村優一編（1974）『社会福祉辞典』誠信書房。

中山元（2013）『自由の哲学者カント――カント哲学入門「連続講義」』光文社。

奈良県老人福祉施設協議会編（2018）「平成29年度全国老施協近畿ブロックカントリーミーティング（in 奈良）の開催について―KAIGOxPossibility（未来型老施協戦略）」『奈老施』95，2-3頁。

西原恵司・荒井秀典（2019）「健康長寿社会におけるフレイルの考え方とその意義」『予防医学』60，9-13頁。

西村汎子（2000）「日本中世の老人観と老人の扶養」『白樺学園短期大学紀要』36，101-108頁。

西来武治（1989）『癒しに生かす経典の言葉108』春秋社。

西脇恵子・安藤繁（2014）「要介護高齢者における余暇および社会交流ステージ分類の開発」『日本老年医学会雑誌』51(6)，536-546頁。

新渡戸稲造／岬龍一郎訳（2005）『武士道』PHP 研究所。

日本医師会編（1964, 2000）『ヘルシンキ宣言』（https://www.med.or.jp/wma/helsinki.html，2018年1月17日アクセス）。

日本医師会編（1968, 1983）『医の国際倫理綱領』（https://www.med.or.jp/wma/ethics.html，2018年1月17日アクセス）。

日本医師会（2000）「世界医師会（WMA）の宣言・生命・決議等について」『日医雑誌』133(2)，186-194頁。

日本医師会編（2016）『医師の職業倫理指針 第3版』（https://www.med.or.jp/wma/geneva.html，2018年1月17日アクセス）。

日本介護学会辞典編集委員会編（2014）『介護福祉学辞典』ミネルヴァ書房。

日本介護福祉士会編（1995）『日本介護福祉士会倫理綱領と倫理基準（行動規範）』（https://www.jaccw.or.jp/pdf/about/H24_rinrikizyun_.pdf，2018年2月16日アクセス）。

日本介護福祉士養成施設協会編（2017）『介護福祉士のしごと』（http://kaiyokyo.net/

work/index.html，2018年 8 月16日アクセス）。

日本看護協会編（2003）『看護者の倫理綱領』（https://www.nurse.or.jp/nursing/practice/rinri/rinri.html，2018年 3 月 1 日アクセス）。

日本看護協会編（2018）『ICN 看護師の倫理綱領』日本看護協会出版会。

日本看護協会編（2019）『看護に活かす基準・指針ガイドライン集』日本看護協会出版会。

日本社会福祉士会編（2005）『日本社会福祉士会倫理綱領と行動規範』（1995年倫理綱領〔ソーシャルワーカーの倫理綱領の改訂版〕）（https://www.jacsw.or.jp/01_csw/05_rinrikoryo/files/rinri_kodo.pdf，2018年 2 月16日アクセス）。

日本自立支援介護・パワーリハ学会編 HP『自立支援介護とは』（https://jsfrc-powerreha.jp/care-for-independent-living/，2018年 2 月 1 日アクセス）。

日本内科学会専門医部会地域医療教育プログラムワーキンググループ編（2015）「患者中心のメディカルホーム（Patient-Centered Medical Home：PCMH）の概念紹介にあたって」『日本内科学会雑誌』104(1)，139-140頁。

日本年金機構編（2020）『令和 2 年度の年金額等について』（https://www.nenkin.go.jp/oshirase/topics/2020/20200401.html，2020年 7 月19日アクセス）。

日本福祉教育専門学校編（2017）『介護福祉士の仕事内容，資格』（https://www.nippku.ac.jp/license/cw/work/，2018年 8 月16日アクセス）。

日本ホスピス・緩和ケア研究振興財団編『ホスピス・緩和ケアとはなんですか』（https://www.hospat.org/public_what.html，2019年 1 月16日アクセス）。

日本ホスピス・在宅ケア研究会（2000）『ホスピス入門――その"全人的医療"の歴史，理念，実践』行路社。

日本老年医学会編（2014）『フレイルに関する日本老年医学会からのステートメント』（https://www.jpn-geriat-soc.or.jp/info/topics/pdf/20140513_01_01.pdf，2018年 8 月21日アクセス）。

農林水産省編（2015）『知っている？日本の食料事情――日本の食料自給率・食料自給力と食料安全保障　平成27年10月』（https://www.maff.go.jp/kanto/kihon/kikaku/kihonkeikaku/pdf/zen27.pdf，2017年 1 月27日アクセス）。

野村忠夫（1993）「養老律令」『国史大辞典』第14巻，吉川弘文館。

パスカル，ブレーズ／前田陽一・由木康訳（1973）『パンセ』中央公論新社。

パスカル，ブレーズ／田辺保訳（1980）『パスカルの生涯』（パスカル著作集①）教文館。

ハッチンソン，A・トム編／三宮暁子イラスト，恒藤暁訳（2016）『新たな全人的ケア――医療と教育のパラダイムシフト』青海社。

花田順信（1975）「仏教の福田思想と社会事業」佛教大学佛教社会事業研究所編『佛教

福祉』通号 2，52-58頁。

花山信勝（1982）『聖徳太子と憲法十七条』大蔵出版。

馬場園明・窪田昌行（2015）「米国の CCRC」（https://www.hcam.med.kyushu-u.ac.jp/webdata/lecture/59c9ef58e03a9.pdf，2017年11月3日アクセス）。

濱崎雅孝（2004）「ルネサンス，宗教改革，啓蒙主義時代における人間論とキリスト教」『キリスト教思想の現在（キリスト教学 M2）』1-14頁。

林陸朗（1986）『光明皇后』吉川弘文館。

速水侑（2004）『民衆の導者　行基――日本の名僧』吉川弘文館。

ハラリ，ユヴァル・ノア／柴田裕之訳（2016）『サピエンス全史（上）（下）――文明の構造と人類の幸福』河出書房新社。

比較ジェンダー史研究会編（2014）『（史料）フランス宣言（1789年）全文』（https://ch-gender.jp/wp/?page_id=385，2018年1月17日アクセス）。

日野原重明（1993）『医の道を求めて――ウィリアム・オスラー博士の生涯に学ぶ』医学書院。

ヒポクラテス／大槻真一郎訳（1997）『ヒポクラテスの誓い』（新訂版ヒポクラテス全集全3巻）エンタープライズ株式会社。

平尾真智子（2011）「光明皇后の施薬院・悲田院と施浴伝説――看護史の視点からの考察」『日本医学史学会雑誌』57(3)，371-372頁。

平川彰（1988）『最澄 新装版』吉川弘文館。

平野重誠（原著），小曽戸洋（監修）ほか（2006）『病家須知』農山漁村文化協会。

ひろさちや（2016）『道元　正法眼蔵』（NHK テキスト11月100分 de 名著）NHK 出版。

フェルサム，C.・ドライデン，W.／北原歌子監訳（2000）『カウンセリング辞典』ブレーン出版。

福山誠之館同窓会 HP「佐藤一斎　儒家」『誠之館人物誌』（https://www.seishikan-dousoukai.com/，2019年1月16日アクセス）。

藤田孝典（2015）『下流老人――一億総老後崩壊の衝撃』朝日新聞出版。

藤田孝典（2016）『続・下流老人――一億総疲弊社会の到来』朝日新聞出版。

富士通総研編（『地域包括ケアシステムの理解と今後の方向性　2015年4月10日』（https://www.fujitsu.com/jp/group/fri/column/opinion/201504/2015-4-1.html，2017年10月10日アクセス）。

藤永保監修（1984）『こころの問題辞典』平凡社。

藤本浄彦・峯尾武雄（2001）「安らかな旅立ちを――看病用心鈔の教え　藤本浄彦；ききて　峯尾武男　2001年（平成13年）2月11日」『NHK 教育テレビ「こころの時代」』（https://h-kishi.sakura.ne.jp/kokoro-267.htm，2019年1月16日アクセス）。

藤本正行（2010）『現代天文学と宇宙論の展開』全学教育推進機構。

プラチナ社会研究会編（2015）『地方創生のエンジン「日本版 CCRC」の可能性　2015
　　年1月28日』（http://platinum.mri.co.jp/recommendations/proposal/platinum-ccrc,
　　2015年8月15日アクセス）。

フランクル，ヴィクトール／池田香代子訳（2002）『夜と霧　新版』みすず書房。

フランクル，ヴィクトール／赤坂桃子訳（2016）『絶望から希望を導くためのロゴセラ
　　ピーの思想と実践』北大路書房。

ブリス，マイケル／梶龍兒監訳，三枝小夜子訳（2012）『ウィリアム・オスラー──あ
　　る臨床医の生涯』メディカル・サイエンス・インターナショナル。

古川瑞之（2016）「看病用心抄の研究」『浄土学通号』53，381-399頁。

古谷野亘（2004）「社会老年学における QOL 研究の現状と課題」『保健医療科学』53
　　（1），208頁。

ヘロドトス／松平千秋訳（1971）『歴史（巻1）』岩波文庫。

ヘンダーソン，A・ヴァージニア／湯槇ます・小玉香津子訳（2016）『看護の基本とな
　　るもの』日本看護協会出版会。

寶金清博（2015）「超高齢社会と地域医療──医療変革と社会変革」『学術の動向』6，
　　59-62頁。

星貴子（2019）「超高齢社会に相応しい身元保証システムの構築を──'ヒト'に依存
　　した身元保証は早晩行詰まる恐れ」『Rsearch Focus』2019-013，1-19頁。

堀田聡子（2016）「オランダにおけるビュートゾルフの事例」『地域包括システム構築に
　　向けて効果的・効率的なサービス提供のあり方に関する調査事業　報告書』明治安田
　　生活福祉研究所，46-52頁。

増田いずみ・生田久美子（2015）「介護における'自立'と'自律'概念の分析の試み
　　──自律支援に向けて高齢者介護に求められるもの」『田園調布学園大學紀要』10，
　　91-109頁。

増田悦佐（2013）『お江戸日本は世界最高のワンダーランド』講談社。

増谷文雄（2013）『釈尊のさとり』講談社。

マズロー，H・アブラハム編／ウォルシュ，ロジャー　N・ヴォーン，フランシス訳編
　　／上野圭一訳（1986）『トランスパーソナル宣言──自我を超えて』春秋社，225-244
　　頁。

マズロー，H・アブラハム／小口忠彦訳（1987）『人間性の心理学 改定新版』産能大出
　　版部。

マズロー，H・アブラハム／上田吉一訳（1998）『完全なる人間──魂のめざすもの』
　　誠信書房。

松井富美男（2003）「人間の尊厳とは何か——差異化と水平化の二重機能」『生命倫理（日本生命倫理学会）』14，58-62頁。

松尾登（2015）『人口知能は人間を超えるか——ディープラーニングの先にあるもの』KADOKAWA・中経出版。

松村明編（2019）『大辞林　第4版』三省堂。

松山邦夫（2011）「古代日本における福祉の考え方——養老令に於ける救済に関する規定を通して」『J.Fac.Edu.Saga Univ.』16(1)，215-217頁。

丸山茂徳（2016）『地球と生命の46億年史』（NHKカルチャーラジオ「科学と人間」）NHK出版。

丸山茂徳・磯崎行雄（1988）『生命と地球の歴史』岩波書店。

御子柴善之（2018）『カント哲学の核心「プロレゴーメナ」から読み解く』（NHKブックス No. 1252）NHK出版。

水野弘文（2009）『原始仏教入門　釈尊の生涯と思想から』佼成出版社。

見田宗介・栗原彬・田中義久編（1988）『社会学辞典』光文堂。

三菱UFJリサーチ＆コンサルティング編（2016）『地域包括システム構築に向けた制度及びサービスのあり方に関する研究事業報告書　平成28年版』（https://www.murc.jp/sp/1509/houkatsu/houkatsu_01.html，2018年3月18日アクセス）。

三菱UFJリサーチ＆コンサルティング編（2017）『地域包括ケア研究会報告書：2040年に向けた挑戦——地域包括ケアシステム構築に向けた制度及びサービスのあり方に関する研究事業報告書（平成28年度老人保健健康増進事業）』三菱UFJリサーチ＆コンサルティング。

三菱UFJリサーチ＆コンサルティング編（2020）『社会保障の現状と課題——全世代型社会保障制度の構築に向けた課題』（https://www.murc.jp/report/economy/analysis/research/report_200128/，2020年3月15日アクセス）。

嶺重慎・久保英一郎編（2006）『2016宇宙と生命の起源』岩波書店。

宮地正卓（2002）『運命・自由・愛——フランクルの「生きる意味」随想』中央法規出版。

宮東斎臣（1995）『聖徳太子に学ぶ十七條五憲法』文一総合出版。

宮本太郎（2017）『転げ落ちない社会——困窮と孤立を防ぐ制度戦略』勁草書房。

みんなの介護入居相談センター編（2018）『ニッポンの介護学（第548回）』（https://www.minnanokaigo.com/news/kaigogaku/no548/，2018年2月24日アクセス）。

六車由実（2012）『驚きの介護民俗学』医学書院。

村上朔太郎・長谷川博隆・高橋秀（1993）『ギリシャ・ローマの盛衰——古典古代の市民たち』講談社。

メイヤロフ，ミルトン／田村真・向野宣之訳（2001）『ケアの本質——生きることの意

味』ゆみる出版。

MEMORVA/WHO編（2018）『世界の平均寿命ランキング・男女別順位，WHO　2018年版』（https://www.memorva.jp/ranking/unfpa/who_whs_life_expectancy.php，2020年7月27日アクセス）。

百瀬孝（1997）『日本老人福祉史』中央法規出版。

森口靖子・中添和代・竹内美由紀（2002）「看護学生の看護と介護の違いの認識変化とその内容」『香川県立医療短期大学紀要』4，159-164頁。

森村修（2004）『ケアの倫理』大修館書店。

屋形禎亮（2003）『古代エジプトの歴史と社会』同成社。

柳谷慶子（2011a）「日本近世の高齢者介護と家族」山中永之佑ほか編『介護と家族』早稲田大学出版部，171-202頁。

柳谷慶子（2011b）『江戸時代の老いと看取り』（日本史リブレット）山川出版社。

山田弘明（2001）『真理の形而上学——デカルトとその時代』世界思想社。

山田弘明（2016）『デカルトと西洋近世の哲学者たち』知泉書館。

山田陽介・山懸恵美・木村みかさ（2012）「フレイルティ＆サルコペニアと介護予防」『京都府医大誌』121(10)，535-547頁。

山本眞由美（2014）「サクセスフル・エイジングと高齢者の発達課題“老年的超越”」『徳島大学人間科学研究』22，1-9頁。

湯浅精二（2001）『ヒトの進化から「人間とはなにか」を問う』東京民医連。

湯浅精二（2005）『生物進化から「人間とはなにか」を問う——絶体的生命観を求めて』大阪大学出版会。

US Health Care Financing Administration／池上直己訳（2005年）『MDS2.1——施設ケアアセスメントマニュアル改訂版』医学書院。

吉村武彦（2005）『聖徳太子』岩波書店。

吉野秀雄（1983）『良寛和尚の人と歌』弥生書房。

吉野秀雄（2002）『良寛』アートデイズ。

余宮きのみ（2016）『ここが知りたかった緩和ケア』南江堂。

良忠／大崎信久訳，宮本直樹絵（2001）『看病用心鈔——平成版私訳』お寺の出前の会。

李東潤（2017）「ベーシックインカムとは？メリット，デメリット，問題点，今後の展望についての解説」（https://brave-answer.jp/26276/，2019年1月21日アクセス）。

リットン，ストレイチー／橋口稔訳（1993）『ナイティンゲール伝—他一篇』岩波文庫。

リフキン，ジェレミー／柴田裕之訳（2015）『限界費用ゼロ社会——「モノのインターネット」と共有型経済の台頭（The Zero）』NHK出版。

リンデン，デイヴィット・J／岩波彰訳（2016）『触れることの科学』河北書房新社。

レーン，ニック／斉藤隆史訳（2007）『ミトコンドリアが進化を決めた』みすず書房。

ロジャーズ，カール／諸富祥彦・保坂亨・末武康弘訳（2005）『ロジャーズが語る自己実現の道』（ロジャーズ主要著作集）岩崎学術出版社。

渡辺博文（2013）『マズローの欲求段階説 kindle 版』Amazon Services International, Inc.。

綿貫登美子（2014）「高齢期における主体的な選択と自己実現――健康不安と生きづらさの中での生きがい」『千葉大学人文社会科学研究』29，107-124頁。

Butler, R. N., Gleason, H. P.（1985）*Productive Aging: Enhancing Vitality in Later Life*" Spring.

Fried, L. P., Tangen C. M., Walson, J. et al.（2001）"Frailty in older adults: evidence for a phenotype" *J Gerontol Biol Sci Med Sci* 56(3), pp. 146-156.

Laslett, P.（1987）"The Emergence of the Third Age" *Ageing and Society* 7, pp. 133-160.

Laslett, P.（1991）*A Fresh Map of Life. The Emergence of the Third Age* (*paperback ed.*), George Weidenfeld and Nicholson.

Morris, N., Murphy, K., Nonemaker, S.（1995）*Minimum Data Set 2.0 Long-Term Care Facility Resident Assessment Instrument User's Manual*, US Health Care Financing Administration.

Nightingale, F.（1858）*Notes on Hospitals*, John W. Parker & Son.

Rowe, J. W., Kahn, R. L.（1999）*Successful Aging*, Dell Publisher.

Saito, T., Murata, C., Saito, M. et al.（2018）"Influence of Social Relationship Domains and their Combinations on Incident Dementia: A Prospective Cohort Study" *J Epidemiol Community Health* 72 (1), pp. 7-12.

Smuts, B., Cheney, D., Seyfarth, R., Wrangham, R., Struhsaker, T.（1987）*Primate Societies*, University of Chicago Press.

索　引

著者紹介
川西秀徳（かわにし・ひでのり）
1960年京都府立医科大学卒業，1966年京都大学医学部病理系大学院修了。医学博士取得後，米国シカゴのノースウェスターン大学医学部付属病院で内科インターンシップ並びにレジデント終了。ミシガン大学医学部消化器系臨床フェロー，ミシガン大学医学部消化器内科助教授，米国国立ヘルス研究所（NIH）メタボリック部門免疫生理学・アレルギー感染施設粘膜免疫科客員臨床科学者職（Visiting Clinical Scientist）（ミシガン大学医学部より派遣），ニューヨーク州立大学医学部内科準教授，ニュージャージー州立ロバート・ウッド・ジョンソン医学校内科教授を務めた。1995年帰国後，亀田総合病院内科部長，湘南鎌倉病院副院長，福岡徳洲会病院副院長，浦添総合病院院長，聖隷三方原病院副院長，回心堂第二病院院長，綿貫病院（医療療養型）院長，静清リハビリテーション病院院長を経て，2015年より社会福祉法人市原寮付属福祉・医療国際研究センター長。米国内科専門医，米国消化器内科専門医，米国・ヨーロッパ・日本抗加齢学会各専門医，日本臨床栄養学会認定栄養指導医，日本老年学会高齢栄養療法認定医，日本医師会認定産業・健康スポーツ医，京都府地域リハビリテーション認定医，ICD（感染管理医）制度協議会認定感染管理医など。米国Houstonにある M. D. アンダーソン癌センター緩和ケア科臨床研修プログラム終了〜緩和医療研修認定（2009年）。永年，臨床老年学，緩和医学，在宅医療，総合内科学，消化器内科，臨床栄養学，産業医業務，健康スポーツ，回復リハビリテーション，アンチエイジング医療，再生のための病院経営マネジメント，などの分野にて臨床，教育，研究に従事。

超高齢社会における「老い」のあり方と「介護」の本質
── 「高齢者のための国連原則」から考える ──

2021年7月1日　初版第1刷発行　　　　　　　〈検印省略〉

定価はカバーに
表示しています

著　　者　　川　西　秀　徳
発　行　者　　杉　田　啓　三
印　刷　者　　田　中　雅　博

発行所　株式会社　ミネルヴァ書房

607-8494 京都市山科区日ノ岡堤谷町1
電話代表　(075)581-5191
振替口座　01020-0-8076

© 川西秀徳, 2021　　　　　　　　　創栄図書印刷・藤沢製本

ISBN978-4-623-09168-3
Printed in Japan

福祉政策とソーシャルワークをつなぐ

椋野美智子 編著

四六判／264頁／本体2800円

主体性を引き出す OJT が福祉現場を変える

津田耕一 著

A5判／232頁／本体2500円

福祉専門職のための統合的・多面的アセスメント

渡部律子 著

A5判／272頁／本体2800円

ホスピタリティマネジメントが介護を変える

吉原敬典 編著

A5判／226頁／本体2400円

住民と創る地域包括ケアシステム

永田祐 著

A5判／228頁／本体2500円

福祉は「性」とどう向き合うか

結城康博・米村美奈・武子　愛・後藤宰人 著

四六判／244頁／本体2200円

───── ミネルヴァ書房 ─────

https://www.minervashobo.co.jp/